薪火文传：

刘献彪与学界大师交往纪事

冯滨鲁　刘献彪　主编

山东大学出版社

图书在版编目(CIP)数据

薪火文传:刘献彪与学界大师交往纪事/冯滨鲁,刘献彪主编.—济南:山东大学出版社,2019.5
ISBN 978-7-5607-6337-8

Ⅰ.①薪… Ⅱ.①冯… ②刘… Ⅲ.①中国文学—比较文学—文学研究 Ⅳ.①I206

中国版本图书馆 CIP 数据核字(2019)第 092732 号

责任编辑:马银川 郭凯迪
封面设计:牛 钧

出版发行:山东大学出版社
社 址 山东省济南市山大南路 20 号
邮 编 250100
电 话 市场部(0531)88363008
经 销:新华书店
印 刷:济南景升印业有限公司
规 格:787 毫米×1092 毫米 1/16 6 插页
20.5 印张 384 千字
版 次:2019 年 5 月第 1 版
印 次:2019 年 5 月第 1 次印刷
定 价:60.00 元

《薪火文传:刘献彪与学界大师交往纪事》

编 委 会

季羡林（左）与刘献彪

戈宝权（左）与刘献彪

田仲济（中）与刘献彪

杨周翰（中）与刘献彪

林秀清(左)与刘献彪

汤一介(右)与刘献彪

乐黛云(右)与刘献彪

刘献彪与众学者在一起

陈惇(右)与刘献彪

曹顺庆(左)与刘献彪

外出参会的刘献彪

刘献彪教授及夫人王黎

潍坊学院校长冯滨鲁看望 88 岁的刘献彪教授(右)

刘献彪与同事参加学术会议(左起:李红梅、刘献彪、尹建民)

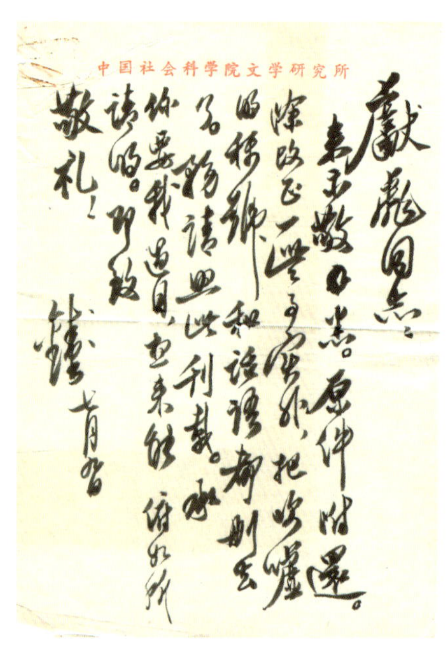

中国社会科学院文学研究所

钱锺书写给刘献彪的信

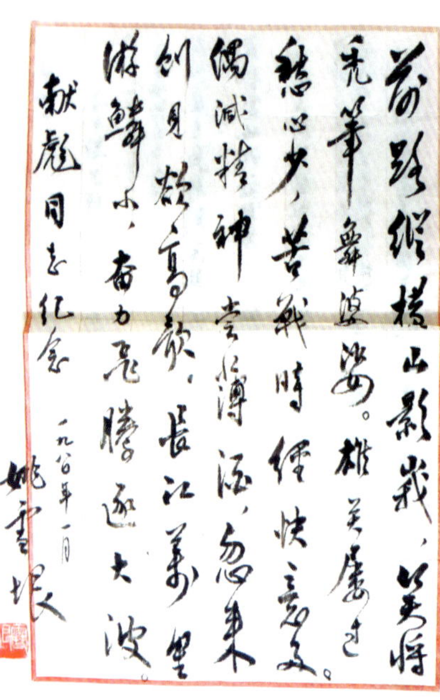

姚雪垠赠刘献彪诗

朱德发写给刘献彪的信[①]

（代序）

尊敬的刘老师：

欣悉来函，感触万千，敬佩之至！情发灵府，从何说起，难以下笔。咱们是师生关系，您是师，我是生，这是半个世纪前在孔子脚下确定的，是不可动摇的、铁板钉钉的事实；虽然数十年的交往、推心置腹、真情相见，消解了“师道尊严”的隔膜，但是在我的内心您始终是“师者”，我丝毫没有放肆到视您为“兄长”和“同仁”的地步，我俩的关系始终是亦师亦友，即您永远是我之师之友。基于这种定位，故在读了您的手书后，我既感动、敬仰不已，又忐忑不安，感觉受之有愧。这些年来您的帕金森、脑梗阻如此严重，甚至威胁到您的生命，尽管对此有所耳闻，然而我做梦也没有想到您已在死神手中挣扎多年，更没有料到您忍受着难以忍受的病痛给我写了这么多信，甚至是在与死神的抗争中还对我念念不忘。扪心自问，我有何德何能值得老师牵挂？我充其量不过是个只能倾听您的教诲，终日扎进书堆，毫不能助您解除痛苦的“老书生”，老师对我的深情厚谊已远超我对您的思念之情。因此，读着您的信，如同触碰到一颗火热之心，越读越感到惭愧不已！

老师的信是用生命之血浇灌而成的，是用生命真情孕育而成的，是用生命之火淬炼而成的，我将永远珍藏它。虽然我也已属耄耋之年，自然年龄已逝，但我会把您信中的真情美意、至理哲思溶解进不朽的学术生命。有人说：“老之将至，朽木不可雕。”我认为，这不是至理，更不是信条，因为老师的生命奇迹就是

① 说明：为尽量保持全书信件原貌，除对个别信件中涉及私人情况之处作了相应删改处理外，一般情况下仅对信件中明显的标点符号错误、错别字、病句等进行修改。以下同此，不再逐一说明。

铁证。从您的信中或从您对“四本书稿”的设计中，足可证明您虽“老之将至”，又浑身是病，但并非“朽木”。您越老弥坚，思路敏捷，逻辑清晰，“烈士暮年，壮心不已”，特别是您以切身体验著成的“现代死亡学”——《遗嘱集》，无疑是别开生面的创新之作，是用生命创造潜能的辉煌呈现，是人类至高境界的生命“雕塑”！老师一生著述等身，为何病榻之上还要耗尽生命之血、才思之慧来编撰“四本书稿”？您的生命活水之源来自何处？您的学术智慧之火燃之何地？以我之主观揣测，无论生命动力或学术智慧大都源于四处。

一是终生献身学术事业的坚定信念。毫不夸饰地说，您是为学术而生、为学术而活、为学术而殉。学术研究不仅是您孜孜追求的奋斗目标，而且也是您人生的价值根基，不论您致力于现代文学研究或比较文学研究，这两者都融入了您的生命之血，化为了您的生命之行。为了在中国乃至世界普及并提高比较文学，开拓、创建具有中国特色的比较文学学科，您忍辱负重、殚精竭虑、不屈不挠、克难攻坚、鞠躬尽瘁、“南征北战”，在“城市乡村”“大学中学”，您豁上老命拼搏。尽管吃尽甜酸苦辣，甚至忍受了不少白眼，数不清的闭门羹，然而您总是意志坚定、痴心不改，终于实现了您建构比较文学学科的梦想。本来，在比较文学研究的征程上，您打头阵、成果多，但您却老是把荣誉让给别人，将功劳记在他人账上，心甘情愿地做“无名英雄”；您策划了那么多比较文学研究课题，但却总是提携别人，自己任主编。这种风格，不禁使我想起毛泽东的那句词：“待到山花烂漫时，她在丛中笑。”正是由于比较文学研究已化为您生命的一部分，或者您将学术生命与自然生命融为一体了，所以在您的自然生命出现征候时，您的学术生命或您对学术信仰的力量也能战胜病魔，使自身的生命活力常在。信仰的力量是无穷的，为了钟爱的比较文学事业，您定会战胜病魔，创造生命奇迹。

二是源于情投意合的爱情力量。“生命诚可贵，爱情价更高”，裴多菲这两句诗道尽了生命与爱情的关系，也许您对它的理解会比常人更透彻、更独特一些。尽管您在婚恋上受过挫折，然而您与王黎医生的“黄昏恋”却臻于至真、至善、至美的境界，达到了难以伦比的美满程度。此话虽有点夸张，但却真切地反映出朋友们对您“黄昏恋”的艳羡，也可从中悟出人生真谛：只有经历过婚恋生活的人，方可真正理解爱的奥秘；也只有真正破解了爱情密码的人，才有资格获得并享受爱情的甜美。虽然我对王黎医生不了解，但仅从她能冲破成规俗见乃至各种心理障碍，勇敢无私地与您结成良缘来看，她不是个一般的知识女性，而是一个至少具有强烈个性意识的知识女性，她的人文情怀、革命精神远远超越了“五四”时期的解放女性；至于她为何如此痴情地钟爱您，大概也只有您能体悟，也许只能意会难以言传。从你们结成夫妻至今已有10多年，不论在什么条件下、什么情境下，王黎医生始终如一地不忘初心，坚贞不渝地爱着您。哪怕您重病在床乃至生命垂危，她也一次次地用爱挽救了您，是她给了您生存的勇气、生存的希望。我充分相信您在信中反复的倾情诉说，作为您的老学生或忠诚朋友，我发自内心地向王黎医生道谢；请允许我称一声“王师母”，您不愧为刘老师的“福神”和“救命恩人”，您不仅是刘老师的幸福之源，更是其生命之源；我坚信，在您无微不至的照顾与医生的精心治疗下，刘老师定能创造生命奇迹。古语说“人生七十古来稀”，今人道“人生百岁不算稀”，刘老师的寿命无疑是后者。

三是您的生命活力亦来自朋友圈的真诚祝祷以及您强烈的报恩意识。俗话说“在家靠亲情，在外靠朋友”，这在您的人生实践中得到了充分体现。且不说在您的晚年，形成了以爱妻为轴心、为亲眷所环绕的一个其乐融融、足以享人伦之乐的和谐家庭，尤其是在我们同代人、同行人中您擅于交朋友，您既有年长者的老人朋友圈，又有同辈学者的朋友圈，更有中青年朋友圈。由于这些朋友圈都是以学术为纽带而建成的，尽管缺乏血缘纽带的浓度、钱权纽带的功利，但是这种交情淡如水的学术纽带却坚韧得如同纯钢一般，越是在人生的关键时刻，这些以学术为纽带而结成的朋友越能为您提供无私无畏的助力以及忠诚真挚的祈祷，我在读《刘献彪与新时期比较文学》一书时便颇有此感。您在信中和“四本书稿”设想中对各类朋友念念不忘，其中包括对我的怀念，特别是您对乐黛云先生的崇敬，都足见朋友们给您的生命注入了动力。然而，并非所有知识分子都能像您这样重亲情，重友情，更不是所有知识分子都像您这样怀有感恩思想，“文人相轻”“同行是冤家”是自古传下的恶习，在当下知识群中也并未绝迹，甚至有变本加厉之兆；相比之下，您的重情观念、感恩思想愈发弥足珍贵。只有懂得感恩的人才有权利享受友人的赐福、祖国的施惠、时代的青睐和改革开放的红利，方能从中汲取力量充实自己的生命，激活自己的生命！

四是性格决定命运，这是您生命活力的内在之源。我以学生、朋友的眼光透视，您并非那种内敛式的保守或守成性格，乃是那种发散开放、洒脱自由的性格，甚至有点“任性”不羁。表现在学术研究上，您敢于创新，勇于探索；表现在做人上，您落落大方，不拘小节，与人为善，平等待人，自尊自强，永远进击，有股硬汉子骨气，偶尔也流露出自卑情绪；表现在工作上，您并不拒斥名利，却不热衷名利，甚至淡化名利，您重耕耘亦重收获，为实现学术理想孜孜以求，不达目标决不罢休，哪怕以生命殉事业也在所不惜；表现在个人追求上，您坚持“我就是我”，从不活在他人眼里，尤其在婚恋上“我行我素，自己主宰”。总之，老师您是一个“圆形式”的现代知识分子，而不是“扁平式”的人。也许我的认识有误，但是有一点我始终相信：那就是老师您这种开放乐观、永远追求的性格，即使到了耄耋之年，也会让生命充满不息的活力。

以上仅从四个维度对老师的生命活力与学术智慧之源进行了主观而偏激的蠡测，旨在请您见后批评指正，更是为了让您开口一笑，精神一抖，祛邪病愈，早复健康，生命永驻，完成您“四本书稿”的宏愿。

精神疗救是有效的，但却不是万能的；主观愿望是美好的，但却不能代替医学治疗，故最后还希望老师对自身的病情在战略上藐视它，在战术上重视它，切要遵医嘱，听王黎师母的话，永葆生命活力，向百岁生命高峰一步一步地攀登，作为生、作为友，我充分相信您会达到！

衷心祝您长命百岁！

朱德发

2017年3月

目录

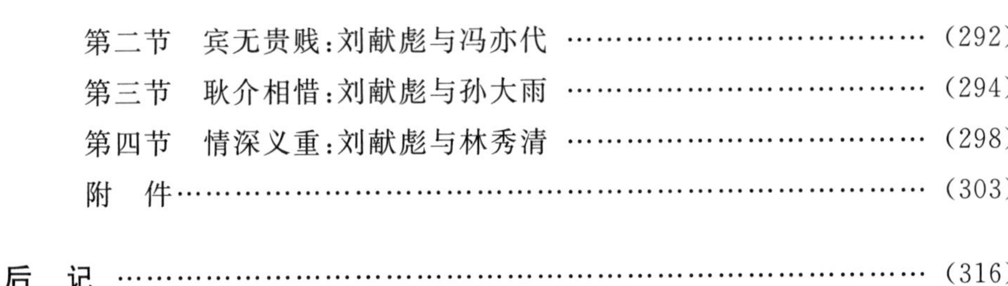

88岁病榻手书

刘献彪

潍坊学院文学与新闻传播学院比较文学学科，积极响应习近平总书记关于推进“一带一路”建设的号召，在新任副院长李红梅博士的带领下，在文学与新闻传播学院党总支书记郭顺敏的具体指导下，在李雪梅老师、任洪国博士等的帮助下，选择新时期比较文学学科的老、中、青三代学人间的施恩与感恩事迹进行记录，从加强人类精神文明，实现比较文学学科转型与重构的角度，继往开来，开拓创新，编写了一套新时期中国比较文学传播与应用系列文丛，以求能与全国比较文学同仁团结协作，共建共享，为新时期中国的比较文学乃至全世界的比较文学做出自己的努力与贡献；并期待通过对上述课题和个案的研讨，起到举一反三、触类旁通的作用，从而引起世界同仁的重视，为重构21世纪新时期中国比较文学，引领世界比较文学历史第三阶段做出独树一帜的贡献。

老子曰：“千里之行，始于足下。”

屈子说：“路漫漫其修远兮，吾将上下而求索。”

太史公司马迁《报任安书》引谚曰：“谁为为之？孰令听之？”

哲人张载颇有所感曰：“为天地立心，为生民立命，为往圣继绝学，为万世开太平。”

鲁迅有言曰：“其实地上本没有路，走的人多了，也就成了路。”诚哉斯言，千里之行路在脚下。

梁启超之孙梁从诫有感于他的家庭传统，曾向世人表白曰：“如果我们家祖孙三代有共同之处的话，那就是社会责任感。”

今人北京大学终身教授季羡林先生奉告读者曰：“我们每一代人都有自己的任务，而且绝非可有可无的。如果说人生有意义与价值的话，其意义与价值就在这里。”

我一生教书育人千人有余，但能知我者甚少。山东师范大学中国现代文学史学科带头人朱德发教授，术有专攻，学富五车，可以毫不夸张地说，他在中国现代文学史学科教学与研究中，做出了前无古人、自成体系、独树一帜、独具个性的贡献。同时，他尊师重道，自始至终一以贯之，牢牢定位为我的学生，对此我深感欣慰。朱德发君在给我的手函中说了我学术追求的原因和动力。发君对我的溢美之言，实不敢当，受之有愧，但是我与他都已进入耄耋之年，80 多岁的年龄，"返老还童"的"年轻"阶段，一般都是说真话的时候，至少我和他均是如此，我很感谢他的理解。

人世间，凡有良知者皆存施恩与感恩之心，朱子治家格言曰"施惠勿念，受恩莫忘"，诚哉斯言，施惠与感恩之情乃是人类崇高人格的感情之体现也。在社会上，施惠报恩者受人尊敬、称颂，忘恩负义者遭人厌恶、贬斥。大千世界，古往今来，施惠报恩者大有人在，忘恩负义、恩将仇报者亦有之。面对见物忘人、见利忘义的歪风邪气，我们有责任迎头痛击，维护人类尊严和人类美德，弘扬正气、人气、人味、人格，等等；有责任发扬、传播互敬互爱、尊重理解、团结友好、施恩感恩等优良传统。

在物欲横流的今天，许多人早已被名誉、金钱蒙蔽了双眼，只看到了物质层面的东西而忽略了精神层面的东西。当今社会，我们在追求物质利益时，也应上升到精神层面，深化自己的心灵世界。在我看来，学会感恩，传播感恩是中华民族传统的优良美德，从精神层面来说，这一点到现在显得尤为重要。钱锺书先生为我们树立了一个好的榜样，值得我们去反思和学习。钱锺书先生不仅是一个学富五车、才高八斗的著名学者，而且还是一个重情重义、知恩图报的人。黄泽林对钱锺书先生的义助，萧乾给远在英国遇到困难的钱氏夫妇寄稿费，吴宓力主钱锺书先生重回西南联大教书，这些帮助都让钱锺书先生念念不忘，并在多年后一一还报。钱锺书学贯东西，名扬世界，崇拜他的大学问当然是对的，但钱锺书更是一位具有高尚人格的学界泰斗，高尚的人格是钱锺书学者世界的灵魂，这是更为重要的一方面，也是更值得人们敬仰和学习的一点。

趁此良机，我再次重复我曾多次讲过的话语，那就是我的艰辛、曲折、坎坷乃至带点神话色彩的学术研究、播种耕耘的过程，就是良师益友间施恩与感恩的过程。我从心底感到自己万分幸运，从 20 世纪 70 年代末党中央决策实行改革开放以来，施恩于我者多矣，如中央领导胡耀邦、邓颖超、谷牧等，学界泰斗季羡林、钱锺书等，顶尖学者杨周翰、赵瑞蕻、戈宝权、王瑶、田仲济等，良师益友乐黛云、陈惇、徐京安、孙景尧、卢康华、谢天振、曹顺庆、刘蜀贝、王福和、葛桂录、冯滨鲁、尹建民等，施恩者众多，恕不能一一列出。俗话说“滴水之恩，当涌泉相报”，但是现在忘恩的现象却屡见不鲜。说到底，不知感恩的人，是因为自己心里没有“尊严”这个观念。最后，我真诚地感谢亲人给我以照顾，感谢良师益友，感谢所有尊重我、理解我、关注我、宽容我的人，给我以指教，给我以厚爱和帮助、鞭策与鼓舞，导我在艰辛的道路上前行。

刘献彪学术概略

尹建民

中国比较文学的复兴发端于20世纪70年代末，作为元老之一的刘献彪既是新时期中国比较文学复兴的开拓者、耕耘者，又是新时期中国比较文学走向繁荣的见证者。30多年来，他视比较文学为生命，为新时期中国比较文学学科建设贡献了毕生精力，为中国比较文学的传播与普及倾注了全部心血。在刘献彪的带动下，潍坊学院比较文学学科建设取得了长足的发展和令人瞩目的成就。中国比较文学学会原会长、北京大学教授乐黛云先生曾说："30多年来，潍坊一直是中国比较文学发展历程中的一个重要根据地。"[①]中国比较文学学会原副会长、上海师范大学博导孙景尧教授称赞："潍坊学院的比较文学学科建设与教学研究，是又一个名扬天下的比较文学风筝！"[②]刘献彪教授是潍坊学院比较文学学科的奠基者，然而，他的成就却不仅仅局限于潍坊，他对整个中国比较文学学科发展的贡献也是学界有目共睹的。

一、比较文学学科史研究

自从踏入学术研究之路，刘献彪就对史料搜集、整理与研究非常重视，从中国现代文学研究转入比较文学研究之后，他仍保持了这一优良传统。刘献彪对比较文学学科史的研究不仅起步早，而且成果非常丰富，在中国比较文学界具有重要地位。

早在1986年，刘献彪就出版了《比较文学及其在中国的兴起》一书，这是中国第一本比较文学学科史著作。该书资料翔实，不仅介绍了比较文学的名称、特性、研究对象和方

---

① 乐黛云：《序》，尹建民编：《比较文学术语汇释》，北京师范大学出版社2011年版，第1页。

② 孙景尧：《21世纪比较文学学科建设学术研讨会暨〈比较文学教程〉首发式大会闭幕词》，转引自尹建民、王福和、吴家荣主编：《刘献彪与新时期比较文学》，安徽大学出版社2012年版，第14页。

法、作用和意义、定义、与其他学科的关系等，还详细阐明了法国学派、美国学派和苏联学派的基本特点和历史；另外，该书还详细介绍了比较文学学科在中国的建立过程、兴起原因、发展以及特点，提出了建立“中国学派”的主张。《比较文学及其在中国的兴起》是当时介绍比较文学及其在中国兴起、发展的重要教学参考资料和学术研究参考资料。北师大王向远教授认为，以新时期比较文学学科史研究而论，在时间排名上刘献彪是第一个作者。①

《比较文学及其在中国的兴起》使刘献彪成为中国比较文学学科史研究的知名学者，但他并没有止步于此，之后又陆续发表了《比较文学研究中几个问题——兼与美国勃洛克教授商榷》《略论比较文学在中国的形成与发展》《中国比较文学萌发的轨迹》《我与比较文学：走在比较文学普及的途路中》《关于比较文学学科建设的思考》《中国比较文学学科理论的新进展》等学术论文，进一步拓展了中国比较文学学科史研究的深度和广度。

在前期研究成果和资料整理的基础上，2005 年刘献彪又主编了《中国比较文学艰辛之路》和《新时期中国比较文学编年史稿（1978～2004）》两本重要的比较文学学科史著作。

《中国比较文学艰辛之路》是中国比较文学发展之路的历史见证，介绍了 25 位 70 岁以上的中国比较文学学人。第一辑“学贯中西，领航开路”，介绍了季羡林、钱锺书、范存忠、杨周翰、李赋宁、贾植芳、戈宝权、施蛰存、王佐良、赵瑞蕻、孙昌熙、林秀清、周珏良这些前辈学者为中国比较文学的复兴而做出的奠基性和开拓性工作。第二辑“远见卓识，建桥铺路”，介绍了乐黛云、廖鸿钧、彭定安、饶芃子、周伟民、陈惇这些薪火相传、向世界显示中国比较文学实绩的专家学者。第三辑“耕耘播种，艰辛之路”，介绍了卢康华、徐京安、陈守成、李明滨、李万钧、刘献彪这些 20 余年来辛勤耕耘的比较文学园丁们。

《新时期中国比较文学编年史稿（1978～2004）》展示了 1978～2004 年中国比较文学如何“从星星之火形成燎原之势”的宏大图景。该书涵盖了比较文学的方方面面，包括中国比较文学学术活动资料、中国比较文学教学活动及教材建设资料、中国比较文学学人资料、中国比较文学学术团体以及研究机构资料、中国比较文学研究的重要论文及著作、中国比较文学学科及学位点建设情况等。该书脉络清晰，资料详确，既是一部工具书，又是国内第一部关于中国比较文学学科发展的编年史著作，对开展中国比较文学学科史研究具有很高的史料价值和学术价值。

---

① 参见尹建民、王福和、吴家荣主编：《刘献彪与新时期比较文学》，安徽大学出版社 2012 年版，第 112 页。

晚年的刘献彪在比较文学学科史研究之路上笔耕不辍，2007 年又主编了《新时期中国比较文学的垦拓与建构》一书。该书是比较文学学科史和教材史的结合体，详细介绍了乐黛云、陈惇、刘象愚、卢康华、孙景尧、饶芃子等 17 位学者，并对《比较文学简明教程》《比较文学导论》《比较文学概论》等 14 本比较文学教材进行了评析。其中，刘献彪撰写的导言《中国比较文学历史的垦拓与建构——与历史对话、与读者沟通》是一篇关于中国比较文学学科史和教学研究的重要文献。他认为，中国比较文学的垦拓与建构要以教学为开路先锋，比较文学的复兴与繁荣要以教学为基本保证，比较文学传统与资源的继承、开发、传播、共享要以教学为主要桥梁和通道，这些真知灼见不仅对比较文学的教学研究具有指导作用，而且对整个中国比较文学的发展也有很重要的启迪意义。

二、比较文学教学研究

在中国比较文学界，刘献彪可谓最早一批倡导开展比较文学教学研究的学者之一。他不仅积极主编、参编了多部比较文学教材，而且首倡建立比较文学教学研究会，创建专门的学术期刊，这些举措使昌潍师专（即现在潍坊学院）成为全国比较文学教学研究的一个重镇。

为适应比较文学教学的需要，1988 年，刘献彪率先联合山东及全国的比较文学专家编写适用于师专教学的比较文学教材。历时两年，刘献彪主编的《简明比较文学教程》于 1990 年出版，这是一部面向普通高校的比较文学教材，不仅材料翔实，而且具有很强的可操作性。中国比较文学学会原会长乐黛云教授为之作序并对教材给予了高度评价，指出它“既适合高校尤其适合师专教学的需要，又适合广大青年尤其是爱好比较文学的青年自学的需要”，有利于中学语文教师“突破传统的封闭的语文教学而代之以具有国际眼光和现代意识的、新鲜活泼的语文教学”。[①]《简明比较文学教程》不仅较详尽地介绍了比较文学的基本观念、基本知识和方法，还介绍了中国比较文学的历史和现状，并且用很大的篇幅介绍了中国比较文学学者的活动和著作。作为入门读本，该教材先后荣获“全国比较文学优秀教材三等奖”和“山东省教育科学成果三等奖”。

1995 年 11 月，中国比较文学教学研究会成立大会在烟台大学召开。会议讨论了比较文学教学的重要性和编写新教材的设想，并决定组织人力编写三本书：一本是供中学语文教师用的《中学语文教学中比较文学理论与方法的运用》，由诸燮清教授负责；一本是供大专、师专、电大学生用的《比较文学教程》，由刘献彪教授负责；一本是供大学本科生和研究生用的《比较文学新论》，由陈

① 乐黛云：《序》，刘献彪主编：《简明比较文学教程》，文津出版社 1990 年版，第 1、2 页。

惇教授负责。刘献彪主编的《比较文学教程》历时六年，经过 2 次全国性的专家审稿会、3 次大的修订，终于在 2001 年得以出版。《比较文学教程》围绕为什么学比较文学，什么是比较文学，怎样学比较文学，比较文学的基本原理和应用这条主线展开；既重视理论、性质、特点、任务、作用和学科的新发展，又强调学科意识、观念、精神、建设、目标及其应用；特别注意教材体系、学科体系和面向学生实际需要的有机结合，特别重视面向新世纪，面向学科发展前沿，特别强调吸取新的科研成果和学科原理、方法、精神的应用，在过去教科书的基础上有所超越。该书既富有时代气息，又充满学术精神；既讲了有关的基本知识、原理，又在应用上下功夫；既体现了“90 年代的特色，（又）不重复 80 年代教材已有的水平”[①]。对于《比较文学教程》的价值和特点，乐黛云先生曾给予肯定评价：“这本教材不仅重点阐释了学习比较文学的必要性和意义，而且以明晰的语言介绍和探讨了比较文学的一系列基本问题。最后，教材还探讨了比较文学对 21 世纪高素质开放型人才的培养和 21 世纪中学语文教学改革的关系，同时还探讨了比较文学与 21 世纪新人文精神建设的关系。……对于提高我国 21 世纪青年一代的文化素质和国际视野一定会大有益处。”[②]该书出版后，得到高校师生的广泛认可，获得了 2001 年“潍坊市哲学社会科学优秀成果一等奖”和 2001 年“山东省哲学社会科学优秀成果三等奖”。

此外，刘献彪还主编了 10 本《中国比较文学教学研究会通讯》，以及《中国比较文学教学与研究》《中国比较文学研究》（2003 年卷、2004 年卷）等著作，为全国比较文学教学研究提供了一个良好的交流平台。

三、比较文学普及与应用研究

刘献彪认为，比较文学的建构和发展是顺应时代要求而产生的，并且随着时代的发展而发展，比较文学理应为时代服务，因此他一直非常重视比较文学的普及与应用研究。如今，刘献彪已经成了这一发展领域的重要代言人。

关于比较文学的普及与应用研究，刘献彪起步也非常早。1986 年，由刘献彪主编的《比较文学自学手册》一书，不仅是一本比较文学的工具书，也是刘献彪自觉开展比较文学普及与应用研究工作的尝试（关于这本书，笔者将在后面的章节进行重点介绍）。1990 年，由刘献彪主编的《简明比较文学教程》一书，既是一本高校比较文学教材，又为比较文学的普及教育铺下了一块坚实的基石。刘献彪在前言中强调：“如果说，《教程》有什么主旨的话，那就是为了比较文学

① 陈惇：《序二》，刘献彪、刘介民主编：《比较文学教程》，中国青年出版社 2001 年版，第 7 页。

② 乐黛云：《序一》，刘献彪、刘介民主编：《比较文学教程》，中国青年出版社 2001 年版，第 3 页。

的普及。我们认为：应当通过各种途径来普及比较文学的观念和知识，尤其是中国比较文学历史和传统。基于这样一种认识，《教程》的内容、重点、体例也都注意到有利于普及。”①

为了切实有效地促进比较文学的普及与应用，1990 年，在贵阳召开的中国比较文学学会第三届年会暨国际学术研讨会上，刘献彪对乐黛云会长提出了成立中国比较文学普及研究会的设想；后又在 1993 年的中国比较文学学会第四届年会上提出了筹备建议。后来，经中国比较文学学会研究，决定委托陈惇、廖鸿钧和刘献彪三位教授筹备这一事宜，并将原计划的“中国比较文学普及研究会”更名为“中国比较文学教学研究会”。经过一年多的筹备，中国比较文学教学研究会于 1995 年正式成立，许多与会学者关注并讨论了关于比较文学的普及以及走向中学的问题。随后，刘献彪还于 2002 年创办了刊物《中国比较文学教学与研究》，将其作为应用和普及研究的阵地。

为了更好地做好普及应用工作，在刘献彪的积极努力下，在有关部门的支持下，潍坊市社科联于 2004 年成立了全国第一个专门研究应用比较文学的特设学术机构——潍坊社科院应用比较文学研究所，该研究所由刘献彪出任所长，并配备有关人员。2005 年前后，刘献彪又在潍坊、寿光、临朐等地建立了比较文学应用实验基地。这些工作都为开展比较文学的应用工作打下了一个良好的基础，并从中积累了重要的经验。

刘献彪是把比较文学引向中学的开路先锋，他认为，比较文学走向中学，既是时代发展与中学教学与人才培养的需要，也是比较文学学科自身发展的需要。因此，刘献彪积极倡导“中学比较文学”，把比较文学引入中学，通过在中学开设比较文学讲座、选修课等形式，传播比较文学，普及比较文学。20 世纪 80 年代初，刘献彪开始了这一方面的尝试。他曾多次深入山东寿光、五莲等地的中学，向中学老师和学生讲解比较文学，普及比较文学。刘献彪倡导的“中学比较文学”的社会作用和价值意义十分突出，对此山东大学原校长曾繁仁教授曾给予高度评价：“其意义不同于一般，从比较文学来说，可以使这一新兴学科走到青年之中，焕发从未有过的青春，增加无限的活力。可以这样说，这样做的结果必然迎来比较文学的第二个春天。而从中学语文教学来说，则会极大推动语文教学的改造，使其获得与时俱进的动力。最重要的是使语文教学进一步强化了比较文学的维度和世界的视野，有利于广大中学生从比较的全新视角把握中国传统文化和世界文化，从而更好地提高自己的文化素质，因此这是一个有利

---

① 刘献彪：《前言》，刘献彪主编：《简明比较文学教程》，文津出版社 1990 年版，第 6 页。

于素质教育的带有战略意义的好事。”①

2002年5月，经刘献彪策划、筹备，由中国比较文学学会、中国比较文学教学研究会主办，潍坊学院、潍坊市教育局联合承办的山东省教育科学“十五”规划课题“比较文学在中学语文教学中的普及与应用研究”开题会议在潍坊学院召开，大会围绕“时代呼唤比较文学，中学需要比较文学”这一主题进行了认真的探讨和交流，由此揭开了比较文学走向中学的新篇章。2002年8月，刘献彪在山东临朐主持召开了首届全国中学比较文学普及暨潍坊市中学语文教师比较文学学术研讨会，此次研讨会的主题为“比较文学与中学语文教学观念的重建和新型人才培养”，中国比较文学教学研究会会长陈惇、中国比较文学学会秘书长陈跃红到会并发表讲话，近百名专家学者、中学校长、教师也参加了会议讨论。

除了严格遵守建构“中学比较文学”的目的，严格实施构建“中学比较文学”的具体措施以外，刘献彪还致力于编写中学比较文学教材。由刘献彪、葛桂录、刘蜀贝联合撰写的《中学比较文学》，是我国第一本走进中学的比较文学教材。这本教材重点突出，语言通俗易懂，能够紧扣中学语文教育，是一本具有历史意义的开创性教材。

四、工具书整理与编纂

中国比较文学复兴以后，虽然取得了骄人的成绩，但是对于广大读者来说，比较文学依然处于一个开创和启蒙的状态。作为比较文学普及教育的重要一环，刘献彪非常重视工具书的编纂。他认为：“不仅要在高等学校开设比较文学导论课，而且要为广大读者编写比较文学入门书，尤其是工具书。这样才有利于比较文学研究的普及和发展。”②刘献彪身体力行，先后编纂了不少学术工具书，其中最具代表性的当属著名的“三册”，即《比较文学自学手册》《外国文学手册》和《中国现代文学手册》。

1986年，由湖南文艺出版社出版的《比较文学自学手册》是刘献彪从不自觉到自觉地播种、耕耘比较文学教学普及工作的标志，也是自中华人民共和国成立以来出版的第一本关于比较文学的工具书，还是一本比较文学普及教材。该书不仅介绍了比较文学的理论知识，还梳理了比较文学在世界各国的发展和研究情况，并对众多相关术语进行了解释；整理了比较文学大事年表，并对中西比

① 刘献彪、吴家荣、王福和主编：《新时期比较文学的垦拓与建构》，安徽大学出版社2007年版，第252页。

② 刘献彪主编：《比较文学自学手册·编后记》，湖南文艺出版社1986年版，第429页。

较文学论著、期刊、学者做了简介；另外，该书还附有我国主要的比较文学论著目录以及台、港中西比较文学研究资料索引。

《比较文学自学手册》吸取了国内外比较文学研究的最新成果，内容丰富，自成体系。《比较文学自学手册》出版以后，《人民日报》等报纸都登出了广告，因而产生了较大的影响，各类报纸、杂志纷纷刊登关于刘献彪及其《比较文学自学手册》的评价文章。由于当年教学缺少资料和参考书，该书也受到广大教师和学生的欢迎，许多学校和老师都把这本《手册》作为重要的参考书。

《外国文学手册》经戈宝权先生等审定，并由钱锺书先生题写书名，最终于1984年3月由北京出版社出版，先后获得"全国优秀畅销书奖"和"山东省优秀社会科学成果奖"。

《中国现代文学手册》由著名文学史家田仲济作序。田仲济认为："编者的处理和选择是极为严肃和认真的，是认真地要求做到'全'，做到'准确'的。"[①]该书也成为文学爱好者及研究者必备的重要工具书和参考书。

五、比较文学学术交流与传播

刘献彪从事比较文学研究工作的突出特点是，以比较文学为媒，广泛开展学术交流。他曾多次筹办、主持大型的比较文学学术会议，组织开展学术活动，为中国比较文学界的思想交流与学术研究提供了良好的平台与环境。

1995年11月，中国比较文学教学研究会成立大会在烟台大学举行。作为会议筹备的主要领导者和组织者，刘献彪自始至终都站在一线，当时的昌潍师专也因此成了会议的主办单位之一。因对大会做出的突出贡献，刘献彪当选为研究会副会长(列第一位)，昌潍师专被指定为秘书处挂靠单位。与会专家学者认为，昌潍师专为学会的成立做出了巨大贡献，刘献彪是"比较文学的功臣"。中国比较文学教学研究会的成立，为中国比较文学的应用和普及提供了组织保障。2005年，中国比较文学教学研究会被民政部批准为一级学会。

2001年5月，经刘献彪策划、筹备，由中国比较文学学会、中国比较文学教学研究会主办，潍坊学院承办的21世纪比较文学学科建设学术研讨会暨《比较文学教程》首发式大会在潍坊召开，来自全国各地比较文学界的70多位学者云集潍坊，其中有乐黛云、汤一介、严绍璗、陈惇、周发祥、孙景尧、谢天振、曹顺庆等著名教授。大会围绕"21世纪比较文学学科的时代定位和走向""比较文学教学""比较文学的学科精神与新型人才培养的关系"等进行了广泛深入的交流。著名比较文学学者、中国比较文学学会学术委员会主任孙景尧教授曾评价："这

① 田仲济：《序》，刘献彪主编：《中国现代文学手册》，中国文联出版社1987年版，第2页。

不仅将载入中国比较文学的史册、中国高校改革的史册,而且也鼓舞与启迪了我们自己所在的学校。这就如同潍坊是风筝之都一样,潍坊学院的比较文学学科建设与教学研究,是又一个名扬天下的比较文学风筝!”

2004 年,刘献彪在山东威海主持召开了首届全国比较文学与世界文学教学教材建设学术研讨会,此次会议的主题为“提升比较文学与世界文学教学教材建设的思想水平和科学水平”。此次会议由刘献彪独立筹办,时已 73 岁高龄的刘献彪以惊人的毅力克服了经费、人员等方面的困难,保证了会议的顺利召开。来自大陆和台湾的学者,如汤一介、乐黛云、曾繁仁、张汉良等参加了大会,并作了大会发言。

2008 年 6 月,在山东省比较文学学会及刘献彪的指导下,经张志庆、尹建民教授等人的具体筹备、操作,由山东省比较文学学会、潍坊学院共同主办,潍坊学院文学与新闻传播学院承办的新时期比较文学 30 年国际学术研讨会暨山东省比较文学学会年会在潍坊召开,来自中国大陆及台湾地区、美国、英国、法国、捷克、埃及、孟加拉国的专家学者代表共 150 余人出席了这次盛会。会上,汤一介、乐黛云、曾繁仁、张汉良、朱德发、陈炎等著名学者作了精彩的学术报告。无论是从提交的论文数量和质量看,还是从会议规模、组织工作方面看,此次会议都取得了空前的成功。

从 1995 年 1 月到 2008 年 6 月的 13 年间,刘献彪在烟台、潍坊、临朐、威海等地先后筹备、主持了 5 次全国性、国际性的学术会议。这些会议的意义正如乐黛云所说,是中国比较文学史上的“新的里程碑”,“必将载入中国比较文学发展史册”;这些会议的接连召开,一次又一次地把中国比较文学推向新的高潮,也一次又一次地把潍坊学院的名字推向了全国。

由于刘献彪在比较文学教学和研究中的突出成绩,潍坊学院这所高校中的“第三世界”也因此在全国比较文学研究界有了一席之地,学界将其称之为“刘献彪现象”①,而刘献彪则一直谦逊地自认为中国比较文学研究界的“泥瓦匠”。刘献彪将比较文学视为自己的生命,到晚年仍然退而不休,继续参与全国学术活动与交流,为比较文学的承续和发展提出了很多指导性的意见和建议。几十年来,他一方面不辞辛苦,积极穿梭于中国比较文学界,为潍坊学院和全国学术前沿的对接搭建平台,另一方面又默默耕耘在中国比较文学教学的最底层,致力于比较文学教学、普及与应用、学科史等方面的研究,他用理论与实践活动丰富与发展了中国比较文学的学科建设。他在传播、普及比较文学方面的独到见

---

① 宋绍香:《刘献彪现象透视》,载尹建民、王福和、吴家荣主编:《刘献彪与新时期比较文学》,安徽大学出版社 2012 年版,第 145 页。

解，在比较文学学科史研究、教学研究与教材建设、工具书建设方面的独特建树，引导着一代又一代学人走上比较文学的道路，众多青年学子受到刘献彪的启蒙和指引，从接触比较文学到喜爱比较文学，并最终走上了比较文学研究之路。在乐黛云和王向远合著的《比较文学研究》一书中多次提到刘献彪，他们认为，“刘献彪等一大批学者，都对中国比较文学的复兴和发展提供了有力的支持，做出了可贵的贡献”①，写中国比较文学的发展历史，尤其是写中国比较文学的学科发展史，写比较文学的教学研究和大众普及历史，“刘献彪是一个无法绕过的人，不仅绕不过，而且对于他的开疆拓土，应该写上浓重的一笔”②。

附：刘献彪学术行年简谱

1931 年

6 月 12 日，出生于江西省进贤县车家垅村，父亲刘炳辉，母亲杨桂花，务农为业。

1936 年

进本村开办的学堂，拜私塾先生胡昇台为师，学习《三字经》《论语》等。

1938 年

在表叔的帮助下，到进贤县中学读书，拜汪乃荣等为师。

1944 年

在进贤县初级中学、南昌市初级中学读书，拜汪乃清、朱啸秋等为师（二人均为民盟成员，思想进步）。

1948 年

在江西省豫章中学读高中。

1949 年

因家乡解放，遂辍学回家务农，时或参加革命活动。

1950 年

3 月，参加革命工作，担任江西省进贤县流溪乡完小教师。

下半年，调任大塘完小校长，加入中国新民主主义青年团革命组织。

1951 年

上半年，调任进贤县张公乡完小校长。

---

① 转引自尹建民、王福和、吴家荣主编：《刘献彪与新时期比较文学》，安徽大学出版社 2012 年版，第 14 页。

② 转引自尹建民、王福和、吴家荣主编：《刘献彪与新时期比较文学》，安徽大学出版社 2012 年版，第 21 页。

下半年，参加保送考试，被南昌大学师范部中文系录取，时在南昌。

1953 年

全国高校院系调整，南昌大学师范部中文系与湖南师范学院中文系合并。到湖南师范学院中文系学习，师从杨树达、方授楚、彭燕郊、梁再等先辈学者。

1955 年

从湖南师范学院中文系毕业。参加中国现代文学史研究生考试，考入山东师范学院中文系，拜田仲济先生为师。

1957 年

因工作需要，提前 1 年毕业。留任山东师范学院中文系，担任现代文学、写作等课程的教学工作，被选为山东师范学院院务委员。

同年，与苗可结婚。

1959 年

在《山东师范学院学报》(现代文学版)第 3 期发表《夏衍和他的戏剧创作》，同期与唐育寿合作发表《评王淑明〈论郭沫若的历史剧〉》。

在田仲济先生的带领下，先后到南京大学、上海作协拜访唐弢先生、陈瘦竹先生。

1960 年

下半年，调至曲阜师范学院中文系，先后讲授中国现代文学、现代文选、当代文学评论等课程，任现代文学教研室主任。

1961 年

晋升为讲师。

1964 年

到山东省政治学校学习半年，改造世界观，任学习小组组长。

1966 年

“文化大革命”开始，曲阜师范学院中文系和山东大学中文系合并，更名为山东大学，仍任教研室主任。工宣队、军宣队进驻学校，被打为“资产阶级反动学术权威”，遭到批斗。

1971 年

从山东大学中文系调到昌潍师专中文连，给工农兵学员讲授毛主席诗词、马列主义经典著作选读等课程。

1974 年

从昌潍师专中文连调到函授部，为函授生授课并编写教材。

1975 年

在《光明日报》发表《贵在神似》。

1978 年

在《语文教学》发表《关于抗战戏剧》。

在《函授学习丛刊》发表《辛苦耕耘的前驱者——谈夏衍解放前的话剧活动》。

1979 年

为中学函授教师编写的《中学外国文学知识》出版。

与林治广同志在北京人民文学出版社招待所地下室共同编写《鲁迅与中日文化交流》，其间查阅资料，拜访李何林、张毕来、魏东明、梁再、周丰一、李连庆等学者。

在《函授学习丛刊》发表《漫谈文学革命运动》。

1980 年

1 月 28 日，拜访王瑶先生，经王瑶先生介绍，拜访严家炎先生。

拜访姚雪垠先生，姚雪垠先生亲笔题赠诗作一首。同日，拜访周海婴夫妇。

5 月 25 日，在杭州拜访了许钦文先生。

5 月 26 日，在杭州参加巴尔扎克、托尔斯泰学术研讨会，听黄源等先生发言。

6 月，在华东师范大学中文系拜访徐中玉先生。

7 月 12 日，在包头市参加全国现代文学学术讨论会，听王瑶、田仲济、陈荒煤等学者发言。

8 月，在河北省承德市参加《简明外国文学教材》审稿会，结识袁伟信、边国恩、李瑞霞等外国文学教师，并倡议编写《外国文学教学手册》。

9 月，到北京拜访戈宝权夫妇。

本年度其他活动：

在《中国现代文学研究丛刊》第 4 期发表《中国现代文学教学与研究几点想法》，探讨现代文学史教学与研究问题。

在《函授学习丛刊》发表《从鲁迅日记看鲁迅与日本友人增田涉的友好往来》。

1981 年

1 月 8 日下午，在戈宝权先生家中请教编写《外国文学教学手册》《鲁迅与中日文化交流》等问题，戈宝权先生建议将“外国文学教学手册”改为“外国文学手册”，并提出了 15 条宝贵意见。

5 月，在桂林主持《外国文学手册》修订会议。

6 月，在上海、南京，先后拜访赵景深、武蠡甫、方重、周熙良、范存忠、赵瑞蕻等学者。

7 月，收到钱锺书先生寄来的《外国文学手册》修改文稿和信件。

7月，收到季羡林先生关于比较文学的信函。

8月，著作《鲁迅与中日文化交流》由湖南人民出版社出版。

10月，赴京拜访季羡林先生。经季羡林先生介绍，拜访乐黛云先生。同时，与戈宝权等参加鲁迅诞辰100周年纪念大会，在人民大会堂听胡耀邦同志讲话。

12月9日，在北京文化宫外宾接待室主持《外国文学手册》审稿会，参加会议的领导、专家有教育部高教司司长付克，中国社会科学院外研所戈宝权、程代熙，北京大学李明滨，北京师范大学陈惇等。

12月19日，拜访杨周翰先生，听取杨周翰先生对《外国文学手册》的意见。

本年度其他活动：

在《昌潍师专学报》(社会科学版)第1期发表《论比较文学与中国现代文学史研究的关系》。

在《学习与探索》第3期发表《中国现代文学史研究的检讨——读有关中国现代文学史著作的札记》。

在《函授丛刊》发表《中国现代文学的源流和风格流派》。

1982年

1月3日，拜访戈宝权先生，听取戈宝权先生对《外国文学手册》的意见。

5月14日，与北京出版社李冰编辑共同拜访钱锺书先生，钱锺书先生为其题写《外国文学手册》书名。

8月29日，戈宝权先生偕夫人梁培兰到潍坊探望刘献彪。刘献彪陪同参观十笏园，与戈宝权先生合影，戈宝权先生赋诗一首。

本年度其他活动：

在《语文教学之友》第2期发表《比较文学概说》。

在《外国文学研究史料》第3期发表《中国现代比较文学研究论文要目》。

在《函授学习丛刊》发表《要讲文学历史的发展过程——读王瑶〈关于中国现代文学研究中的几个问题〉有感》。

经滕留寅(《外国文学手册》合作者)介绍，结识广西人民出版社编辑刘名涛，《比较文学及其在中国的兴起》被列入广西人民出版社出版计划。

1983年

在《翻译通讯》第7期发表《〈新青年〉与外国文学翻译》。

在天津参加全国首届比较文学学术研讨会，与朱维之先生、卢康华教授会前合影，此行得到南开大学崔宝衡、中山大学易新农等先生的支援。

组织人员编写的《比较文学自学手册》，被列入湖南文艺出版社出版计划。

加入山东省潍坊市中国民主同盟，担任民盟市委宣传部部长。

1984 年

3 月，主编的《外国文学手册》由北京出版社出版。

8 月，在青岛参加高等师范院校外国文学教学研究会冀鲁皖分会学术研讨会。

10 月 4 日，到天津参加与陈玉刚、李载道、李瑞霞、边国恩等合作撰写的《中国翻译文学史稿》一书的修订会，寄住在李载道家。

10 月 9 日，在北京拟订《中国现代文学手册》编写纲目。

本年度其他事件：

在《翻译通讯》第 5 期发表《文学研究会对外国文学翻译的贡献》。

按照胡耀邦的指示，中宣部出版局寄来两封关于答复出版《近百年来中日文化交流简编》等问题的信。

收到日本学者丸山昇寄来的贺年卡。

1985 年

10 月 29 日，在深圳参加中国比较文学学会成立大会，昌潍师专是发起单位中唯一一所专科院校。

11 月 3 日下午，拜访国际比较文学协会主席佛克玛先生。

荣获潍坊市委、市政府授予的“潍坊市优秀知识分子”称号和奖章。

1986 年

8 月，著作《比较文学自学手册》由湖南文艺出版社出版。

10 月 16～18 日，应邀到北京参加中国比较文学学会常务理事扩大会议。

11 月，著作《比较文学及其在中国的兴起》由广西人民出版社出版。

11 月 11～13 日，山东省比较文学学会举行成立大会暨首届学术讨论会。推举张健为会长，狄其骢、刘波、刘献彪等为副会长。刘波兼任秘书长，秘书处设在山东大学。

本年度其他活动：

在《昌潍师专学报》(社会科学版)第 1 期发表《比较文学是一门独立学科》。

在《昌潍师专学报》(社会科学版)第 2 期发表《比较文学在中国的形成与发展初探》。

经山东省作协批准，成为中国作家协会山东分会会员。

1987 年

5 月，昌潍师专比较文学研究室成立，出任研究室主任。

6 月 1 日，昌潍师专比较文学研究室召开第一次研究室会议。

6 月，加入中国共产党。

7 月 11～ 15 日，主编的《比较文学教程》书稿审定会在潍坊举行，乐黛云、张健、孙景尧等专家学者参加了会议。

8 月，主编的《中国现代文学手册》由中国文联出版社出版。

8 月 25～29 日，在西安参加中国比较文学学会第二届年会。

9 月，晋升为教授。

10 月，荣获潍坊市委、市政府授予的“专业技术拔尖人才”称号。

本年度其他活动：

在《编译参考》第 5 期发表《比较文学在中国》和《比较文学在世界》。

在《东岳论丛》第 S1 期发表《比较文学研究中几个问题：兼与美国勃洛克教授商榷》。

在《齐鲁学刊》第 5 期发表《略论比较文学在中国的形成与发展》。

1988 年

8 月，和杨周翰、乐黛云、徐京安等学者到德国慕尼黑大学参加国际比较文学学术研讨会。

1989 年

5 月 21～23 日，与孙景尧、谢天振等学者参加湖南省比较文学研究会成立大会暨首届学术讨论会。

8 月，由陈玉刚教授组织李载道、刘献彪、边国恩、李瑞霞等 5 位撰稿人合作编写的《中国翻译文学史稿》由中国对外翻译出版公司出版。刘献彪为此书的副主编，撰稿约 10 万字。

本年度其他活动：

在《枣庄师专学报》第 3 期发表与林治广合作的《中国比较文学萌发的轨迹》。

在《山东师大学报》(社会科学版)第 6 期发表《论〈新青年〉的翻译文学》。

中央组织部领导到潍坊看望并接见拔尖人才时，刘献彪和魏金璇、谢立信等同志被接见。

1990 年

4 月，主编的《简明比较文学教程》由文津出版社出版，这是一部面向普通高校的比较文学教材，也是一部具有操作性的教材。

7 月 24～30 日，在贵阳参加中国比较文学学会第三届年会，被选为理事。

1991 年

7 月 26 日，应高等师范院校外国文学教学研究会邀请，在牡丹江市作题为“比较文学在中国的历史和现状”的学术报告。

8 月 15 日，在东京出席国际比较文学学会第十三届大会暨国际研讨会，宣读论文《论严复的翻译》。同时参加研讨会的学者有王宁、陈惇、乐黛云、孟昭毅等。

9月，在广州、中山、珠海参加粤港闽首届比较文学研讨会，参观孙中山故居。

1993年

3月10～14日，在北京参加中国少数民族比较文学研讨会，被选为常务理事。

7月14～17日，在张家界参加中国比较文学学会第四届年会暨国际学术讨论会，主持比较文学教学专题学术讨论会，被选为理事。

10月12日，在连云港参加中国徐福研究会成立大会，被选为理事。

11月8～10日，日本学者池上正治先生来潍坊拜访刘献彪，住潍坊东郊宾馆，先后与齐乃贵、郑金兰、王振民、赵文禄、徐文祥等同志会面。

本年度其他活动：

昌潍师专中国比较文学研究资料中心成立，刘献彪出任主任，季羡林、吴富恒、乐黛云、李连庆等学者题字赠书。

1994年

6月，与王振民合著的《比较文学与现代文学》由中国美术学院出版社出版。

本年度其他活动：

从昌潍师专中文系退休，但退而不休，仍为比较文学奔波操劳。

在《昌潍师专学报》(社会科学版)第3期发表《评严复与西学的传播》。

接受中国比较文学学会委托，与陈惇、廖鸿钧共同筹建中国比较文学教学研究会。

应江西省临川区文联邀请，与日本学者池上正治到临川区文联文学讲习班讲课，并回乡探亲。

1995年

2月10日，收到季羡林先生2月6日复信。

11月25～30日，在烟台大学参加中国比较文学教学研究会成立大会暨首届比较文学教学教材学术研讨会。会上，作“关于比较文学的历史、现状和前景展望”的报告。经会议讨论，决定组织人力编写三本书，其中供大专、师院、电大学生用的《比较文学教程》，由刘献彪教授负责。大会通过选举产生了中国比较文学教学研究会首届理事会，会长为陈惇，副会长为刘献彪、谢天振、陈跃红、孟昭毅，秘书长为徐扬尚，秘书处设在昌潍师专。

本年度其他活动：

在《昌潍师专学报》(社会科学版)第1期发表与王振民、鲁在进合作的《徐福与文化交流》。

为中国比较文学教学研究会成立大会筹措经费，与朱德发、杜兆管、王明璋、刘晓武到山东省政府拜访宋法棠副省长。

到济南参加由山东省比较文学学会承办的跨文化的文学对话学术研讨会。

1996 年

8 月 1～4 日，赴长春参加由东北师范大学承办的中国比较文学学会第五届年会暨国际学术讨论会。途经北京时，与同事兼助手徐扬尚教授拜访季羡林先生，聆听季老畅谈中国比较文学复兴的历程。

本年度其他活动：

主编的《中国比较文学教学研究会通讯》第 1 期出版，经费由寿光教师进修学校校长刘晓武赞助。

1997 年

5 月 25～30 日，由刘献彪、刘介民主编的《比较文学教程》审稿会在山东省潍坊市东郊宾馆召开，参加会议的有陈惇、孙景尧、林秀清、卢康华、周发祥、刘介民、庹修宏、葛桂录等。

11 月，与他人合著的《中国翻译词典》由湖北教育出版社出版，该书由林煌天任主编，刘献彪任编委。

本年度其他活动：

主编的《中国比较文学教学研究会通讯》第 2 期出版，经费由王振民、杜兆管赞助。

1998 年

在《中国比较文学》第 4 期发表《对翻译文学和翻译文学史的几点看法》。

在《岱宗学刊》第 3 期发表《〈“多余人”论纲〉序二》。

在《昌潍师专学报》第 6 期发表《勇于探索颇具个性的学术研究——张伟教授〈“多余人”论纲〉读后》。

在潍坊，与执行主编葛桂录、副主编黄燕尤修订《比较文学教程》。

1999 年

5 月 7 日和 14 日，在《潍坊日报》发表文章《悼念钱锺书》《回忆钱锺书》。

8 月 15～18 日，在成都参加中国比较文学学会第六届年会暨国际学术研讨会，被选为名誉理事。

本年度其他活动：

在《岱宗学刊》第 1 期发表《难忘钱锺书——回忆钱锺书先生为我改稿、题字等往事》。

主编的《中国比较文学教学研究会通讯》第 3 期出版，经费由潍坊高专的朱惠东赞助。

2000 年

7 月，在《中国比较文学》第 3 期发表《我与比较文学：走在比较文学普及的途路中》，叙述了自己从事比较文学研究 20 多年的历程。

9 月，应周发祥教授邀请，在北京参加中国社会科学院的比较文学研究中心成立大会。

9 月 10 日上午，到北京大学朗润园 13 号公寓拜访季老并合影留念。

本年度其他活动：

在《岱宗学刊》第 2 期发表《关于比较文学学科建设的思考》。

2001 年

4 月，《比较文学教程》由中国青年出版社出版、发行。该教材由刘献彪、刘介民任主编，葛桂录、叶绪民任执行主编，是一本面向 21 世纪，面向大学的比较文学教科书，也是面向社会广大比较文学爱好者、比较文学自学者的入门课本。

5 月 10～14 日，21 世纪比较文学学科建设学术研讨会暨《比较文学教程》首发式在山东潍坊召开。中国比较文学学会名誉会长季羡林先生给大会寄来贺信。陈惇、刘献彪、孙景尧、周发祥、孟昭毅、庹修宏、刘介民、林建华、叶绪民、鹿国治、宋炳辉、葛桂录、黄燕尤等比较文学学者到会并发言。

本年度其他活动：

在《潍坊学院学报》第 1 期发表《从“世界显学”到全球共享之学——比较文学学科建设的世纪思考》。

在《中国比较文学》第 3 期发表《我所认识的林先生——悼念林秀清》。

主编的《中国比较文学教学研究会通讯》（大会特刊）第 4 期出版。

担任潍坊学院比较文学研究所所长。

2002 年

4 月 27～28 日，在北京请季羡林先生题写《中国比较文学教学研究》刊名。

5 月，主持的山东省教育科学“十五”规划重点课题“比较文学在中学语文教学中的普及与应用研究”开题会议暨学术研讨会在潍坊举行。中国比较文学学会秘书长陈跃红教授到会祝贺。

8 月 15～18 日，在南京参加中国比较文学学会第七届年会暨国际学术研讨会。

10 月，在山东临朐主持召开全国首届比较文学普及学术研讨会。

本年度其他活动：

在昆明参加高等师范院校外国文学教学研究会学术研讨会。

2003 年

9 月，《中国比较文学研究》由天津人民出版社出版。

10 月 12～15 日，在银川参加中国比较文学教学研究会第二届年会暨全国学术研讨会。

2004 年

4 月 28 日，潍坊市比较文学论坛在市级机关综合办公大楼成功举行。刘献彪作题为“比较文学在新时期的应用和发展”的报告。会上，还举行了潍坊市社会科学院应用比较文学研究成立的挂牌仪式。聘任乐黛云、陈惇、孟昭毅为名誉所长，刘献彪为所长，王丕君、孟宪波、董伟为副所长。该所是全国第一家专门研究应用比较文学，进行文化、学术交流的学术机构。

6 月 6 日，由中国比较文学教学研究会主办的刊物《中国比较文学教学与研究》(2004 年卷)由中国文史出版社出版，主编为刘献彪、孟昭毅，执行主编为葛桂录。

8 月 15～19 日，在威海主持召开全国高校比较文学与世界文学教学教材学术研讨会暨山东省比较文学第四届年会。乐黛云致开幕词，汤一介、曾繁仁、张汉良、王向远、孟昭毅、杨乃乔、陈炎、高旭东、方汉文、刘介民等专家教授作了精彩的学术演讲。

本年度其他活动：

在《潍坊学院学报》第 3 期发表《诗情之火　永燃人间——回忆臧克家先生》。

2005 年

6 月，主编的《中国比较文学艰辛之路》由人民日报出版社出版，执行主编为陆万胜、尹建民。

6 月，主编的《中学比较文学十讲》由时代文艺出版社出版。

7 月，著作《新时期中国比较文学编年史稿(1978～2004)》由中国档案出版社出版，该书由刘献彪、陆万胜、葛桂录、任洪国合著。

7 月，参与撰写的《中国翻译文学史》由北京大学出版社出版，该书由孟昭毅、李载道任主编，刘献彪等任编委。

8 月 12～16 日，与夫人王黎参加在深圳大学召开的中国比较文学学会第八届年会暨国际学术研讨会。向大会提供《新时期比较文学编年史稿(1978～2004)》《中国比较文学艰辛之路》。

本年度其他活动：

与王黎女士登记结婚。

2006 年

5 月 22～26 日，赴太原参加中国比较文学教学研究会新人文精神研讨会，这次研讨会由太原师范学院中文系刘蜀贝教授主持。

10月21～24日，应邀到四川大学举办的比较文学与世界文学课程全国高校骨干教师研修班讲课。

12月，参与编写的《中外比较文学名著导读》由浙江大学出版社出版，该书由乐黛云、陈惇任主编。

本年度其他活动：

在《江汉论坛》第7期发表《中国比较文学学科理论的新进展》。

2007年

8月，主编的《新时期中国比较文学的垦拓与建构》由安徽大学出版社出版，该书由刘献彪、吴家荣、王福和担任主编，尹建民担任执行主编。

8月21日，在北京301医院探望季羡林先生，与季老合影留念。在北京期间，参加了纪念田仲济先生百年诞辰和《田仲济文集》出版学术座谈会，拜访戈宝权先生的夫人梁培兰女士，承蒙戈夫人关照接待，住在戈夫人家。

本年度其他活动：

在潍坊学院尹建民教授的陪同下，参加安徽省比较文学学会年会。

2008年

在《潍坊学院学报》第1期发表《挑战老年，春意盎然——喜读学坚教授〈梦圆居六记〉有感》。

2月，《比较文学经典导读》由安徽教育出版社出版。该书由吴家荣任主编，刘献彪任副主编。

6月2～4日，在潍坊学院参加新时期比较文学30年国际学术研讨会暨山东省比较文学学会年会，并作大会发言。

7月，参与编写的《大学比较文学》由浙江大学出版社出版，该书由王福和任主编。

7月，荣获“潍坊市杰出文化工作者”称号。

9月，《穿越比较文学的世纪空间：新时期比较文学教学30年》由安徽大学出版社出版，王福和、吴家荣、刘献彪为该书主编。

10月12～14日，参加在北京语言大学举办的中国比较文学学会第九届年会暨国际学术讨论会。”

2009年

7月，参与编写的《比较文学基础教程》由中央广播电视大学出版社出版，该书由陈惇任主编。

7月，偕夫人王黎客居南京市雨花巷雨花西路钱家村。

7月15日，完成悼念季羡林先生的文章《鸿儒泰斗　甘为人梯——悼季羡林先生》，该文刊于2009年7月22日《潍坊日报》。

7 月 18 日，因病进南京市第一医院接受治疗。

10 月，参加由盐城师范学院承办的中国比较文学教学研究会第四届年会暨学术研讨会，继续担任副会长。

11 月，策划撰写《新时期比较文学论纲》，先后与王福和、吴家荣、刘蜀贝、尹建民通信讨论编写大纲等问题。

12 月，经医院检查，患脑梗阻、帕金森。

2010 年

在南京治病期间，构思《新时期比较文学论纲》目录，并与王福和、吴家荣、刘蜀贝、尹建民等通信讨论。

2011 年

7 月 8 日，从南京返回潍坊学院家中。

8 月 9～11 日，中国比较文学学会第十届年会在上海召开，因病未能参会。9 日，乐黛云、刘蜀贝、黄燕尤等教授从上海大会现场分别致电刘献彪，表示慰问并告知大会情况。10 日和 11 日，王福和教授、吴家荣教授等从上海大会现场致电刘献彪先生，告知由王福和、吴家荣倡议编写《刘献彪与新时期比较文学》的构想受到刘蜀贝、黄燕尤、葛桂录、朱红素、李伟昉等学者的积极响应，刘献彪对此深表感谢。11 日下午，大会结束后，任洪国老师从上海致电刘献彪先生，汇报这几天的会议情况。

2012 年

10 月，由尹建民、王福和、吴家荣主编的《刘献彪与新时期比较文学》由安徽大学出版社出版。在该书的编写过程中，刘献彪给予了很大帮助。

2013 年至今

已经年近九旬的刘献彪，虽然身患帕金森和脑梗阻等疾病，行动不便，但是仍然关心中国比较文学的发展，经常与学界朋友在电话中就比较文学问题进行讨论和沟通，并为潍坊学院比较文学学科的发展献计献策。

刘献彪视比较文学为生命，生命不息，研究不止。

直到今天，重病在身的刘献彪仍然在坚韧而执着地实践着自己的信念和理想。

第一章

春风夏雨：刘献彪与季羡林的交往

季羡林(1911～2009),中国山东省聊城市临清人。国际著名东方学大师、语言学家、文学家、国学家、佛学家、史学家、教育家和社会活动家。历任中国科学院哲学社会科学部委员、聊城大学名誉校长、北京大学副校长、中国社会科学院南亚研究所所长,北京大学终身教授。

1911 年,季羡林出生于山东省清平县(现临清市)康庄镇官庄一个农民家庭。1930 年,考入清华大学西洋文学系。在清华大学读书的四年间,发表散文十余篇、译文多篇。1935 年,考取了清华大学与德国的交换研究生。从 1935 年到 1945 年,在德国哥廷根大学主修印度学,先后师从瓦尔德·史米特教授、西克教授,学习梵文、巴利文和吐火罗文等古代语言。季羡林懂 12 门以上的语言。1937 年,兼任哥廷根大学汉学系讲师。1941 年,从哥廷根大学毕业,获哲学博士学位。

1946 年第二次世界大战结束后,季羡林放弃国外优厚的条件,回国后即被北大校长胡适聘为教授,是北大历史上最年轻的正教授。以后,季羡林历任东语系主任、北京大学副校长。中华人民共和国成立后,继续担任北大东语系教授兼系主任,从事系务、科研和翻译工作。在此后半个多世纪的北大教学生涯中,季羡林在东西比较文学、原始佛教语言学、印度中世纪语言学、吐火罗语义学、梵语文学诸多方面做了深入研究,奠定了其在学术界的泰斗地位。

1956 年 2 月,被任命为中国科学院哲学社会科学部委员。1954 年、1959 年、1964 年当选第二届、第三届、第四届全国政协委员。以中国文化使者的身份先后出访印度、缅甸、东德、苏联、伊拉克、埃及、叙利亚等国家。“文化大革命”结束后,季羡林复任北京大学东语系主任,并被任命为北京大学副校长、北京大学南亚研究所所长。1979 年后，季羡林陆续担任中国南亚学会会长、中国民族古文字学会名誉会长、中国外语教学研究会会长、中国语言学会会长、中国敦煌吐鲁番学会副会长、中国高等教育学会副会长、中国比较文学会名誉会长、中国亚非学会会长等职。

20 世纪 80 年代后期至 21 世纪初，季羡林对中国文化、东西方文化体系、东西方文化交流，以及 21 世纪的人类文化等重要问题，在文章和演讲中提出了许多独到的个人见解。2003 年，季羡林因身体原因住进 301 医院，即使在病房里仍每天坚持读书、写作。2009 年 7 月 11 日，季羡林不幸逝世。

季羡林在印度古代语言研究、佛教史研究、吐火罗语研究、翻译介绍印度文学作品及印度文学研究、比较文学研究、东方文化研究以及保存和抢救祖国古代典籍方面做出了卓越贡献，特别是他的东方比较文学与比较文化研究，已经形成了具有独创性和开拓性的学术思想体系，在学界享有崇高的学术声誉。季羡林“为中国东方学研究和比较文学探索做出了巨大贡献，形成不可企及与难以超越的学术地位”①。

第一节　刘献彪与季羡林交往渊源

20 世纪 70 年代末 80 年代初，改革开放使全国的学术研究氛围为之一变。当时，比较文学在中国刚刚复兴，一批具有远见卓识的知识分子，如季羡林、杨周翰、钱锺书、乐黛云等，已开始为倡导比较文学的复兴而奔走呼号。在这种宽松的学术环境感染下，刘献彪的研究热情如久旱逢甘雨，不可遏制地迸发出来。最初，刘献彪致力于中国现代文学研究，但他感到中国学界在现代文学的教学与研究方面存在很多问题，观念和方法也比较陈旧，这让他在研究中感到非常苦恼。于是，他试图寻找新的视角和切入点。刘献彪在探索、思考中发现，运用比较文学的观念和方法研究现代文学，将会给中国现代文学带来一片广阔的研究天地。于是，刘献彪毅然决定从研究了多年的中国现代文学转向比较文学。作为一个基层师专类学校的草根学者，刘献彪的比较文学之路走得非常艰辛。但幸运的是，在比较文学研究之初，他结识了很多比较文学研究领域的著名学者和专家，在他们的指导、激励和帮助之下，刘献彪把比较文学视为自己的生命，如饥似渴地投入到学术研究之中。

① 孟昭毅：《星汉灿烂，若出其里——季羡林与比较文学比较文化》，刘献彪、陆万胜、尹建民主编：《中国比较文学艰辛之路》，人民日报出版社 2005 年版，第 9 页。

20世纪80年代初期，刘献彪在戈宝权先生的具体指导下，在高教司付克司长的关照下，他和袁伟信、边国恩等编写了《外国文学手册》，并参与筹备了高等师范院校外国文学研究会等一系列活动。在此期间，刘献彪结识了赵景深、赵瑞蕻等先生。刘献彪尝试着写出了《论比较文学与中国现代文学史研究的关系》一文，并请南京大学的赵瑞蕻先生审阅、修改。不久，刘献彪就收到了赵瑞蕻先生热情洋溢的复信。赵瑞蕻先生在信中一方面对他的研究视野和内容提出表扬和鼓励，另一方面又建议他把论文寄给北京大学的季羡林先生，因为季羡林是比较文学研究的前辈，不仅学识渊博，而且和蔼可亲，乐于提携和帮助后辈。赵瑞蕻说："季先生是大学者，比较文学界的老前辈、专家，学贯中西，人好，和蔼可亲，乐于助人，有求必应，正在北大号召大家学习比较文学，你可把文章寄给他，请他指导、处理……"①当时，季羡林先生已经是全国知名的泰斗级大学者，全国慕名前往的拜访者络绎不绝，而他自己也在为中国比较文学乃至整个学界的学术研究复兴而操劳，真可谓日理万机；而刘献彪只是一位专科学校的普通教师，与季先生素昧平生，他会对刘献彪的求助做出回应吗？刘献彪虽然很想登门求教，但却苦于没有合适的时间和机会。在赵瑞蕻先生的指引和鼓励下，他虽然内心有些惴惴不安，但还是大胆给季羡林先生写了求援信，并附信寄去了自己的论文。令刘献彪没有想到的是，他很快就收到了季老的复信。季老在信中对刘献彪的研究精神给予了肯定："手示和寄来的大作均收到，你能在这样的情况下写出这样的文章，实在难能可贵。"然后，他告诉刘献彪自己现在的情况："我现在住在外面开会，很少回家来。一俟散会后，我将把大作给有关同志看一看，再看如何处理。"最后，季羡林谦虚地说："我自己对比较文学所知不多，成立北京大学比较文学研究会也不过是为大家跑跑龙套，给青年同志开辟道路而已。"②

当时，由于所在单位"文化大革命"遗风犹存，刘献彪仍被定位为"资产阶级知识分子"或"多余人"；而季羡林先生则早已享誉中外，正以古稀之躯为中国比较文学的复兴而奔走呼号，可谓倡导中国比较文学复兴的开拓先驱。他在百忙之中，不顾自己劳累，为刘献彪这样一位普通师专的教师审稿、复信，显示了这位伟大学者高尚的人文品格和学术风范。读了季羡林先生的回信后，刘献彪更是激情澎湃，感激之情难以言表。季先生无微不至、质朴真诚、谦虚热心、助人为乐的高尚人格，也令刘献彪感到万分幸运并备受鼓舞。"可以说，是先生为我开启

① 刘献彪：《季羡林领我走进比较文学——记我多次拜访、聆听季老教诲的感受》，刘献彪、陆万胜、尹建民主编：《中国比较文学艰辛之路》，人民日报出版社2005年版，第43页。

② 信件内容见本章附件。

了走进比较文学的大门，哺育了我的比较文学学术生命，引领我走上比较文学之路。"[①]从那时起，刘献彪更坚定了登门拜访，当面求教季羡林先生的决心。

第二节 难以忘怀的会面

功夫不负有心人，刘献彪终于有与季羡林见面的机会，甚至到后来，只要他到北京，一有机会就会登门拜访。每一次会面都让刘献彪有一种如沐春风的感觉，在他看来，季羡林先生始终那么和蔼可亲、热情慈爱。在与季羡林的数次会面中，令刘献彪印象最深以至如今难以忘怀的有三次。

与季羡林的第一次见面，对刘献彪的比较文学之路意义尤为深远。那是在1981年10月上旬的一天，刘献彪想亲自聆听季羡林先生的教诲，顺便也想当面了解他对自己文章的意见。于是，刘献彪提前联系了季羡林的秘书，在征得季羡林同意后，马上赶往他家。刘献彪被工作人员迎进客厅，忐忑地在老式木椅上坐下，随之季羡林先生从里屋走出来。据刘献彪后来回忆，从穿着打扮看，季老质朴得就像老实巴交的老农一般，于是他紧张的心情一下子就放松了下来。季羡林与刘献彪寒暄了几句，对他的比较文学研究给予了肯定和表扬，他说："全国有两个师专搞比较文学的同志，一个是你，一个是淮阴师专的萧兵同志。你们都很努力、很艰苦，如果北大同志都像你们这样克服困难，艰苦努力，成果会更多。"[②]季羡林的鼓励和表扬让刘献彪非常高兴，也让他对自己的比较文学研究之路充满了信心。随即，季羡林又谈到刘献彪那篇文章，并告诉他文章已经给了乐黛云同志，建议他去找乐黛云同志商量。季羡林说："黛云同志研究比较文学也研究现代文学，是位坦诚率直、乐于助人的热心同志，你们是同行。"[③]

按照季羡林的建议，刘献彪马上又去找了乐黛云先生。由于有季羡林的介绍，刘献彪对乐黛云产生了一种志同道合之感，一见面就像见了老朋友一样，开门见山地将自己的来意告诉了乐黛云。乐黛云也像对待老朋友一样，热情而耐心地听完他的想法，并表示一定帮忙。这一天是两位比较文学开拓者初次见面的日子，也奠定了持续至今30多年的珍贵友谊。可以说，乐黛云是对刘献彪的比较文学研究影响最大的一位，而两人的友谊之线却是由季羡林先生牵起的。

---

① 刘献彪：《鸿儒泰斗 甘为人梯——悼季羡林先生》，2009年7月22日《潍坊日报》。

② 刘献彪：《季羡林领我走进比较文学——记我多次拜访、聆听季老教诲的感受》，刘献彪、陆万胜、尹建民主编：《中国比较文学艰辛之路》，人民日报出版社2005年版，第44页。

③ 刘献彪：《季羡林领我走进比较文学——记我多次拜访、聆听季老教诲的感受》，刘献彪、陆万胜、尹建民主编：《中国比较文学艰辛之路》，人民日报出版社2005年版，第44页。

从此以后，只要刘献彪一到北京，不管怎么忙，都要跑到季羡林家中看看。只要季羡林在家，不管多么忙，也总是会坐下来亲切地与刘献彪叙谈。如果时间充足，加上季羡林身体状况允许，刘献彪会谦虚地登门拜访，向他汇报自己的工作和研究情况，并向他请教相关问题，有时两人也会对中国比较文学复兴的发展与变化交流意见和观点。即使时间紧迫，刘献彪也会登门问候，表达自己对季羡林的问候和关怀之情。只要参加有关比较文学的大会，季羡林在见到山东来的学者时，总是会问他们："你们认识昌潍师专的刘献彪同志吗？他来了吗？请代我向他问好。"刘献彪不止一次从山东的同志口中听到这样的话。

另一次令刘献彪难忘的会面发生在2000年的教师节。2000年9月10日，是20世纪最后一个教师节。此时，刘献彪应邀参加中国社会科学院比较文学研究中心成立大会，恰好来到北京。此次行程，他要拿出一天的时间与中国青年出版社商量出版比较文学教材的事宜，另外一天要参加中国社会科学院比较文学研究中心成立大会，所以只有教师节这天才是自由活动时间。当时，刘献彪已与季羡林多年不见，心中甚是想念，于是他决定利用这个机会，登门拜访季羡林，顺祝他节日快乐。

但刘献彪知道，近几年来，虽然季羡林视力欠佳(白内障眼疾)，但他仍专注于学术研究，当时正在主编一套中国佛教史，时间十分宝贵。因此，对刘献彪而言，拜访季羡林有一个非常不利的情况：季羡林不希望受到别人过多地打扰，希望免去应酬之苦。特别是季羡林身边的工作人员，为了他的健康和工作，更是毫不留情地拒来访者于门外。况且，在教师节这样一个特殊的日子里，季羡林必定有特殊的安排。因此，虽然刘献彪很想念他，但也做好了不能见面的准备；即使能见面，也不奢望能与他长谈；只是希望能在这个特殊的日子里对自己心中的恩师表达一下问候，以及对老师的感谢与想念之情。

站在季羡林门前，刘献彪心中非常矛盾：希望马上见到季羡林，却又不忍打扰他休息；希望工作人员很快给自己开门，但又怕吃闭门羹；希望工作人员谅解自己，但又怕他断然拒绝……刘献彪徘徊良久，最终还是鼓起勇气敲了门。开了以后，刘献彪把自己的情况向工作人员一一说明，诚恳地说自己从山东潍坊而来，虽然没有要事，但因与季羡林多年未见，心里非常想念他，这次上门拜访只想看看他；另外，虽然没拜在季羡林门下，但自己却视他为真正的恩师。听了刘献彪所说的之后，工作人员感到非常为难，因为季羡林正与外宾谈话，屋里还有一批客人在等着，没有预约的，实在安排不出时间接见，所以便婉言拒绝了刘献彪的请求。

刘献彪心中虽然失望，但也理解工作人员的做法。他对工作人员表示了感谢，并捎给工作人员一张名片，请其转告季羡林，山东潍坊的刘献彪今天来看先生，祝先生节日快乐。工作人员把门带上后，刘献彪坐在门前的荷塘边，想到今天错过后，还不知将来有没有机会再见，心里不免有些失落，不忍离去，直看着门前的花草出神。

正在恍惚迷离之际，忽听到有人在喊自己的名字，意外之下刘献彪急忙答应，同时回头想看看是哪位熟人。这时，他惊喜地看到季羡林正从门口微笑着向他走来，边走还边给他打招呼。虽然已经多年未见，且季羡林年事已高，身体欠安，但是他仍然清晰地记得刘献彪。刘献彪赶忙跑到季羡林身边，向他表达了自己的关切和问候，季羡林也简单地问了一下刘献彪现在的工作情况。因为还有很多人在等着，所以在工作人员的连声催促下，两人没有时间详谈，只好分手。刘献彪觉得这样的日子具有纪念意义，遂想和季羡林合影留念，季羡林慨然应允。合影后，刘献彪依依不舍地与季羡林告别。

虽然这次只是与季羡林匆匆相会，但这短短的一幕，已经深深印在刘献彪的脑海和记忆深处，并不时地提醒他，自己是季老的学生，要永远铭记季老的谆谆教诲：去追求自己的比较文学之路，去追求人生的真、善、美。

最后一次与季羡林见面是在 2007 年。那时，季羡林因为身体原因住进了北京 301 医院。季羡林的身体状况引起了全国各界人士的关注和挂念，甚至国家领导人也对他的情况非常关切。

刘献彪听说季羡林住院后，心中非常挂念，急切地想去探望，但总是因为各种原因不能成行。终于在 2007 年教师节前夕，也就是 8 月 21 日上午，刘献彪得以出发去北京，在北京 301 医院探望了恩师季羡林先生。后来，刘献彪回忆起这天，依然感到非常自豪。

在拜访过程中，刘献彪得到了季羡林秘书的格外关照，她和她的女儿亲自陪刘献彪走进季羡林的病房，又亲自送他离开。

刘献彪与季羡林先生在 301 医院共同度过了 20 多分钟，时至至今，刘献彪仍清楚记得每个细节。杨秘书和她女儿陪刘献彪走进季羡林病房的时间是 9 时 30 分，当时季羡林在卫生间，所以他们在走廊等了等，约 5 分钟后，杨秘书请刘献彪进病房。

出于季羡林的身体原因，他与刘献彪的交谈亲切而又简短。刘献彪向季羡林仔细介绍了自己敬赠的《中国比较文学艰辛之路》《新时期中国比较文学编年史稿(1978～2004)》《中学比较文学十讲》三本书，杨秘书代刘献彪念了放在花篮中的祝词(见图 1-1)，季羡林听后鼓掌表示感谢，随后杨秘书为二人拍照留念。

在近半小时的接触过程中，刘献彪又一次亲耳聆听了季羡林先生的教诲，并亲手接过季老亲笔题字赐赠的作品。虽然季羡林身体不适，但仍然非常挂念山东以及潍坊学院比较文学的发展情况，刘献彪向他简单汇报了自己所了解的情况。季羡林表现出的那种慈祥、亲切的关爱之情，令刘献彪深为感动，倍受鼓舞。

图 1-1　季羡林浏览刘献彪为他带去的著作

自从和季羡林分手回到山东潍坊以后，刘献彪心中既想念季羡林，又担忧他的身体，常常情不自禁地为季羡林默默祈祷和祝福，甚至乐观地安慰自己，以季羡林的心态、性格、精神、身体和仁者品德，活过百岁绝无问题。但不幸的是，2009 年 7 月 11 日，季羡林先生病逝了，两人在 2007 年的这次见面竟成诀别。从交谈到赠书再到拍照，实际上他们只相聚了 20 多分钟。这 20 分钟在时间长河中，不过是短短的一瞬，一闪而过。但是，对于刘献彪而言，拜访季羡林的“20 分钟”却有非常特殊的意义。后来，刘献彪谈起当时的感受说：“让我感到非常特别，宝贵、奇异、丰富、有限、过得太快、永远铭记心间……”①

第三节　季羡林对刘献彪学术研究的影响

20 世纪 70 年代末，正值中国改革开放之初，全国各业百废待兴。作为一个基层师专类学校的草根学者，年过五旬的刘献彪仍在艰难地探寻着自己的学术之路。比较文学不仅改变了刘献彪的学术方向，也改变了他今后的人生命运，使他从苦难中重新奋起，也是使他的人生有了新的目标和航向。他争分夺秒地一头扎入比较文学研究之中，将比较文学视为自己的生命，“假如把自己这种经历和遭遇放在中国比较文学教学复兴过程中，从比较文学生存与发展角度来审视研究一番，也许其价值则远远超出了个人的喜与忧或财富的范围而有其思考意义和参考价值”②。

① 刘献彪：《我拜访了季羡林先生》，2007 年 9 月 7 日《潍坊周末》。

② 刘献彪：《走在比较文学教学普及的路上》，王福和、吴家荣、刘献彪主编：《穿越比较文学的世纪空间——新时期比较文学教学 30 年》，安徽大学出版社 2008 年版，第 185 页。

开启刘献彪比较文学研究之门的是季羡林。季羡林不仅引导刘献彪走上了比较文学之路，而且也成为其比较文学研究的指路明灯。1980 年，刘献彪的比较文学处女作——《论比较文学与中国现代文学史研究的关系》得到了季羡林先生的热情鼓励和积极推荐。刘献彪曾多次登门拜访，有幸得到季先生的当面教诲。每一次见面，季羡林那渊博的学识、广阔的学术视野、淳朴的学风、高尚的人格，都深深打动和影响着刘献彪，也使刘献彪把“对话”所得融入了自己的学术研究。

20 世纪 80 年代中期，在山东省比较文学成立大会上，受大会所托，刘献彪主持编写一本适合高等师范院校尤其是师专使用的比较文学教材。1987 年，刘献彪和合作者林治广、姜悦亭在北京的一个地下室对教材进行最后的修订工作。在修订过程中，刘献彪三人一同到季羡林家中拜访，向他请教有关比较文学的问题。

当时，季羡林着重谈了文化交流和比较文学的关系。季羡林认为，比较文学研究属于文化交流的范围。过去人们对文化交流认识不够，对比较文学的重要意义认识更差，而在人类历史上，文化交流是经常的、正常的现象。几千年的人类文明史证明了一个事实，那就是，国家无论大小，历史无论长短，尽管深度和广度有所不同，但每个国家都离不开文化交流，都是一方面接受别国的文化，另一方面又把自己的文化送出去，送给别的国家，这样既丰富了自己的文化，也丰富了人类共同的文化。季羡林告诉刘献彪，研究比较文学与文化交流的关系十分有意义，比较文学所要探索的是一种文学方面的文化交流。比较文学这一种文化交流形式，正是社会主义建设所迫切需要的，也是世界人类文化向前发展所需要的。季羡林又说：“文化交流是文化发展的动力，比较文学是文化交流的好帮手。通过这种交流，可以让不同国家的人民认识到自己接受了一些什么东西，又给予了些什么东西，从而一方面提高自己的信心，另方面又得到了一个正确的认识。认识到人类必须互相帮助，互相学习。哪一个国家也不能孤立，也不会孤立，也不曾孤立。这种认识对于增强国家和人民之间的友谊和了解会有很大的帮助，这会加强各国人民共同保卫世界和平，向着一个伟大的目标奋进的决心。”①这些真知灼见，对刘献彪的启发极大，成为他学习、研究比较文学的指路明灯，指引他前进。后来，刘献彪在编写《比较文学教程》一书时，就将这一思想贯穿其中，“季先生有关比较文学的思想观点，就像灯塔一样照耀着我，在我撰写《教程》的最后两章，强调传播比较文学学科精神，构筑比较文学通道

① 转引自刘献彪：《季羡林领我走进比较文学——记我多次拜访、聆听季老教诲的感受》，刘献彪、陆万胜、尹建民主编：《中国比较文学艰辛之路》，人民日报出版社 2005 年版，第 45～46 页。

和桥梁，把交流、开放作为比较文学的基本精神，就是得益于季先生的教诲”[①]。

在刘献彪心中，季羡林先生既是一位学贯中西的大学者，又是一位慈善仁爱的长辈。当时，刘献彪只是中国高校“第三世界”中的一名普通教师，而且正身处孤独和逆境之中，不为人所理解。面对季羡林先生一次次热情的接待和耐心的教诲，刘献彪更深刻地感受到了季老身上那种无私的博爱，并被这种大爱所感化，更深刻地理解了比较文学学科的真谛——新人文精神。“从季羡林到乐黛云比较文学研究的道路，是以比较文学为粮食哺育人类的道路。换言之，他们研究比较文学，发展比较文学，有自己的学科理想和追求，而这种理想、追求从根本上说，是希望通过比较文学来呼唤合理的人性、合理的思想观念、合理的精神，从而使人类世界光明、幸福、合理。他们就是希望沟通、交流、传播、比较，共建这种思想、观念和精神。……他们不仅属于中国比较文学，也属于世界比较文学。研究他们的学者人格、学科理想和学科建树，不仅将促进比较文学事业的发展，而且将启迪鼓舞人们前进。”[②]刘献彪下定决心，向季羡林等优秀学者学习，学习他们高尚的人格，发扬他们优良的传统，将毕生精力致力于比较文学研究和传播。

第四节　季羡林对刘献彪学科建设的支持

20 世纪 80 年代，国内一些著名大学的学者为中国比较文学的发展做了开拓性工作，但对各个地方院校和广大基层教师来说，这项工作仍处于开创初期，相关的研究资料也极度匮乏。资料是教学与研究的基础，研究资料的欠缺限制了地方院校的学术视野和研究能力。20 世纪 90 年代初，刘献彪更加迫切地感受到这一点，于是他倡议在当时的昌潍师专建立中国比较文学研究资料中心，以方便学界尤其是地方院校学者查阅资料，促进地方院校比较文学研究的发展。刘献彪的这一提议很快就获得了学校的批准，随后全国第一家比较文学研究资料中心在地处偏远位置、信息相对闭塞的昌潍师专成立。

1993 年 3 月，中国少数民族比较文学研究会成立大会在北京召开，季羡林和乐黛云都光临大会，刘献彪也应邀参加。刘献彪向季羡林和乐黛云报告了中心成立的消息，听到消息后，两人都非常高兴，当即表示要带头给中心捐赠书

① 刘献彪：《季羡林领我走进比较文学——记我多次拜访、聆听季老教诲的感受》，刘献彪、陆万胜、尹建民主编：《中国比较文学艰辛之路》，人民日报出版社 2005 年版，第 46 页。

② 刘献彪：《季羡林领我走进比较文学——记我多次拜访、聆听季老教诲的感受》，刘献彪、陆万胜、尹建民主编：《中国比较文学艰辛之路》，人民日报出版社 2005 年版，第 50 页。

籍。刘献彪邀请两人为中心题词，季羡林和乐黛云都慨然应允。季羡林的题词是“进一步开展比较文学的研究，增强各民族的了解，为共同走向大同之域铺平道路”，乐黛云的题词是“以自己为基点认识世界，以世界为背景了解自身——敬贺全国第一家比较文学研究资料中心成立”。季羡林和乐黛云的题词，不仅是对中国比较文学研究资料中心的大力支持，也是对刘献彪在困境中披荆斩棘精神的肯定和鼓励，这使刘献彪备受鼓舞，进一步坚定了他走比较文学之路的决心。

20 世纪 90 年代中期，陈惇教授、廖鸿钧教授和刘献彪接受中国比较文学学会的委派，负责筹备中国比较文学教学研究会。在这期间，刘献彪曾给季老去信，汇报有关筹备情况，并希望他给予指导。不久，刘献彪就收到季羡林的回信。

季羡林首先对刘献彪的来信表示了感谢，并称因为过年比较忙，所以对于刘献彪的作品也只是翻看了一部分，但是也学习了不少东西，而且了解了一些情况。季羡林对刘献彪给予了很高的期望，他说：“你主编的丛书会对中国比较文学的发展起推动作用。”刘献彪在信中邀请季羡林参加 1995 年年底举行的中国比较文学教学研究会成立大会，季羡林对大会成立一事非常关注，虽然想参加，但是“目前我还不敢说。因为今年工作比较多，而且年纪已大，出门有些困难”①。

尽管季羡林没有参加这次大会，但他对大会的关注还是给了刘献彪举办好会议的信心，正是在这种精神的支撑下，大会克服了重重困难，最终得以顺利召开。大会通过了中国比较文学教学研究会章程，民主选举产生了中国比较文学教学研究会首届理事会，其中会长为陈惇，副会长为刘献彪、谢天振、陈跃红、孟昭毅，秘书长为徐扬尚，秘书处设在昌潍师专。这次会议对于比较文学教学研究和教材建设有着重要意义。

2001 年 5 月，由中国比较文学教学研究会、中国少数民族比较文学研究会和中国青年出版社联合主办，潍坊学院承办的 21 世纪比较文学学科建设学术研讨会暨《比较文学教程》首发式大会在潍坊举行。这是中国比较文学史上首次以学科建设和教材首发式为主题的会议。季羡林对此事非常重视和关心，刘献彪向他汇报了这次会议的筹备情况。开会前几天，季羡林亲自为大会写了祝贺词（见图 1-2），并请乐黛云会长转交给刘献彪。在贺信中，季羡林认为，以学科而论，在世界范围内比较文学的兴起是比较晚的，而在中国则更晚；然而一旦兴起，就立即显示其活力，转瞬成为世界显学。季羡林不仅高度评价了乐黛云等学者对于中国比较文学发展的作用和意义，而且认为比较文学没有中国，是

---

① 信件内容见本章附件。

残缺不全的。在这一方面，以乐黛云教授为首的中国比较文学学者之功不可泯。中国比较文学没有山东，也不能算是完整的。在这一方面，刘献彪教授之功不可泯。另外，他还指出，21 世纪比较文学学科建设学术研讨会的召开，必然能够推动中国比较文学向更高的层次发展。

北京大学
PEKING UNIVERSITY
Telex 22239 PKUNI CN
Fax 86-1-256-4095
Beijing 100871 China

刘献彪教授并转
学术研讨会：
热烈祝贺大会的召开。
我因年迈龙钟，不能远行，不能亲自参加大会，请原谅。
以学科而论，在世界范围内，比较文学的兴起是比较晚的，在中国则更晚。然而一旦兴起，就立即显示出力量，转瞬成为世界显学。比较文学而没有中国，是残缺不全的。在这一方面，以乐黛云教授为首的中国比较文学学者之功不可泯。中国比较文学而没有山东，也不能算是完整的。在这一方面，刘献彪教授之功不可泯。
今天全国比较文学界的盛会召开了，它必然能够推动中国比较文学向更高的层次发展，特致以贺。
祝大会圆满成功。季羡林 2001.5.8

图 1-2　2001 的 5 月 8 日季羡林写给刘献彪的大会祝贺词

在季羡林的关心和鼓励之下，大会得以成功召开。这次会议具体研讨了新世纪比较文学学科的时代定位与走向、新世纪比较文学教学研究与教材建设等议题。与会代表一致认为，20 世纪比较文学已成为一门大有可为的显学。面对 21 世纪的曙光，结合中国传统文化精神对西方比较文学进行解构与重构，建立中国比较文学理论体系与教学体系，促进中国比较文学理论与实践相结合，沟通大众，走向中学，普及比较文学学科精神，是比较文学学科建设的当务之急，而这也是刘献彪孜孜不倦致力于比较文学研究的主要目标和方向。为了激发大家对比较文学教学与研究的兴趣，扩大比较文学教学与研究的影响，刘献彪认为应该有一个属于比较文学教学研究领域的刊物。他的这一想法不仅得到潍坊学院领导的认可，也得到中国比较文学学会和教学研究会的支持。从筹备到组稿，经过不懈努力，刘献彪在 2002 年夏带头创办了《中国比较文学教学与研究》。为了提高刊物的声誉和影响，刘献彪和乐黛云会长商量，想请季羡林题写刊物封面。但考虑到季羡林身体欠佳，刘献彪又有所顾虑。但思量再三之下，刘献彪和乐黛云还是向季羡林提出了这个要求。没有料到，季羡林当天就把封面上的几个字写好了(见图 1-3)，第二天便送到乐黛云家，让她转交给刘献彪。随即乐黛云就给刘献彪打电话，告诉他："季老已题好字了，你来拿吧……"挂断电话后，刘献彪马上赶到乐黛云家。因为年龄已高，听力和记忆力有所下降，事后季羡林忘记了刊物的具体名字，但他考虑得非常全面，写了一组题字。虽然这一组题字并不完全准确，但仍然让刘献彪在喜出望外之余，为季羡林的热心

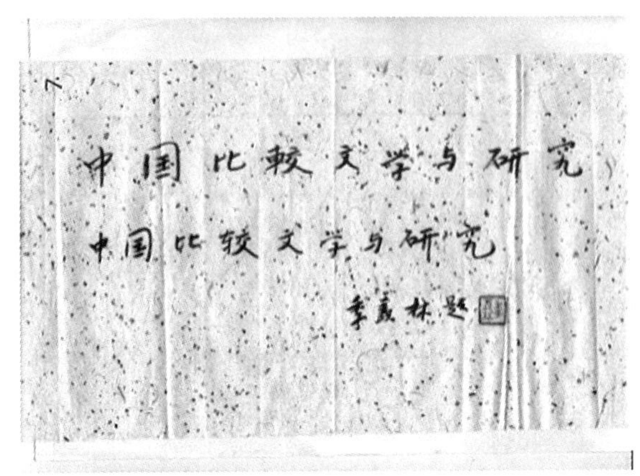

图 1-3　季羡林为刘献彪主编刊物题写刊名

与细心感动无比。

刘献彪曾说："我之所以能从现代文学闯入可望而不可即的比较文学这座高楼大厦，一干就是二三十载。……推比较文学普及之车，拉比较文学应用之磨，仍劲头十足，忘乎所以，乐此不疲，乐在其中。老实说，其中原因除了自己本性'冥顽不灵'的'天真'外，更主要的是因为良师益友的帮助、鼓舞、理解、宽容。……正是靠了良师益友的指导、帮助、理解、包容，自己才有幸得以追随前辈和同辈诸贤，摸、爬、滚、打，一直到今天。"①这里的良师益友，指的就是以季羡林为代表的前辈们和以乐黛云为代表的同辈们。在他们的指点和鼓励之下，刘献彪将自己的生命和热情投入到比较文学研究及学科建设之中，锲而不舍地为之奋斗终生。

第五节　刘献彪和季羡林秘书李铮的交往

在刘献彪和季羡林的交往中，还有一个人起着非常重要的作用，那就是季羡林的秘书李铮。出于身体和时间等原因，季羡林不可能对所有的来访和来信一一回应，所以生活上、工作上的事情多由他的秘书李铮来负责。

李铮是季羡林最中意的秘书，大家对李铮的评价也非常好，认为他严谨、踏实，没有私心。季羡林是在 1946 年发掘李铮的。当时李铮只有 17 岁，是校内晒图的杂工，季羡林发现这个孩子中午不休息只知道干活，顿时心生欣赏之意，便让他到东语系的办公室打杂，后来又让他担任自己的秘书。据说只有初中学历的李铮能辨认梵文、巴利文、德文、拉丁文，不少人认为他是一个奇迹。季羡林的英文写得很潦草，只有李铮能辨认，甚至他的字迹与季羡林的一模一样。

虽然是学术泰斗的贴身秘书，但是李铮为人十分谦逊，对于刘献彪的来信，他几乎每信必回。他在信中对刘献彪谦虚地说："我受的教育很少，虽然在季先生身

---

① 刘献彪：《共享乐黛云》，刘献彪、陆万胜、尹建民主编：《中国比较文学艰辛之路》，人民日报出版社 2005 年版，第 217～218 页。

边工作多年，但因自己很不成材，很不努力，因此至今一事无成。目前，只能竭尽绵薄，为季先生做些简单的事务性工作，以期节省老人家一点宝贵的时间。”他还说：“我多年在季先生身边工作，但因自己不够努力，终致碌碌无为。先生需要我做什么具体的事，即请书告。”对于刘献彪的要求，他也尽量给予帮助和满足。

李铮对刘献彪的帮助主要在以下三个方面。

一是向刘献彪提供有关比较文学学术活动的信息。当时，刘献彪刚刚从中国现当代文学研究转向比较文学研究，虽然已经年过五旬，但是在比较文学研究方面却是刚刚起步，而且对比较文学研究领域的学术动向了解得非常少。为了尽快了解学术前沿动向，扩大学术视野，提升知识素养，刘献彪积极联系各方面的专家和学者，参与中国比较文学界各项学术活动。在这一方面，李铮给他提供了很多重要信息。

1982 年 3 月 8 日，李铮给刘献彪写信，告知国外著名比较文学学者来中国访问以及作学术报告的安排情况（图 1-4）：

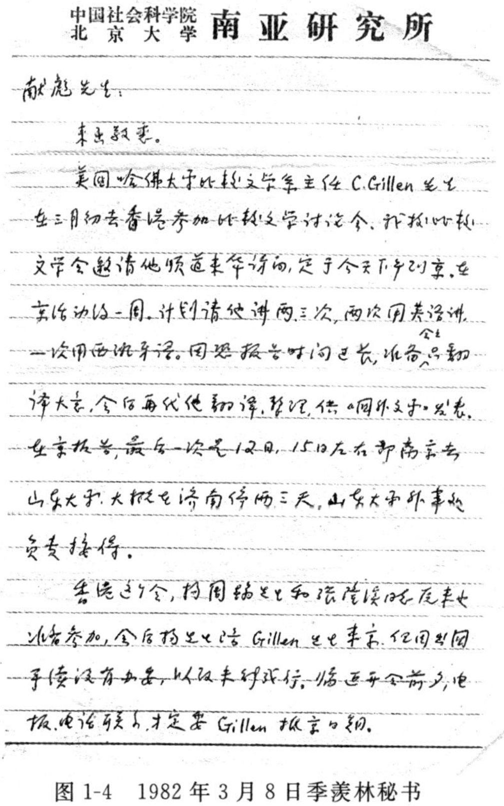
中国社会科学院 北京大学 南亚研究所

献彪先生：

来书敬悉。

美国哈佛大学比较文学系主任 C. Gillen 先生在三月初去香港参加比较文学讨论会。我校比较文学会邀请他顺道来华访问，定于今天下午到京。在京活动约一周。计划请他讲两三次，两次用英语讲，一次用西班牙语。因恐报告时间过长，准备全部翻译大意，会后再代他翻译，整理，供《国外文学》发表。在京报告，最后一次是12日。15日左右即离京去山东大学，大概在济南停两三天。山东大学外事处负责接待。

香港这个会，杨周翰先生和张隆溪同志原来也准备参加，会后杨先生请 Gillen 先生来京。但因出国手续没有办妥，以致未能成行。临近开会前，电报电话联系，才定妥 Gillen 抵京日期。

图 1-4　1982 年 3 月 8 日季羡林秘书李铮写给刘献彪的信

美国哈佛大学比较文学系主任 C. Gillen 先生在三月初去香港参加比较文学讨论会。我校比较文学会邀请他顺道来华访问，定于今天下午到京。在京活动约一周。计划请他讲两三次，两次用英语讲，一次用西班牙语。……在京报告，最后一次是 12 日。15 日左右即离京去山东大学，大概在济南停两三天。山东大学外事处负责接待。

香港这个会，杨周翰先生和张隆溪同志原来也准备参加。会后杨先生请 Gillen 先生来京，但因出国手续没有办妥，以致未能成行。临近开会前夕，电报、电话联系，才定要Gillen抵京日期。

李铮也经常及时告知刘献彪有关国内学术会议的情况："全国比较文学会筹备的会议明天在这里召开。今年内，学会将正式成立。不过季先生因社会活动太多，就不准备参加这个学会的工作了。"

由于有李铮的帮助，刘献彪虽然远在潍坊师专，但仍能及时了解到中国比较文学学术界和学界前辈的最新学术动向，及时与中国比较文学学界前沿保持一致。

李铮不仅为刘献彪提供重要的学术信息，而且对于刘献彪在信中提出的请求也总是给予力所能及的帮助。

一次，刘献彪需要张隆溪编译的材料，但因当时书籍还未出版，所以李铮回信告诉他："张隆溪同志编译的《比较文学译文集》和《通讯》第四期均尚未出版，待出书后，自当负责寄上，请释念。"后来书籍出版后，李铮及时将相关材料寄给刘献彪。又一次，由于要做研究，刘献彪需要一份季羡林先生的关于比较文学的讲话材料，李铮怕自己领会有误，不厌其烦地向刘献彪询问有关信息，并主动将相关材料寄送过去：

> 您要的季先生关于比较文学的一个讲话，不知是否指在本系办的"东方文学比较研究学术研讨会"上讲的那一个。这个讲话已在北大比较文学通讯第11期刊出，估计您已看到。没有在正式刊物上发表，但已收进这次研讨会的报告集，和季先生自己的《民间文学与比较文学论文集》中。怕您一时找不到，现将季先生这个讲话稿寄上，请阅。

还有一次，刘献彪需要季羡林先生的包括《中国文学在德国》在内的几篇论文，李铮不仅寄回了相关材料，而且做了详细说明：

> 您要的几篇东西已复印，但有一篇《中国文学在德国》因是从图书馆抄下来的，底稿不太清楚，不须复印；另一篇《流传欧亚的笑话》底稿也不在手头。此书（民间文艺出版社给季先生出的一本《民间文学与比较文学论集》）年初已校过清样，但何时出版不详。另有几篇您没写上要，不知是否已有，现一并寄上。请查收。

除了以上两个方面，李铮也会对刘献彪的学术研究提出一些自己的建议和看法。

有一次，刘献彪在给李铮的信中提到自己编写《比较文学手册》一事，收到信后李铮曾抽空找过严绍璗先生两次，可惜都未能找到。随后，李铮又想到郁龙余先生在这方面可能会给刘献彪更大的帮助，所以他给刘献彪去信说：

> 您来信提到编写比较文学手册词条事，我去找过两次严绍璗先生，当然不是去商量如何"合作"，而是想把您的要求转达给他。遗憾的是，一直

没有找到。至于其他词条，确因自己才疏学浅，也难以应命。我考虑再三，想到深圳大学中文系的郁龙余同志，他是北大东语系印地专业毕业生，去年刚调到(从本系)深大。他刚编完一本《中印文学比较研究论文集》，还常参加乐黛云同志主持的深大比较文学研究所的一些工作。我想他一定能同您合作。

因为有底层生活经历，李铮对于刘献彪这样处在基层的比较文学学者抱有好感，也真诚地希望他能够取得成功，所以才会尽其所能地为刘献彪提供帮助。在通信中，两人也逐渐建立起深厚的友谊。

李铮对刘献彪的学术品格和水平非常佩服。他曾在信中对刘献彪表示感谢和敬佩："承您寄赠《外国文学手册》，深致谢意。我时常翻阅这书。我觉得，对我们这些没有受过系统的、正规的教育的人来说，比较全面地先了解一些外国文学的基础知识是非常必要的。因此，有这样一本书在手，平时翻翻，用时查查，非常方便，等于身旁多了一位老师。"

对于刘献彪事业上甚至生活中的困难，李铮也会给予安慰和建议：

对知识分子来说(虽然我不过是个知识分子圈里的旁观者，但我见到很多人像您这样)，给他们创造较好的工作环境，使他们得到做更多工作的条件，这就能让他们顺心。因此，我想象得出来，您现在会比过去更累，更忙。而知识分子的最大要求、最高愿望不过如此。我以为领导班子能不能理解他们这种心情，这对于能否调动他们的积极性，真是一个关键。

在学界前辈和各位师友的帮助下，刘献彪更加坚定了从事比较文学研究的决心，并且激励自己不要辜负他们的期望："为了用行动答谢像先生这样指导我，关心我的前辈学者，也为了答谢像李铮仁兄、严绍璗仁兄等这样助人为乐的好同志，我默默地在比较文学这块平沙无垠的土地的一角耕耘着。我的意思是为我尊敬的前辈学者、当今比较文学的开拓者助助威。像我这种水平和条件，尽管开荒播种，但不会有什么好收成的。不过我种下的不是优良的比较文学之'种子'，而是学习研究比较文学的'心愿'。希望借此聊以慰藉像先生这样为提高我国科学文化水平而奔驰的猛士。"①

第六节　刘献彪对季羡林的思念与感恩

在季羡林、乐黛云等大师和朋友的真诚帮助、支持下，刘献彪开始了自己后

① 信件内容见本章附件。

半生的比较文学之路。他不负众望，经过30多年的奋力打拼，最终使小小的潍坊学院成为全国比较文学研究的一个重镇，为中国比较文学的发展做出了很大的贡献。刘献彪是一个重情重义的人，他说："当你在前进路途上遇到困难、阻力、挫折时，如果碰上好人帮你一把，让你化险为夷，渡过难关。此时此刻，在你的心里会怎么想呢？……我认为只要是有良知者，当他在人生的道路上得到他人帮助时，都会产生感激之情。"①一路走来，刘献彪对帮助过自己的良师益友始终抱有感恩之心，特别是对引导自己进入比较文学的领路人兼恩师季羡林，这种感恩之情尤为强烈。

2001年4月，刘献彪应老友乐黛云教授之邀，为纪念季老九十诞辰撰写了《学界之魂季羡林先生——记我多次拜访季羡林先生的感受》一文，这篇文章可谓他心声的强烈表达。在文章中，刘献彪抒发了自己对季羡林先生浓烈的思念之情："我心里的确常想季先生，有时候还非常想念，恨不得立刻跑到他身旁，坐下来和他叙谈埋在自己心中多年的话并聆听大师的教诲。"但是，出于种种原因，好多年来刘献彪都没有能上北京，也就没有机会去看望季先生。然而，刘献彪心中总是抱有拜访季先生的渴望。有时这种渴望会在梦中得以实现："我曾多次梦见坐在季先生的饭厅兼客厅的老式木椅上和季先生促膝谈心，他那两只白里透光的波斯猫不时地在我和季先生之间踱来踱去，似乎对主客表达一种亲热、友好之情；我还梦见自己坐在季先生身旁聆听和蔼可亲、质朴真诚、无微不至地关心我的学术生命的学界衣食父母季老对自己循循善诱的教诲……"直到今天，刘献彪仍然不能忘记自己收到季羡林先生回信时的激动之情："季老如此关怀、如此爱护、如此尊重像我这样一位名不见经传的普遍教师，真叫我万分感动、备受鼓舞。"当刘献彪一字一句地把信从头读到尾，反复领会每句话的意义时，不禁感叹："这才是真正的学者！从季先生来信中我亲身感受到，他那对别人无微不至、质朴真诚、谦虚热心、助人为乐的高尚人格，令我感到万分幸运和鼓舞。"②

确实，最让刘献彪感动的就是季羡林对来访者这种一视同仁的态度。对待刘献彪这样一名普通教师，季羡林也给予了无微不至的关怀和有求必应的支持。刘献彪经常问自己："先生这样待我一个普通人到底是为了什么呢？到底是什么情怀呢？"后来，刘献彪领悟到，这种情怀就是"衣食父母的情怀和情感"，

---

① 刘献彪：《共享乐黛云》，刘献彪、陆万胜、尹建民主编：《中国比较文学艰辛之路》，人民日报出版社2005年版，第217页。

② 刘献彪：《学界之魂季羡林先生——记我多次拜访季先生的感受》，乐黛云编：《季羡林与二十世纪中国学术》，北京大学出版社2001年版，第215页。

也就是“季老骨子里的学者本色”。刘献彪在自己的文章中说：“(季羡林对自己的关怀)实出于他的衣食父母学者情怀之本色也。他对我如此，对别人也一样。爱之所及，助之所至，不分男女老幼，也不计南北东西。”①

在刘献彪眼里，季羡林是一位高人、至人：“质朴无华，待人以诚，是德高望重的学界衣食父母”。在刘献彪的眼里，季羡林是一位圣人：“季先生是集语言大师、文化大师，学术大师于一身，是号称世界显学的比较文学及其在中国复兴的开拓者和主帅”“他那时以古稀之年带领大家打比较文学的天下，奔走呼号，勇往直前。他不愧是中国比较文学复兴的前驱。中国比较文学有了今天，特别是像我这般年龄的知识分子能走到今天这一步，都应该感谢他。”在刘献彪眼里，季羡林是一位真正的仁者：“他爱人民，爱祖国，爱父母，爱兄弟，爱妻子，爱朋友，爱学生，爱同志，爱生活，爱工作，爱事业，爱猫，爱花，爱草，爱人间一切可爱的东西。”②

在季羡林和乐黛云等良师益友身上，刘献彪也领悟到了比较文学的真正精神内核：“他们研究比较文学，发展比较文学，有自己的学科理想和追求，而这种理想、追求，从根本上说，是希望通过比较文学来呼唤合理的人性、合理的思想观念、合理的精神，从而使人类世界光明、幸福、合理。他们就是希望沟通、交流、传播、比较、共建这种思想、观念和精神。”所以刘献彪不仅自己继承和发扬季羡林等前辈学者的优良学风和高尚品格，他也建议中国比较文学研究工作者和教学工作者学习、研究季羡林和乐黛云，因为“他们不仅属于中国比较文学，也属于世界比较文学。研究他们的学者人格、学科理想和学术建树，不仅将促进比较文学事业的发展，而且将启迪、鼓舞人们前进”③。

2009 年 7 月 11 日下午 3 点多，刘献彪突然接到上海忘年老友打来的电话，得知季羡林先生已于当天上午 8 点多病故。这突而其来的消息如电击雷轰，让刘献彪万分震惊、悲痛，“撕心裂肺，茫然无知”。他想起季羡林先生曾给予自己莫大的帮助，想起先生为他开启了比较文学的大门，哺育了他的比较文学学术生命，引领他走上比较文学之路。刘献彪虽然不愿相信季羡林先生就此离去的消息，但经多方询问终竟证实，季先生的确因心脏不适而悄然走了。呜呼！哀哉！刘献彪痛彻心扉。

虽然季羡林先生已经逝去，但在刘献彪心中，“先生没有走，先生不会走，先

① 刘献彪、陆万胜、尹建民主编：《中国比较文学艰辛之路》，人民日报出版社 2005 年版，第 49 页。

② 刘献彪：《我想季老——2003 年教师节感怀》，连载于 2003 年 9 月 12 日、9 月 19 日、11 月 7 日《潍坊学院报·副刊》。

③ 刘献彪：《我想季老——2003 年教师节感怀》，连载于 2003 年 9 月 12 日、9 月 19 日、11 月 7 日《潍坊学院报·副刊》。

生不能走，先生永远和我们在一起，永远活在我和大家的心中”[①]。刘献彪仍然一如既往地敬爱着季羡林先生，喜欢读季先生的书，习惯从季先生的文章中汲取知识的营养和做人的学问，始终以他为榜样，继续走在普及比较文学的道路上。

① 刘献彪：《鸿儒泰斗 甘为人梯——悼季羡林先生》，2009年7月22日《潍坊日报》。

附　件

一、季羡林写给刘献彪的部分信件

（一）

中国社会科学院
北　京　大　学　南亚研究所

献彪同志：

手示和寄来的大作均已收到。你能在这样的情况下写出这样的文章，实在是难能可贵。我现在正在外面开会，8月回京来。一俟散会后，我将把大作给有关同志看一看，再商如何处理。

我自己对比较文学所知不多。成立北京大学比较文学研究会也不过是为大家搞个论坛，给青年同志开辟道路而已。

即祝

暑安

季羡林

1981.7.30

献彪同志：

手示和寄来的大作均已收到。你能在这样的情况下写出这样的文章，实在难能可贵。我现在住在外面开会，很少回家来。一俟散会后，我将把大作给有关同志看一看，再看如何处理。

我自己对比较文学所知不多，成立北京大学比较文学研究会也不过是为大家跑跑龙套，给青年同志开辟道路而已。

即祝

暑安

季羡林

1981.7.30

（二）

北京大學

PEKING UNIVERSITY

献彪兄：

来函并大作均已收到，感谢之至。

因为过年比较忙，大作只翻看了一部分，学习了不少东西，了解了一些情况。我相信，你主编的丛书会对中国比较文学的发展起推动作用。

我能否参加你信中提到的会，目前我还不敢说。因为今年工作比较多，而且年纪已大，出门有些困难。

祝

新春康吉

季羡林

1995.2.6

献彪兄：

来函并大作均已收到，感谢之至。

因为过年比较忙，大作只翻看了一部分，学习了不少东西，了解了一些情况。我相信，你主编的丛书会对中国比较文学的发展起推动作用。

我能否参加你信中提到的会，目前我还不敢说。因为今年工作比较多，而且年纪已大，出门有些困难。

祝

新春康吉

季羡林

1995.2.6

二、季羡林秘书李铮寄给刘献彪的部分信件

（一）

中国社会科学院
北京大学 南亚研究所

献彪先生：

您好！

承您寄赠《外国文学手册》，深致谢意。我时常翻阅这书。我觉得，对我们这些没有受过系统的、正规的教育的人来说，比较全面的了解一些外国文学的基础知识是非常必要的。因此，有这样一本书在手，平时翻翻，用时查查，非常方便，等于身旁多了一位老师。

记得我曾简单的向您谈过我的情况。我受的教育很少，虽然在季先生身边工作多年，但因自己很不成材，很不努力，因此至今一事无成。目前只能协助季先生做些简单的事务性工作，以期节省老人家一点宝贵的时间。您来信提到编写比较文学手册的事，我曾找过两次乐黛云先生，当然不是去商量如何"合作"，而是想把您的要求

中国社会科学院
北京大学
南亚研究所

转达给他。贵校的事，一直没有找到。至于其他的事，确因自己才疏学浅，也难以应命。我考虑再三，想到深圳大学中文系的郁龙余同志。他是北大东语系印地语专业毕业生，去年刚调到（从东语系）深大。他刚编定一本《中印文学比较研究论文集》，还常参加乐黛云同志主持的深大比较文学研究所的一些工作。我想他一定能同您合作。您是否直接同他联系？

全国比较文学会筹备会议明天在这里召开。今年内，学会将正式成立。不过季先生也因社会活动太多，他不能再参加这个学会的工作了。

敬礼

撰安

李铮 85.6.28.

献彪先生：

您好！

承您寄赠《外国文学手册》，深致谢意。我时常翻阅这书。我觉得，对我们这些没有受过系统的、正规的教育的人来说，比较全面地先了解一些外国文学的基础知识是非常必要的。因此，有这样一本书在手，平时翻翻，用时查查，非常方便，等于身旁多了一位老师。

记得我曾简单地向您谈过我的情况。我受的教育很少，虽然在季先生身边工作多年，但因自己很不成材，很不努力，因此至今一事无成。目前，只能竭尽绵薄，为季先生做些简单的事务性工作，以期节省老人家一点宝贵的时间。您来信提到编写比较文学手册词条事，我去找过两次严绍璗先生，当然不是去商量如何"合作"，而是想把您的要求转达给他。遗憾的是，一直没有找到。至于其他词条，确因自己才疏学浅，也难以应命。我考虑再三，想到深圳大学中文系的郁龙余同志，他是北大东语系印地专业毕业生，去年刚（从本系）调到深大。他刚编完一本《中印文学比较研究论文集》，还常参加乐黛云同志主持的深大比较文学研究所的一些工作。我想他一定能同您合作。您是否直接同他联系？

全国比较文学会筹备的会议明天在这里召开。今年内，学会将正式成立。不过季先生因社会活动太多，就不准备参加这个学会的工作了。

敬祝

撰安

李铮上
85.6.28

（二）

中国社会科学院
北　京　大　学　南亚研究所

献彪先生：

六月廿九日来函敬悉。正好，我也是廿九日给您发了信，估计您也会在这两天收到。接到您上次来信，近日未复，致使您悬念，深以为歉。

祝贺您诸事顺心。对知识分子来说，（虽然我不过是个知识分子圈里的旁观者，但我见到很多人像您这样）给他们创造较好的工作环境，使他们得到做更多工作的条件，这就能让他们顺心。因此，我想象得出来，您现在会比过去更累、更忙。而知识分子的最大要求、最高愿望不过如此。我以为要说好我们就得理解他们这种心情，这对于我们调动他们的积极性，是一个关键。

我已把您的近况汇报给季先生，他非常高兴。

我在信中提到的郁龙余同志，今天寄来两份深大比较文学讲习班通告，另寄上，请考虑您单位是否可以派人参加。

即颂

暑安

北大南亚所

李铮

85.7.2.

献彪同志：

六月廿九日来函敬悉！正好，我也在廿九日给您发了信，估计您也会在这两天收到。接到您上次来信，迟迟未复，致使您悬念，深以为歉。

祝贺您诸事遂心。对知识分子来说（虽然我不过是个知识分子圈里的旁观者，但我见到很多人像您这样），给他们创造较好的工作环境，使他们得到做更多工作的条件，这就能让他们顺心。因此，我想象得出来，您现在会比过去更累，更忙。而知识分子的最大要求、最高愿望不过如此。我以为领导班子能不能理解他们这种心情，这对于能否调动他们的积极性，真是一个关键。

我已先后把您的近况汇报给季先生，他非常高兴。

我在信中提到的郁龙余同志，今天寄来两份深大比较文学讲习班通告，现寄去，请考虑您单位是否要派同志参加。

即祝

暑安

北大东语系　李铮敬上

85.7.2

（三）

中国社会科学院
北　京　大　学　南亚研究所

刘献彪先生：

您好！

听季先生说您到北大来了。很遗憾，没见到您。

您要的季先生关于比较文学的一个讲话，不知是否指在本系办的“东方文学比较研究学术研讨会”上讲的那一个。这个讲话已在北大比较文学通讯第 11 期刊出，估计您已看到。没有在正式刊物上发表，但已收进这次研讨会的报告集，和季先生自己的《民间文学与比较文学论文集》中。

怕您一时找不到，现将季先生这个讲话稿寄上，请阅。

致

敬礼

李铮

88.1.3

（四）

中国社会科学院
北京大学 南亚研究所

刘献彪先生：

您好！

您几次到北京，因我事先不知您们抵时间，未能恭候，深感歉意。

我陪季先生去香港回来后，就忙着一些杂志编、整理季先生的一本文稿，直忙到今周末。您要的几篇东西已复印，但有一篇（《中国文学在德国》）因是从图书馆找出来的，原稿不太清楚，不便复印；另一篇（《德国的童话》）原稿也不在手头。此书早已交（民间文艺出版社出版季先生的一本《民间文学与比较文学论集》）排过清样，但何时出版不详。另有几篇您没写上要，不知是否已有，现一并寄上，请查收。

谢谢您的礼物。

敬颂

教安

北大东语系

李铮

1988.12.18.

刘献彪先生：

您好！

您几次到北京，因我事先不知您到校时间，未能恭候，深感歉意。

我陪季先生去香港回来后，就在为一出版社赶编整理季先生的一本文稿，直忙到上周末。您要的几篇东西已复印，但有一篇《中国文学在德国》因是从图书馆抄下来的，底稿不太清楚，不须复印；另一篇《流传欧亚的笑话》底稿也不在手头。此书（民间文艺出版社给季先生出的一本《民间文学与比较文学论集》）年初已校过清样，但何时出版不详。另有几篇您没写上要，不知是否已有，现一并寄上。请查收。

谢谢您的礼物。

敬颂

教安

北大东语系

李铮

1988.12.18

三、刘献彪写给季羡林的信件

季羡老：

今天上午拜读李铮仁兄给我的信，字里行间，情深意厚，真
是感谢他，更是感谢 您。由于 先生的精神和学问，影响了许多
晚辈。在 先生身边工作的同志，待人如此之诚恳、热心，令人钦敬。
尤其象我这样的"困难户"，每当得到外来的支援，指导，真是
不知如何高兴，如何感激。这是我读完李铮仁兄给我的手示
之后一点心情。

为了用行动答谢象 先生这样指导我，关心我的前辈学者，也为
了答谢象李铮仁兄、多给琛仁兄等这样助人为乐的好同志，我
默默地在比较文学这块广阔无垠的土地的一角耕耘着。我的
意思是为我尊敬的前辈学者，当今比较文学的开拓者助助威。
象我这种水平和条件，尽管开荒、播种，但不会有什么好收成的。
不过，我种下的不是优良的比较文学之"种子"，而是学习研究比
较文学的"心愿"。希望借此聊以慰藉象先生这样为提高我国科学
文化水平而奔驰的猛士。我才敢把这个消息告诉 先生。

我编写了一本名为《比较文学及其在中国的兴起》的小册子。
初稿已完成，约计八万字左右。已列入一出版社的出版计划之中。
兹将本书"目录"和"自序"寄上，敬请指导。

谢谢 先生。

敬候 李铮仁兄安好
后会有期！

学生 刘献彪敬上
1982年3月12日

季美老：

今天上午拜读李铮仁兄给我的信。字里行间，情深意厚，真是感谢他，更是感谢您。由于先生的精神和学问，影响了许多晚辈。在先生身边工作的同志，待人如此之诚恳、热心，令人钦敬。尤其像我这样的“困难户”，每当得到外来的支援、指导，真是不知如何高兴，如何感激。这是我读完李铮仁兄给我的手示之后一点心情。

为了用行动答谢像先生这样指导我，关心我的前辈学者，也为了答谢像李铮仁兄、严绍璗仁兄等这样助人为乐的好同志，我默默地在比较文学这块平沙无垠的土地的一角耕耘着。我的意思是为我尊敬的前辈学者、当今比较文学的开拓者助助威。像我这种水平和条件，尽管开荒播种，但不会有什么好收成的。不过，我种下的不是优良的比较文学之“种子”，而是学习研究比较文学的“心愿”。希望借此聊以慰藉像先生这样为提高我国科学文化水平而奔驰的猛士。我才敢把这个消息告诉先生。

我编写了一本名为《比较文学及其在中国的兴起》的小册子。初稿已完成，约计八万字。已列入一出版社的出版计划之中。兹将本书“目录”和“自序”寄上，敬请指导。

谢谢　先生。

敬候　李铮仁兄安好

后会有期！

学生　刘献彪敬上

1982 年 3 月 12 日

四、刘献彪写的纪念季羡林的文章

学界之魂季羡林先生

——记我多次拜访季羡林先生的感受（节选）

我心里的确常想季先生，有时候还非常想念，恨不得立刻跑到他身旁，坐下来和他叙谈埋在自己心中多年的话并聆听大师的教诲。可是，出于种种原因，好些年来我都没有上北京，也就没有机会去看望季先生。然而，心中老是燃烧着拜访季先生的渴望，这种渴望有时在梦中得以实现。我曾多次梦见坐在季先生的饭厅兼客厅的老式木椅上和季先生促膝谈心，他那两只白里透光的波斯猫不时地在我和季先生之间踱来踱去，似乎对主客表达一种亲热、友好之情；我还梦见自己坐在季先生身旁聆听和蔼可亲、质朴真诚、无微不至地关心我的学术生命的学界衣食父母季老对自己循循善诱的教诲……

一

我心里的确常想季老。最近几天，因为今年的教师节快到了，所以想得特厉害。今晨三点醒来，再也无法入睡，非起来伏案记下自己想念季老的心情和多次拜访的往事不可。

记得三年前，即2000年9月10日，亦所谓“20世纪最后一个教师节”。这天，我正在北京应邀参加“中国社会科学院比较文学研究中心成立的大会”，会议从11号才开始，正好10号教师节这天有空。我决定抓住这个机会，登门拜访，祝贺季老师节日快乐。没有料到，我这个多年来梦寐以求的渴望终于如愿以偿。而且还非常幸运地在季老门前和季老合影留念。

我能有幸在这一天见到季老，事后连我自己都不敢相信这是事实。因为我早就从报刊上和朋友信件往来中得知：近几年来，季老视力欠佳（白内障眼疾），专注于学术研究，正在主编一套中国佛教史（自己主笔其中一本），时间十分宝贵，因此，拜访对他非常不利：季老也不希望别人过多地打扰，免去应酬之苦，特别在他身边的工作人员为了季老的健康和工作，更是毫不留情地拒来访者于门外。况且，教师节这一个特殊的日子，季老必有特殊的安排。而我自己无论从哪种意义上考虑，不用说在这个特殊的日子里，就是在平常日子，也不宜再去打扰季老，尽管自己很想念他。但是，我也不知什么原因，哪来的勇气，到了北京以后，虽然来回仅仅短短的五天，来的那天下午到京，走的那天下午离京，砍头去尾，只有三天。一天要和中国青年出版社商量出版比较文学教材的事，一天要参加中国社会科学院比较文学研究中心成立大会，只有教师节这天才是自己自由活动的时间。虽然这样匆匆而来，匆匆而归，但却情不自禁在教师节这天跑进了北大，跑到了季老门前。我为什么会这样，连自己也说不清是什么原因。回想80年代初，我每次走到季老家门前，总是“咚、咚、咚”地敲，一门心思只想马上见到季老，但是这次当我站在季老门前时，心中却产生了复杂的感情：一是很希望马上见到却又怕打扰他，也不忍打扰他；二是希望在他身边的工作人员很快给我开门，又怕吃闭门羹；三是希望得到工作人员的谅解，但又怕不让拜访……因此，我默默地站在门前寻思又寻思，最后还是不知哪来的勇气，举手敲响了门，工作人员问我：“您从哪里来？找先生有什么要事？是先生的学生吗？”等等。我说：“从山东潍坊来，没有要事，因为心里老想季老，多年未见，只想看看，我虽没有跟先生上过学，但先生却是我真正的恩师。”我就这样如实一一奉告。听了我所说的后，工作人员婉言对我说：“先生正在和外宾谈话，还有一批客人在屋里等着，实在不能接见，请你原谅。”

我心中虽不免失望，却也完全理解，因此我表示感谢，并请她捎张名片，转告季老：山东潍坊的刘献彪今天来看先生，祝先生节日快乐。工作人员把门带上后，我也不知什么原因，坐在季老门前的荷塘边，看着他门前的花草出神，仿佛听见季老幽默、朴实的谈话声。正在这时，我忽然听见季老喊我的名字，我原以为这是一种幻觉，可不曾想，我想念的季老正从门口微笑着冲我走过来，边走边和我招呼，我赶忙跑到他身边，问候之后，合影留念。在工作人员的催促声中，季老极不情愿地目送着我跟我告别。这短短的一幕，永远让我铭记心间，并更加激励着我去追求人生的真、善、美，也勾起了二十多年来多次拜访季老的往事和感受。

二

二十多年前，也是金秋九月。那时，季老正以古稀之年在为中国比较文学复兴而奔走呼号，号召北大师生学习比较文学并在外地开会，其忙可想而知。然而他就是在这种情况下，不顾自己劳累，忙中抽暇，为我这样一位素昧平生的师专普通教师看稿、复信，这是怎样一种情怀啊！他在信中这样写道：

献彪同志：

手示和寄来的大作均已收到。你能在这样的情况下，写出这样的文章，实在难能可贵。我现在住在外面开会。很少回家来，一俟散会后，我将把大作给有关同志看一看，再看如何处理。我自己对比较文学所知不多，成立北京大学比较文学研究会也不过是为人家跑跑龙套，给青年同志开辟道路而已。

即祝

暑安

季羡林

1981.7.30

这就是当年享誉中外，倡导中国比较文学复兴的开路先锋、学界泰斗季老对一位素昧平生，一位普通师专函授部教师的尊重和关怀。当我拜读季老的复函时，真是百感交集、五内俱燃。在当时，由于所在单位“文化大革命”遗风犹存，自己仍被定位为“资产阶级知识分子”或“多余人”，何谈什么尊重、理解和学术研究？

说到自己走近季先生，得从80年代初说起。记得那时，从全国来看，因为改革开放政策带来了宽松的学术研究环境，像我这样如今已年逾古稀的知识分子在那样的气候中，真好像久旱逢雨的庄稼一般，埋在土里多年不发芽的种子，一时纷纷从地面上冒出芽来。那时，我编写了一本供函授生学习的《中学外国文学知识》，结识了杭州大学专攻外国文学的研究者丁子春、华宇清两位专家。因为和他们书信往来，得知1980年在杭州举行列夫·托尔斯泰与巴尔扎克科学讨论会，又因为对托、巴两位世界级文坛巨匠从自己知道人间还有外国作家、作品时就迷上了他们。记得1951年刚踏进南昌大学门槛时，就到书店购买了托翁的名著《安娜·卡列尼娜》。对巴翁我也收集了不少材料，而且"文化大革命"一结束，就写了一篇关于他的小文章，并在当时《光明日报》的《文艺副刊》上发表。因为有这种爱好（"文化大革命"中因为这种爱好，不知吃了多少苦头），心中很希望能有机会参加学术讨论会。没有料到，自己竟意外地收到了大会发来的邀请函；意外地参加了自己从来没有体验过的充满学术气氛、学者云集的盛会；意外地在会场上发现了小时候就知道的翻译家黄源先生，和后来当研究生才知道的赵瑞蕻、朱雯先生；当年自己那颗小时候在半封建半殖民地的落后的农村被污染、被损害，"文化大革命"中又被冲击，"文化大革命"后又被当作包袱弄得七零八碎的心，一下子走进在"人间天堂"搭起的托尔斯泰、巴尔扎克的学术殿堂里，真有海阔天高、豁然开朗、心旷神怡的感觉。原来人世间还有这样美妙奇丽的学术交流场所，还能呼吸到如此清新的空气。从此以后，似乎自己交上了好运，机遇接踵而来，先是得到中国社会科学院戈宝权先生、北京出版社李冰编辑，继而又得到湖南人民出版社黄仁沛编辑、广西人民出版社刘名涛编辑他们的厚爱和支持（以上诸贤，先前均未谋面，后来才认识戈宝权先生和李冰编辑。黄、刘二君至今仍未见面），使我在1980、1981两年开始了《鲁迅与中日文化交流》（湖南人民出版社，1981年），《外国文学手册》（主编，北京出版社，1984年），《比较文学及其在中国的兴起》（广西人民出版社，1986年）等书的播种耕耘的梦想。值得庆幸，令我永生难忘的是，我就是在这个时候走近了季羡林先生；也就是在这个时候，季先生为我开启了比较文学之门，引导我走上了比较文学之路，成为我学习研究比较文学的永远的指路明灯。

人人都有自己的喜、怒、哀、乐、酸、苦、辣和难忘的岁月，我也不例外。记得80年代初，因为和袁伟信、边国恩、江忠霖、朱焕文、滕留寅、王雨玉、李瑞霞、李惠芳等"第三世界"的朋友、老师（人们戏称师专、教育学院为"第三世界"），在戈宝权先生的具体指导下，并得到当时高教司付克司长的关怀，着手开始编写《外国文学手册》和筹备高等师范院校外国文学研究会（时任《外国文学手册》主编和筹委会秘书长）等活动，那段日子对我来说，真是喜忧参半，可谓一生难忘的岁月。因为我们到桂林召开统稿会（1981年夏），归途中我在上海、南京拜访了赵景深、范存忠、伍蠡甫、赵瑞蕻、施蛰存、方重、罗玉君、张威廉等先生。后来，瑞蕻兄成为我的忘年之交，正是在他的提议下，我斗胆把自己那篇瞎闯比较文学大门的试作——《论比较文学与中国现代文学史的关系》寄给了季先生。我还清楚记得当时瑞蕻兄为我撑腰打气、“煽风点火”的话，他说：“季先生是大学者，比较文学界的老前辈、专家，学贯中西，人好，和蔼可亲，乐于助人，有求必应，正在北大号召大家学习比较文学，你可把文章寄给他，请他指导、处理……”因了他的鼓励，我马上把拙文寄给季老，没有料到，很快我就接到季先生的复函，也就是前面引证的那封我珍藏了二十年的信函。在信中季老如此关怀、如此爱护、如此尊重像我这样一位名不见经传的普遍教师，真叫我万分感动、备受鼓舞。那时，当我一字一句把信从头读到尾，反复领会每句话的意义时，我不禁感叹：这才是真正的学者！从季先生来信中我亲身感受到，他那对别人无微不至、质朴真诚、谦虚热心、助人为乐的高尚人格，令我感到万分幸运和鼓舞。

三

我第一次走进季老家中是在1981年10月上旬，我想亲耳聆听季老的教诲，顺便也了解我那篇拙文的处理情况。我一进门，在他的客厅兼饭厅的老式木椅上坐下不久，季先生从里屋走出来，从他的穿着打扮看去，质朴得就像老实巴交的老农一般，这就是季先生给我的第一印象。当时我那多少有些紧张的心情一下子放松了许多。他鼓励我说：“全国有两个师专搞比较文学的同志，一个是你，一个是淮阴师专的萧兵同志。你们都很努力、很艰苦，如果北大同志都像你们这样克服困难，艰苦努力，成果会更多。”季老这番话当然是在鞭策和鼓励我。说到我那篇文章，他告诉我已经给了乐黛云同志，并建议我去找乐黛云同志商量。他说：“黛云同志研究比较文学，也研究现代文学，是位坦诚率直、乐于助人的热心同志，你们是同行。”根据季老的建议，我马上又闯入了乐黛云家中。凭着季老对她的介绍，未曾见面，自己心里已产生了一种志同道合的感觉，因此一进她家门，就像见了老朋友一样，开门见山，一五一十把自己要说的话、要办的事，和她说个没完。她也像对待老朋友一样，没顾得让我坐下来就耐心地听我说个没完。听完了她表示一定帮忙，就这样开始了我们二十多年来老友的交往。应该说自己走在比较文学的路途中，所得黛云的关怀、帮助真是一言难尽，感激万分。

从此以后，只要我一到北京，不管怎么忙，都要跑到季老家中看看，季老只要在家，也不管多么忙，总是坐下来亲切地和我叙谈。后来只要开比较文学的大会，季老见到山东的同志，总是问他们：“你们认识昌潍师专的刘献彪同志吗？他来了吗？请代我向他问好。”我不止一次地听山东的同志这么告诉我。

80年代中期，在山东省比较文学成立大会上，来自师专的老师、朋友们倡议编写一本适合高等师范院校尤其是师专使用的比较文学教材。根据大家的提议，由我来主持这个工作。我也就当仁不让挑起了这个担子。1987年，当我和我的两位好友、合作者：林治广、姜悦亭住在北京的一个地下室，带病修订完教材的时候，已是这一年的最后的一个午夜。在修订教材过程中，我和治广、悦亭一同到季先生家中拜访，向他请教有关比较文学的问题，季先生当时着重和我们谈了文化交流与比较文学的关系。季先生说："比较文学研究属于文化交流的范围。我们过去对文化交流认识不够，对比较文学的重要意义认识更差。在人类历史上，文化交流是经常的、正常的现象。几千年人类文明史证明了一个事实，那就是，国家无论大小，历史无论长短，尽管深度和广度有所不同，但每一个国家都离不开文化交流，都是一方面接受别国的文化，一方面又把自己的文化送出去，送给别的国家，从而既丰富了自己的文化，也丰富了人类共同的文化。我认为研究比较文学与文化交流的关系是十分有意义的，比较文学所要探索的是一种文学方面的文化交流。比较文学这一种文化交流的形式正是我们社会主义建设所迫切需要的，也是世界人类文化向前发展需要的。自从有了人类以来，世界上各民族、各国家、各地区就在不断地进行文化交流，今天，没有哪一个国家或民族的文化不受外来的影响，普天之下，从我们吃的、喝的、乘的、坐的、听的、看的，哪一件不是文化交流的结果？离开了文化交流我们简直没法生活，我们的一切都是无法想象的。当然，我并不是说，每个国家自己的东西一点都没有了，民族固有的东西依然存在，它是文化交流的基础，它不但影响国内，而且也影响国外，这才叫交流。我们一方面要继续提倡'拿来主义'，也要提倡'送出主义'，否则，只有'拿来'而没有'送出'，不成单流了吗？我们过去曾实行鲁迅所说的'拿来主义'，拿来了许多外国的好东西，今后我们还应继续去拿，但是为了人类，为了世界的幸福和前途，我们还要想方设法实行'送出主义'，把中国的好东西'送货上门'。我相信，只要大家又'拿'又'送'，世界文化就会繁荣起来，比较文学也更有用武之地。总之，文化交流是文化发展的动力，比较文学是文化交流的好帮手。通过这种研究，可以让不同国家的人民认识到自己接受了一些什么东西，又给予了些什么东西，从而一方面提高自己的信心，另方面又得到一个正确的认识，认识到人类必须互相帮助，互相学习。哪一个国家也不能孤立，也不会孤立，也不曾孤立。这种认识对于增强国家和人民之间的友谊和了解会有很大的帮助，它会加强各国人民共同保卫世界和平，向着一个伟大的目标奋进的决心。"季先生对比较文学与文化交流的真知灼见和精辟论述对我们启发极大。从季老屋里走出来，我心里亮堂堂的。十多年来，我一直保存着当年悦亭同志对这次谈话的记录。季先生这番谈话一直成为我学习、研究比较文学的指路明灯，指引着我前进。直到今年我修订《比较文学教程》时，季先生有关比较文学的思想观点就像灯塔一样照耀着我，我在撰写《教程》最后两章，强调传播比较文学学科精神，构筑比较文学通道和桥梁，把交流、开放作为比较文学学科的基本精神，就是得益于季先生的教诲。

90年代初，我有感于资料工作对中国比较文学复兴研究的重要意义，倡议在我们学校建立"中国比较文学研究资料中心"，以方便学界诸贤的查阅和参考。得到季先生和会长乐黛云教授的大力支持。"中心"成立伊始，在1993年阳春三月于北京召开的中国少数民族比较文学研究会成立大会暨学术讨论会上，季老和乐黛云会长都光临大会，我也应邀参加。记得当时我向季老、黛云会长报告"中心"成立的消息时，他们非常高兴，他俩不仅带头给"中心"捐赠大作，而且还应我的请求为"中心"题词。季先生的题词是："进一步开展比较文学的研究，增强各民族的相互了解，为共同走向大同之域铺平道路。"黛云会长的题词是："以自己为基点认识世界，以世界为背景了解自身——敬贺全国第一家比较文学研究资料中心成立。"

90年代中期，陈惇教授、廖鸿钧教授和我接受中国比较文学学会的委派，筹备中国比较文学教学研究会。在这期间，我曾给季老去信，通报有关筹备情况，并希望他给予指导。不久我又收到季先生的手示，他给我复信说：

献彪兄：

来函并大作均已收到，感谢之至。

因为过年比较忙，大作只翻看了一部分，学习了不少东西，了解了一些情况。我相信，你主编的丛书会对中国比较文学的发展起推动作用。

我能否参加你信中提到的会，目前我还不敢说。因为今年工作比较多，而且年纪已大，出门有些困难。

祝

新春康吉

季羡林

1995.2.6

先生手示所言"丛书"乃指那时我想主编的中国比较文学研究丛书，所言"大会"是指拟在同年年底举行的中国比较文学教学研究会成立的大会。先生对这两件事均极为关注，给我以鞭策和鼓舞，但由于年事已高，出门不便，因此，他本想参加的会难以实现。尽管如此，但他的心和我们的心连在一起，鼓舞我们前进。

中国比较文学教学研究会成立大会暨首届比较文学教学教材学术研讨会经过了一年多的积极筹备，于 1995 年 10 月 26 日在黄海之滨烟台大学隆重开幕，来自全国各地 23 个省、市、自治区的高校教师与专家 60 余人出席了大会。比较文学教学是比较文学学科中历史最早，参与者最多，工作扎实，成效显著的重要组成部分。十多年来，我们培养的比较文学人才在国内外比较文学界崭露头角，并为国际学术界所注目，这是令人非常高兴的事。但是，随着时代和比较文学自身的发展，在教学上有许多课题需要研究和探讨，为此急需一个专门的学术团体来组织和安排这方面的活动。成立教学研究会，召开比较文学教学教材学术研讨会正是大家盼望已久的事。正如中国比较文学学会给本次大会的贺信中所说："中国比较文学教学研究会的成立是非常适时的和必要的，它将大大有利于我们今后这一领域的开拓。在这个意义上，中国比较文学教学研究会的成立，不仅是 1995 年国内比较文学的重要事件，而且我们可以预期它未来的工作成就将自豪地载入中国比较文学史册。"与会同志一致认为，比较文学作为一门新兴学科，对于贯彻邓小平关于教育"面向现代化，面向世界，面向未来"的指示，对于培养跨世纪的社会主义建设人才都具有特殊的重要意义。中国比较文学会会长乐黛云教授指出，"比较文学教学是这门学科兴旺发达的基本保证"，并坚信它"必将成为一系列具有国际开创意义的新教材的中坚力量"。中国比较文学教学研究会的成立，标志着中国比较文学教学进入一个崭新的阶段。

1996 年，中国比较文学学会第五届年会在长春召开。我途经北京，偕同事徐扬尚同志一同拜访季老，我们跟季老畅叙中国比较文学复兴的发展变化，我们既为之欢欣，又深感来之不易。虽是匆匆一面，但季老的谈笑风生、音容笑貌，至今仍历历在目。

四

岁月匆匆，时不我留。回想从 1981 年到 2003 年二十多年来，季老亦师亦友，待我这样一名普通教师以无微不至的关怀、有求必应的支持、一次次的热情接待、一回回的教诲，包括对和我一同去拜访他的朋友，他都是一视同仁。我常常想，多少年来，先生这样待我这样一个普通人到底是为了什么呢？到底是什么情怀呢？我想说来非常简单，就是我们常说的衣食父母的情怀和情感。这也就是季老骨子里的学者本色。试想，季老对我何所求呢？如果要说有所求的话，就是希望像我这样的普通教师把比较文学教学等事情弄得好一点。所以我认为，他对我的关怀实出于他的衣食父母学者情怀之本色也。他对我如此，对别人也一样。爱之所及，助之所至，不分男女老幼，也不计南北东西。二十多年来，季老在我心中最深刻的印象和感受就是：一位高人、至人，质朴无华、待人以诚、德高望重的学界衣食父母。就是这样一位圣人，他那时以古稀之年带领大家打比较文学的天下，奔走呼号，勇往直前。他不愧是中国比较文学复兴的前驱。中国比较文学有了今天，特别是像我这般年龄的知识分子能走到今天这一步，都应该感谢他。如今，年逾九旬的季老每天仍工作 6～9 小时，他还幽默地自喻为一盆花，只有根和干，没有叶和花，跳舞、唱歌都不会，只会爬格子。他就是这样老骥伏枥，壮心不已，继续带领大家奋进在 21 世纪的征途上。

孔老夫子说“仁者爱人”。我们的季先生是一位真正的仁者，他爱人民，爱祖国，爱父母，爱兄弟，爱妻子，爱朋友，爱学生，爱同志，爱生活，爱工作，爱事业，爱猫，爱花，爱草，爱人间一切可爱的东西。季先生就是这样一位仁者，我二十多年来接触他的感受就是这样；他自己毫不讳言地承认自己也是这样。他曾经说：“我身上的优点不多，唯爱国不敢后人，即使将来我变成了灰，我的每一个灰粒也都是会爱国的，这是我的肺腑之言。以我这样一个拥有深沉的爱国思想的人，竟能在有悠久爱国主义传统的北大度过我的一生，我除了有幸福之感外，还有什么呢？还能何所求呢？”这说明我的感受与事实相符。另一方面，我们的季先生对黑暗现象又疾恶如仇，尤其痛恨“势利眼”和“假洋鬼子”之流。

莎翁说：“坦白质朴的真诚是用不着浮文虚饰的，可是没有真诚的人就是一匹尚未试步的驽马，表现出一副奔腾千里的姿态，等一受鞭策，就会颠踬泥土，显出庸劣本相。”法国蒙田说：“真正的学者就像田野上的麦穗，麦穗空瘪的时候，它总是长得很挺，高傲地昂着头，麦穗饱满而成熟的时候，它总是表现得温顺的样子，低垂着脑袋。”季老就是这样真诚质朴、谦虚务实的学者。

1999 年，在我提交在四川成都召开的中国比较文学学会第六届年会的论文中，倡议中国比较文学研究工作者学习、研究季羡林和乐黛云。我在文章中写道：“我认为从季羡林到乐黛云比较文学研究的道路，是以比较文学为粮食哺育人类的道路。换言之，他们研究比较文学，发展比较文学，有自己的学科理想和追求，而这种理想、追求，从根本上说是希望通过比较文学来呼唤合理的人性、合理的思想观念、合理的精神，从而使人类世界光明、幸福、合理。他们就是希望沟通、交流、传播、比较、共建这种思想、观念和精神。这就是我对季羡林、乐黛云比较文学学科理念的理解。我建议中国比较文学研究工作者、教学工作者学习、研究季羡林和乐黛云。他们不仅属于中国比较文学，也属于世界比较文学。研究他们的学者人格、学科理想和学术建树，不仅将促进比较文学事业的发展，而且将启迪、鼓舞人们前进。”

如果说，20世纪比较文学在中国的兴起、发展、复兴并成为一门显学，得利于像季先生这样一批学贯中西的前辈学者的倡导和老、中、青三代学者团结协作努力实践的结果；那么，21世纪比较文学的新的发展，特别是普及大众，沟通大众，为大众共享，仍需继续向季先生等前辈学者学习，继承其淳朴学风，发扬其优良传统，吸收其知识营养，继往开来，使之成为真正大众的、人人共享的、有益人类发展的比较文学。

古人说，“爱其人必爱其书”。我敬爱季先生，自然喜欢读季先生的书，从先生的文章中汲取知识的营养和做人的学问，以他为榜样，继续走普及比较文学的路途。我相信，21世纪将是比较文学精神沟通大众的世纪，也是比较文学大有可为的世纪。

（此文原载于乐黛云编：《季羡林与二十世纪中国学术》，北京大学出版社2001年版。略有改动）

我拜访了季羡林先生（节选）

今年教师节前夕，8月21日上午，我在北京301医院季老病房探望、拜访了恩师季羡林先生。

我非常幸运：怎么也没有料到，我能在这一天见到了心中一直想念、挂念、感激六年没有见面的恩师季老。

我非常感激：怎么也不敢奢望，在拜访过程中，自始至终都得到了杨秘书（季老秘书）的格外关照。她和女儿亲自陪我走进季老病房，亲自送我离开病房，亲自向季老仔仔细细介绍我敬赠的三本书（《中国比较文学艰辛之路》《新时期中国比较文学编年史稿（1978～2004）》《中学比较文学十讲》），亲自代我念花篮中写的祝词给季老听（季老听后鼓掌表示感谢），亲自为我们拍照，等等，深情可感，令人难忘。

我非常高兴：怎么也没有想到，从七年前20世纪最后一个教师节，2000年9月10日，我跑到季老家祝贺他教师节快乐与他合影留念……七年之后，自己还有机会再次聆听他耳提面命的教诲，再次祝贺他教师节快乐。老实说，七年之中，我连做梦都想季老，盼望再见到季老。但是，我的好梦能变成现实吗？鉴于季老年事已高，时间万分宝贵，且住院治疗，听说不让拜访，等等，因此，自己很没有信心……

我的愿望终于如愿以偿，我的梦想终于成真，我再次拜见季老的愿望终于成为现实。你说，此时此刻，我的心情能不激动、自豪和喜出望外吗？

我与恩师季老在301医院共同度过了半个小时。杨秘书和她女儿陪我进季老病房的时间是9点30分，因为当时季老在卫生间，让我们在走廊里等一等。约计5分钟，杨秘书请我进季老病房，告诉我季老在等我。从9点35分到9点55分，我与恩师面对面接触、沟通、对话，聆听教诲，签名赠书，拍照，等等，实际上我们相聚只有20分钟。

20分钟在人间历史长河中，不过是短短的一瞬，一闪而过。每个人在人生旅程中，都曾拥有自己许许多多的“20分钟”。我已虚度76个年头，拥有过、虚度过不计其数的“20分钟”。但是，此时此刻，我拜访恩师季老的“20分钟”对我而言，却让我感到非常特别，宝贵、奇异、丰富、有限、过得太快、永远铭记心间……在这个过程中，恩师季老的呼吸、心脏跳动、音容笑貌和谈的每句话、每个字，以及每个动作等等，我都恨不得用百双眼睛来观察，用百双耳朵来听取，用百双头脑来储存和思考，然而上帝只给了我一双不是很明亮的眼睛……在这种时候，我才深感自己身上存在此种先天缺陷的遗憾。总之，20分钟之内，拜访恩师季老过程之中，自己似乎有一种如入仙境，如临太空，“浩浩乎如凭虚御风，而不知其所止，飘飘乎如遗世独立，羽化而登仙”的感觉。

是的，季羡林这个名字在当今中国和世界已经远远超出了作为一种“符号”的价值。他既是符号，又不是符号；既属于自己，又不属于自己；既属于中国，又属于世界。季羡林在读者、学生、朋友和中国乃至世界大众心中，已成为一种象征、一种境界、一种品味、一种学问、一种精神、一种理想、一种希望、一种福音的化身。

季羡林作为教师，他为人师表，言传身教，桃李满天下。我走上比较文学之路就是他指导、带领、影响的结果，我所得他无微不至的关怀，可谓难以言表。

季羡林作为学者，他学识渊博，学有专攻，学贯中西，学为泰斗，贡献誉满全球。仅以比较文学学科而论，他是新时期中国比较文学的奠基者、领路人。像我这样年龄的比较文学学人，得其指导帮助，受其影响者可谓多矣。

季羡林作为知识分子，一身正气和书生气，真诚质朴，两袖清风，爱国爱民，为国为民，爱憎分明，是20世纪以梁启超、鲁迅、陈寅恪、吴宓、戈宝权、钱锺书等为代表的老、中、青三代杰出知识分子中唯一的健在者。

仁者寿。上个世纪末，学界为季老庆贺88岁“米寿”生日之时，著名哲学家冯友兰赋诗曰：“何止于米，相期以茶。”季美林告诉温总理说：他希望到108岁，即“茶寿”之年和大家再相聚。

如果有人问我，拜访季羡林先生以后和庆贺教师节前夕有什么感想？我可以坦然答曰，感想有三：

其一是，我认为季羡林先生是师界、学界、知识界“三界之魂”。本人能得到他的指导，并且一次再次拜访他，聆听他的教诲，拜他为师，乃自己一生最大的荣幸和福气。我每见他一次，都是对自己人生境界和品位的提升。

其二是，在学习、治学、研究的路途上，我最幸运的是遇见了季羡林先生、戈宝权先生、田仲济先生等恩师和导师。季先生领我走比较文学之路，戈先生领我走外国文学、翻译文学之路，田先生领我走现代文学之路。我从上个世纪50年中期拜田先生为导师，攻读中国现代文学专业，成为他指导研究生的“开门弟子”。我又从上个世纪70年代末80年代初拜戈宝权先生、季羡林先生为师，学习研究外国文学、翻译文学、比较文学，虽未能成为他们的“入室弟子”，但一直在季先生、戈先生的关怀指导下走比较文学艰辛之路。饮水思源，我一直心存感激。人非草木，孰能无情？做人贵在有真情。恩情和感恩是人世间最珍贵、最重要的情感。我这次从潍坊到济南，从济南到北京，历时近10天，主要目的就是感恩，主要活动也是感恩。一是拜访感激恩师季羡林先生，二是拜访感激恩师戈宝权的夫人梁培兰女士，三是纪念缅怀并参加导师田仲济先生百年诞辰纪念和《田仲济文集》出版学术座谈会。从感恩这一点来说，自己为自己的行动感到分外的愉快和骄傲。

其三是，本人从1951年读大学（先后在南昌大学、湖南师院读本科），1955年读研究生（在山东师院读研），1957年教大学（先后在山师、曲师、山大、昌潍师专、潍坊学院等校任教）。抚今追昔，读大学已经过去了57年，读研究生也过去了52年，教大学也已经50载。作为一位老大学生、老研究生、老大学教师，我深深感到，我当年接触过的老教师、老教授、老学者，如上面提到的季羡林、戈宝权、田仲济和没有提到的如钱锺书、朱光潜、王力、伍蠡甫、施蛰存、范存忠、杨周翰、魏东明、梁再、彭燕郊、吴富恒、冯沅君、赵瑞蕻、朱维之等等，他们做人、做事、做学问都有一个共同的特点，那就是人格精神和历史使命感与其做人、做事、做学问的关系表现得非常明显，非常突出。以做学问为例，如季、戈、田三位恩师，他们这一辈人不是为了自己做学问，而是为国家、民族和人类的未来做学问。学科研究和建设都是他们的理想、追求、人格精神和文化良知的具体体现。正因为如此，季先生这次一见我就问"山东比较文学搞得好吗？你学校比较文学怎么样？见到乐黛云、孟华（北大教授，中国比较文学学会会长、副会长）她们吗？"96岁高龄，身在医院治疗，最近牙齿也痛，但心里仍关心比较文学的建设与前途。季老的骨髓里和灵魂深处储存着什么不是一清二楚吗？

教师节近在眉睫，我愿借此机会，一则介绍本人拜访季老的情况，以飨敬爱和关心季老的读者和人们；一则遥祝恩师季老永远快乐健康。

（此文原载于2007年9月7日《潍坊周末》。略有改动）

鸿儒泰斗　甘为人梯——悼季羡林先生（节选）

前年（2007年）教师节前夕，对我而言非常幸运，得到季羡林先生的厚爱，让我走进301医院病房看望他。

在近半个小时的接触过程中，我目睹先生的身体状况和风采，亲耳聆听先生的教诲，亲手接过先生亲笔题字赐赠的大作，亲切地与先生坐在沙发上合影留念。记得当时他问及山东比较文学和我院比较文学发展变化的情况，问我在北京见到乐黛云同志、孟华同志没有，从先生脸上表现的那种慈祥的、亲切的关爱之情，令我深为感动，倍受鼓舞。每每想起，其情其景，历历在目。我常想，在这个世界上，还有什么比拜访季先生，与他促膝而谈，沟通对话更为骄傲和幸福呢。

从那以后，我回到山东潍坊心中更加感激、想念和挂虑先生。往往情不自禁为先生默默地祈祷，愿上帝多多保佑先生，平平安安，健健康康活到120岁。尤其希望上帝接受先生的"申请"，活到"茶寿"之年（108岁）……总而言之，从那以后，我心里总会自觉不自觉地为先生祈祷和祝福。而且还始终认为，以先生的心态、性格、精神、身体和仁者品德而言，活过百岁绝无问题……

然而，万万没有料到，7月11日下午3点多，突然接到上海忘年老友的电话，告诉我季羡林先生于当天上午8点多病故的消息。

这突而其来的消息，如电击雷轰，让我万分震惊，悲痛！撕心裂肺，茫然无知……先生待我如父如师，如兄如友，有求必应，恩重如山。可以说，是先生为我开启了走进比较文学的大门，哺育了我的比较文学学术生命，引领我走上比较文学之路。确切地说，自己是踩着先生等前辈学者的脚印起步的。如果没有当年先生自觉承担，奋然而起，勇挑重担，领航开路，带头复兴新时期比较文学，没有先生甘为人梯的精神与奉献，何谈新时期比较文学的复兴与发展，何谈我的比较文学昨天与今天，何谈比较文学的创新与繁荣。老实说，我们能有今天，实在来之不易。多年来，我一直心存感激，特别感激季先生等前辈学者。此时此刻，我怎么也不能相信先生会与我们不告而别，怎么也接受不了他会匆匆远行。在我心中，先生没有走，先生不会走，先生不能走，先生永远和我们在一起，永远活在我和大家的心中。黯然泪下，茫然不知所措的我只有求助身边的老伴和外地的老友，问老伴怎么办？给乐黛云、陈惇、陈跃红、王福和、刘蜀贝、孟昭毅、尹建民、吴家荣、宋绍香等先后挂电话，以求证和寄托哀思。可惜，有的老友始终未能接通，而陈惇、福和、蜀贝（时在北京）、昭毅等证实，我们的季先生的的确确因心脏不适而悄然走了！

呜呼！哀哉！

如果真有上帝，我要问你，你为何不顾先生的“申请”和大家的心愿与渴求，等先生“茶寿”（108岁）之年再向你“报到”呢？你为何提前10载就把我们的良师益友、鸿儒泰斗、学界之魂、新时期比较文学之父、一代宗师、杰出导师从我们身边抢走呢？你难道不知道大家多么需要他？当今中国和世界多么需要先生这样的仁者、学者、甘为人梯者、“三真之境”者、造福人间者吗？……

从1981年到先生家中拜访求教至今，我与先生交往近30年了。30年的接触与交往，体会甚多，感受亦甚多。主要谈两点，一点是先生为学，一点是先生做人。

为学，先生终其一生孜孜以求，老老实实，学贯中西，学为泰斗，学以致用，开拓创新，誉满天下。

做人，先生认认真真，正正派派，爱国爱民，与人为善，有求必应，甘为人梯，一身正气，两袖清风，德高望重。

对于先生的学问，事实俱在，有目共睹，无须多说。

对于先生的做人，也是事实俱在，有目共睹，无须多说。但是我在这里要向世人公布的是我本人亲身的经历与感受，是不为外人所知的。我是个心存感恩的人，如果我不公布，我心不安，我理应现身说法，通过自己亲身的经历与感受，告诉大家鸿儒泰斗季先生在行动和实践中、在大事和小事上，在对待我这样一位名不见经传、身处师专的一位普通教师是如何关怀、指导和培养的，证明季先生身上有一种何等伟大的甘为人梯的精神、何等的仁爱之心和高尚品德！

孔子说“仁者爱人”。我们的季先生，是一位真正的仁者。他爱人民，爱祖国，爱父母，爱兄弟，爱妻子，爱朋友，爱学生，爱同志，爱生活，爱工作，爱事业，爱猫，爱花，爱草，爱人间一切可爱的东西。先生就是这样一位仁者，我二十多年来接触他的感受就是这样；他自己毫不讳言地承认自己也是这样。他曾经说：“我身上的优点不多，唯爱国不敢后人，即使将来我变成了灰，我的每一个灰粒也都是会爱国的，这是我的肺腑之言。以我这样一个拥有深沉的爱国思想的人，竟能在有悠久爱国主义传统的北大度过我的一生，我除了有幸福之感外，还有什么呢？还能何所求呢？”

回想从 1981 年到 2009 年二十多年来，季先生亦师亦友，待我这样一名普通老师以无微不至的关怀、有求必应的支持、一次次的热情接待、一回回的教诲，包括对和我一同去拜访他的朋友，都是一视同仁。我常常想，先生这样对待像我这样一个普通人，到底是为什么呢？到底是什么情怀呢？我认为，对季老而言，非常简单，就是我们常说的仁者情怀和情感。这也就是季老骨子里的学者本色。试想，季先生对我何所求呢？如果要说有所求的话，那就是希望我们正直地做人，好好地做事，老老实实地做学问，做一个爱祖国人民的知识分子。说得更具体一点，就是希望像我这样的普通老师把比较文学教学等事情弄得好一点。所以我认为，他对我的关怀实为他仁者情怀之本色也。因此他对我如此，对别人也一样。爱之所及，助之所至，不分男女老幼，也不分南北东西。所以二十多年来，先生在我心中最深的印象和感受就是：先生是位慈善仁爱的学者、质朴真诚的学者、爱国爱民的学者、助人为乐的学者、学贯中西的学者，也就是钟敬文先生在季老 90 寿辰时的祝词中所说的：“学问一流、道德一流学者”。季先生就是这样一位高人、至人，质朴无华、待人以诚、德高望重的学界衣食父母。就是这样一位圣人，他以古稀之年带领大家打比较文学的天下，奔走呼号，勇往直前。他不愧是中国比较文学复兴的奠基人和旗手。中国比较文学有了今天，特别是像我这般年龄的知识分子能走到今天这一步，都应该感谢他。

1999 年，在我提交给在四川成都举行的中国比较文学学会第六届年会的论文中，倡议中国比较文学研究工作者学习、研究季羡林和乐黛云。我在文章中写道："我认为从季羡林到乐黛云比较文学研究的道路，是以比较文学为粮食哺育人类的道路。换言之，他们研究比较文学，发展比较文学，有自己的学科理想和追求，而这种理想、追求，从根本上说是希望通过比较文学来呼唤合理的人性、合理的思想观念、合理的精神，从而使人类世界光明、幸福、和谐、合理。他们就是希望沟通、交流、传播、比较、共建这种思想、观念和精神。这也是我对季羡林比较文学学科的理想、乐黛云比较文学学科理想的理解。我建议中国比较文学研究工作者、教学工作者学习、研究季羡林和乐黛云。他们不仅属于中国比较文学，也属于世界比较文学。研究他们的学者人格、学科理想和学术建树，不仅将促进比较文学事业的发展，而且将启迪、鼓舞人们前进。"

季羡林！永远活在我们心中！

2009 年 7 月 15 日于南京

（此文原发表于 2009 年 7 月 22 日《潍坊日报》，并载于 2009 年出版的《中国比较文学通讯·悼念季羡林专号》。略有改动）

智者仁心：刘献彪与钱锺书的交往

钱锺书(1910～1998),中国著名学者、现代文学研究家、作家、文学史家、古典文学研究家,江苏无锡人。字默存,号槐聚,笔名中书君。

1910 年,钱锺书出生于江苏无锡的一个教育世家。1929 年,考入清华大学外文系。1932 年,在清华大学古月堂前结识杨绛。1933 年,与杨绛订婚。从清华大学外文系毕业后,在上海光华大学任教。1935 年,以第一名的成绩考取英国庚子赔款公费留学生,赴英国牛津大学艾克赛特学院英文系留学,与杨绛同船赴英。1937 年,以《十七十八世纪英国文学中的中国》一文获牛津大学艾克赛特学院学士学位。之后,随妻子杨绛赴法国巴黎大学从事研究。1938 年秋,与杨绛乘法国邮船回国。回国后,被清华大学破例聘为教授,次年转赴国立蓝田师范学院任英文系主任,并开始了《谈艺录》的写作。1941 年,由广西乘船到上海,珍珠港事件爆发时,被困上海,任教于震旦女子文理学校,其间完成了《谈艺录》《写在人生边上》。散文随笔集《写在人生边上》由开明书店出版。其困顿于上海沦陷区时期的经历和情绪,对《围城》题旨和书名的确定有重要的影响。1945 年,抗战结束后,任上海暨南大学外文系教授兼南京中央图书馆英文馆刊《书林季刊》编辑。在其后的 3 年中,他的短篇小说《人兽鬼》、长篇小说《围城》、诗文评《谈艺录》相继出版,在学术界引起巨大反响。

1949 年,钱锺书回到清华任教。1949～1953 年,任清华大学外文系教授,并负责外文研究所事宜。1953 年院系调整,清华改为工科大学,文科部分并入北京大学,钱锺书摆脱教务,在文学研究所工作。1955～1957 年,在郑振铎、何其芳、王伯祥等人的支持下,穷两年之力完成了《宋诗选注》,选注了宋代 81 位诗人 297 首作品。1958 年,《宋诗选注》由人民文学出版社出版,被列入中国古典文学读本丛书。

1972 年 3 月,62 岁的钱锺书返回北京,开始写作《管锥编》。1975 年,《管锥编》初稿完成,此后又陆续修改。1976 年,由钱锺书参与翻译的《毛泽东诗词》英译本出版。1979 年 4～5 月,69 岁的钱锺书随中国社会科学院代表团赴美访问,其间访问了哥伦比亚大学、加利福尼亚大学贝克莱分校等,所到之处大受欢迎。《管锥编》1～4 册由中华书局相继出版。《旧文四篇》由上海古籍出版社出版,此书收有《中国诗和中国画》《读〈拉奥孔〉》《通感》《林纾的翻译》等 4 篇文章。《宋诗选注》重印。1982 年,创作的《管锥编增订》出版。1984 年,钱锺书的《也是集》由香港广角镜出版社出版。1985 年,《七缀集》由上海古籍出版社出版。

1998 年 12 月 19 日上午 7 时 38 分,钱锺书先生因病在北京逝世,享年 88 岁。

钱先生在文学研究和文学创作方面均取得了卓越成就。钱锺书精熟中国文化,通览世界文化,在观察中西文化时,表现出深刻的洞察力和卓越的评析能力。钱先生对于推进中外文化的交流,使中国人了解西方学术以及使西方人了解中国文化起了很好的作用。

第一节　钱锺书给刘献彪寄函改稿

刘献彪自 1958 年开始从事中国现代文学的教学和研究,先后发表了《夏衍和他的戏剧创作》《中国现代文学研究中的几个问题》等学术文章。20 世纪 70 年代末,他开始从事外国文学、翻译文学和比较文学研究。在从事一线教学的同时,作为潍坊学院比较文学的开拓者,刘献彪艰苦创业、团结协作,积极开展学术交流,参加了历届中国比较文学学会年会暨国际学术研讨会,两次走出国门参加国际学术交流,成果甚丰,先后撰写、主编了《鲁迅与中日文化交流》《外国文学手册》《比较文学及其在中国的兴起》《比较文学自学手册》《中国现代文学手册》《中国翻译文学史稿》《中国翻译词典》《简明比较文学教程》《比较文学与现代文学》《比较文学教程》,约计 400 万字(自己完成 100 多万字),先后在《中国现代文学研究丛刊》《文艺学习》《学习与探索》《齐鲁学刊》等刊物发表文章计 10 余万字。

其中,由刘献彪主编的《外国文学手册》是中华人民共和国成立后的第一本系统完整的外国文学普及性书籍。在此书的编写过程中，刘献彪开始了与钱锺书夫妇长达20多年的友谊。对于这段难忘的回忆，刘献彪先生曾这样说："岁月匆匆，往事如烟，二十年前，因为我受到戈宝权先生和袁伟信、边国恩等好友的厚爱和信任，委我以主编《外国文学手册》的光荣重担，并具体负责撰写'中国外国文学研究翻译工作者'这部分词条（约10万字），其中包括钱锺书和他夫人杨绛。"①

《外国文学手册》出版于1984年，是面向以高等学校外国文学教师，中文系、外语系学生，外国文学研究人员及外国文学爱好者为主要对象的资料性工具书。全书共927页、75.6万字，主要内容包括：外国重要作家生平著作年表、外国文学名著介绍、外国现当代文学概况、世界文学史大事年表、名词解释、中国外国文学研究翻译工作者、外国文学著作与期刊简介等。在当时，这是一本具有开创性的著作，它具有知识性强、内容丰富、普及面广的特点。首先，它不同于一般的教科书，也不同于一般的外国文学专著，书中不仅增加了作家年表，而且还有名著评价以及对一些思潮流派、文学团体和有关历史知识、宗教知识的介绍。其次，《外国文学手册》基本上包括了外国文学所能涉及的各种相关问题，这在当前我们国家已出版的普及性书籍中还不曾有过。最后，《外国文学手册》第一次比较全面地介绍了我国外国文学研究者和翻译工作者的评著情况，"既亮出了我国外国文学领域主力军的阵容和阵地，又展示了我国外国文学的主要成果"②，从而使广大读者能对这些辛勤的劳动者们有所了解。著名学者、外国文学专家戈宝权先生是该书的特约顾问，翻译家、画家高莽先生为100多位著名作家画了肖像，书前附有外国作品的精美插图，钱锺书先生为该书题了书名。

《外国文学手册》共收录884个条目、百余名外国重要作家简介，其中绝大多数为文学史上公认的有影响、有地位的作家。同时，也兼顾不同地区和国家的作家。在简要介绍各作家的代表作品及其在文学史上的地位后，以年表形式比较详细地介绍其生平。同时，还收入外国文学名著百余种，其中入选之作大多是文学史上公认的或在读者中有地位、有影响的作品，此外也包括不同地区、不同流派与不同倾向的代表作。在介绍这些作品时，先概括各篇名著的故事情节，然后再着重介绍主题思想、主要人物和艺术特色，力求做到忠于原著。该书的正文后面附有中文翻译版本目录，以资参考。其中，重要作家和作品按国别

① 刘献彪：《回忆钱锺书》，1999年5月7日《潍坊日报》。

② 徐克勤：《一本很有用的书》，《外国文学研究》1985年第1期。

和文学史顺序，先东方后西方，先古后今排列。

《外国文学手册》主要收入英、法、德、美、日、苏等国家现当代文学的基本情况，力求与历史实际相符。同时，梳理了世界文学史大事年表条目，其中包括世界文学史上的重要历史事件、作家作品、文学流派。采取“外国主要文学潮流和作家作品”“世界历史阶段和重要历史事件”与“中国历史、中国文学史大事”相对照的形式，以便纵观外国文学的发展概况、文学流派的演变及其背景，并与中国文学的发展参酌比较。此外，还收录了思潮流派、社团刊物、题材、体裁、神话、历史、哲学、宗教常识等条目的名词解释。其中，神话按类别以汉语拼音音序排列，思潮流派等则按类别、国别或文学史、时间顺序排列。对所列的国内外国文学研究者和翻译者仅简要介绍其学历、经历及外国文学研究论著、译著。收录的外国文学论著、期刊，主要是中华人民共和国成立以后出版的，内部发行的期刊暂未收录。

徐克勤先生曾这样评价此书：“这是一本很有用的书。……头绪清晰，便于随手查阅，确实能起到工具书的作用。……最突出的特色是增设了‘中国外国文学研究翻译工作者’和‘外国文学论著、期刊简介’两部分。……这属于开创性工作，需要做深入细致的调查研究，取舍提法都得恰当确切。”①

1981年上半年，刘献彪给钱锺书先生寄去了“钱锺书”词条的初稿和信，不久后就收到钱先生的复信和审定稿，这是件出人意料的事。然而，更让刘献彪意外的是，钱先生对他所写的“钱锺书”手稿从头至尾，一字一句认真地进行了修改和审阅。刘献彪把这些修改处都一一记录下来，举例如下：

我在正文中称钱锺书为“作家、外国文学研究专家、比较文学研究专家、古典文学研究专家”，这些称号非我独创，乃学界所公认。钱先生将“作家”后面三个称号（即外国文学研究专家、比较文学研究专家、古典文学研究专家）全部勾掉，改为“文学研究者”，并在复信中说：“来示敬悉……除改正一些事实外，把吹嘘的称号和话语都删去了。务请照此刊载。”我在正文中介绍钱锺书“解放初加入中国作家协会……致力于中国和西方文学研究，着重诗歌、小说和论文，运用比较文学……的方法研究文学作品，发表了许多论著。近著《管锥编》出版后，受到国内外学者的重视和好评，为中外文化交流做出了贡献”。钱锺书先生也把这段话全都删去。②

---

① 徐克勤：《一本很有用的书》，《外国文学研究》1985年第1期。

② 刘献彪：《回忆钱锺书》，1999年5月7日《潍坊日报》。

这些修改和审阅之处让刘献彪十分感动，不由得对钱锺书先生严谨的治学态度、谦虚的为人风范心生敬佩。钱锺书先生的复信也给刘献彪留下了深刻的印象(见图 2-1)。这样一位声名远播的著名学者写给一个青年后辈的信，却是那样客气，那样尊重别人，那样认真负责，那样以礼待人，这更让刘献彪感到意外和感动。这些信件一直被小心地保存着，后来刘献彪在回忆此事时说："信开头就说：'献彪同志：来示敬悉，原件附还。'对待像我这样一个普通而平凡的教师有求于他的信称之为'示'，且曰'敬悉'。这是何等的谦虚和幽默，信的结尾写道'承你要我过目，想来能抚如所请的'。钱先生以传统的方式把'承你'的'你'字另起一行以示对我的尊重，当时我拜读后的心情真是难以言表。这样的话语非钱锺书莫属。"①

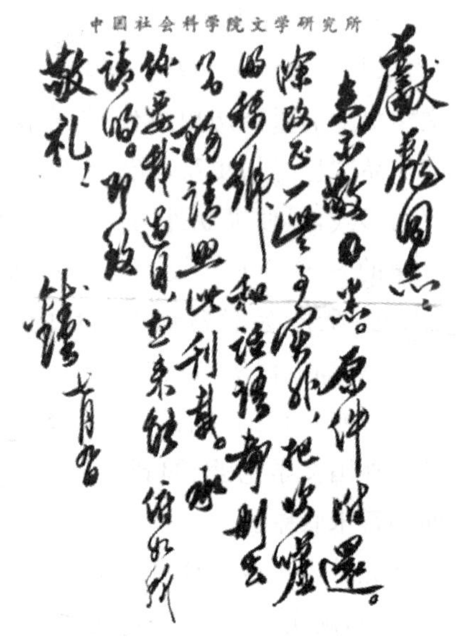
中国社会科学院文学研究所

献彪同志：

来示敬悉，原件附还。

……

敬礼！

钱锺书

图 2-1　钱锺书写给刘献彪的信

第二节　钱锺书为刘献彪题写书名

1981 年下半年，钱锺书先生应刘献彪的请求，给他审订、修改过两回稿子，写过两封回信：一封是在 1981 年 7 月 9 日，一封是在 1981 年 10 月 10 日。这对刘献彪来说，都是非常珍贵的经历，他曾经这样回忆："这对我来说，是我人生道路上最高的奖赏和幸福。每当我收到钱先生的亲笔信和亲笔修改的稿子，我那种如获至宝、喜出望外的心情自不待。回想当年自己的境遇和遭遇，实在有点不堪回首。然而，就在那种不被别人接受或招人嫉妒的情况下，却居然得到钱锺书先生如此的厚爱和支持，自己都不敢相信这是事实！"②

"我常常在想这个大千世界，茫茫人间，人之不同，有如其面，其差异可谓大

① 刘献彪：《回忆钱锺书》，1999 年 5 月 7 日《潍坊日报》。

② 刘献彪：《回忆钱锺书》，1999 年 5 月 7 日《潍坊日报》。

矣。生活在人世间，还有什么比互相尊重、互相信任、互相支持、互相理解更让人高兴、鼓舞和幸福呢？以自己的平凡、普通默默无闻，一旦耕耘播种而有求他人，希望得到帮助的时候；这种帮助又来自像钱锺书先生这样学贯中西、享誉中外的学者，其兴奋和感动也只有亲身经历者才可以体会。”①

钱锺书先生的回信、改稿对当时的刘献彪来说，可谓字字千金。这些宝贵的通信和稿件对身为青年教师的刘献彪来说，不仅仅代表着一位学术大家对青年学者的学术指导和交流，更代表着一位德高望重的长辈对后生晚辈在做人、治学态度方面的谆谆教诲和言传身教，对刘献彪的个人修养和学术态度有着深远的影响。

钱锺书先生对刘献彪的指导、帮助不仅于此。在几番通信和改稿之后，1982 年上半年，刘献彪怀着希望与不安再次走进钱锺书先生家中。那时，刘献彪和北京出版社负责《外国文学手册》审稿的责任编辑李冰女士有了一个“大胆”的想法：请钱锺书先生为《外国文学手册》题写书名。这无论是在过去还是在当时都不失为一种大胆的、冒险的设想。因为了解钱锺书先生的人都知道，钱先生对于这些问题是不太放在心上的。但是刘献彪还是想去碰碰运气，戈宝权先生也不止一次地提醒刘献彪：“钱锺书先生从不给别人题书名。”言外之意，这次能够得到钱老题写的书名，确实是得之不易。刘献彪曾详细记述了与钱先生夫妇这次珍贵而难忘的会面。那是在 5 月 14 日上午，刘献彪与编辑李冰女士乘车前往钱先生家拜访。途中，刘献彪想起当时北京流传的“钱锺书先生闭门谢客，即使会面谈话也不能超过 5 分钟”等说法，心中不免有一丝不安。令人没有料到的是，拜访钱锺书先生的实际情况不但与流传的说法不一样，而且钱先生更是给刘献彪一行人以亲切、幽默、热情的接待。

找到钱先生家时，开门迎接他们的是杨绛先生(钱锺书夫人)。她亲切地问刘献彪：是哪里来的客人？找谁？什么事？等等。李冰向来心直口快，她告诉杨先生自己是北京出版社的编辑，正要出版刘献彪主编的《外国文学手册》。没等她讲完，刘献彪就自我介绍是山东省潍坊市昌潍师范专科学校函授部的刘献彪，去年曾给钱先生写过信，请钱先生给自己寄过稿子，也收到了钱先生的复信和修改好的稿子，今天来拜访钱先生是想请他为《外国文学手册》题写书名。

由于常年教学，刘献彪说话时还带点教师上课的职业习惯，嗓门高，声音大，唯恐对方听不清，也正因为如此，他的这番自我介绍早已传到钱先生耳中。没有想到，钱先生直接从屋里发话：“山东的刘献彪，我们打过仗，我被你打败了，欢迎!”钱先生真是与众不同，如此幽默而又亲切的“欢迎词”一下子就消解

① 刘献彪：《回忆钱锺书》，1999 年 5 月 7 日《潍坊日报》。

了大家的敬畏、顾虑等心绪。他们跟着杨先生走向客厅，看到钱先生站在桌旁，桌上摆着一支毛笔，没等他们坐下钱先生就说，他朋友要求他写幅字，自己正在写着。这时，刘献彪开口说："我们今天是来请先生题写《外国文学手册》书名的。"钱先生边写边听边笑着说："如果给你们题书名，我没有写那号字的毛笔呀，得向杨先生借笔呀。"杨先生接着说："要借我的笔，得先写借条。"此时，钱先生发现刘献彪和李冰正全神贯注地听着他俩的对话，似乎怕他们误解，便放下手中的笔在桌旁坐下，补充道："我和杨先生向来'井水不犯河水'，你们看，我在东边，她在西边，各占一方，中间为界，互不侵犯。"大家听后哈哈大笑，觉得既轻松，又幽默。这时，杨先生一边笑，一边取来毛笔和纸交给钱先生。

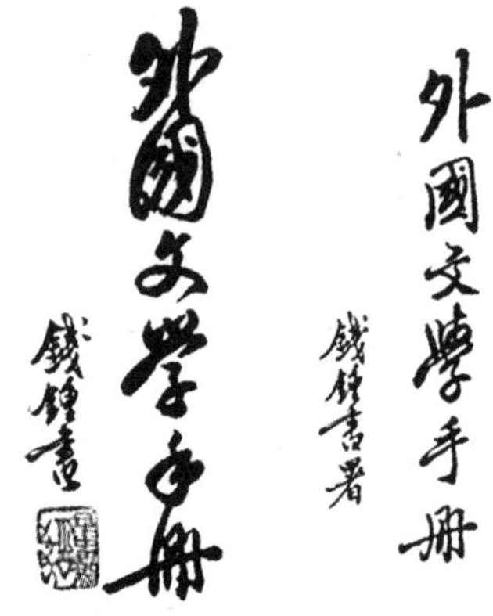

图 2-2　钱锺书为刘献彪著作题写的书名

钱先生写完朋友的字幅，也没休息片刻便开始题写《外国文学手册》书名。刘献彪站在钱先生身旁，他的注意力全都集中在钱先生的每个动作上，他当时想："在我眼前的世界，似乎只有钱锺书和他题写的《外国文学手册》，其他万事万物都置于我的脑后。"①在很短的时间内，钱先生一口气题了三张书名，一张是横写的，两张是竖写的(见图 2-2)。每写完一张后钱先生都要认真审视一番，最后他从中选了一张横的、一张竖的交给刘献彪，并笑着说："任务完成，裁定大权在你们手中。"接过钱先生的题字，刘献彪心中油然升起一种从来没有过的自豪感和亲切感。他回忆道："似乎自己拥有钱锺书，似乎钱锺书和自己是忘年之交的老友。如今回想起来，那时自己真有点得意忘形，忘乎所以。当然，钱先生那样平等，那样随和，那样幽默，那样亲切对待我们，也许是使我得意忘形的客观原因吧。"②

钱先生平和、幽默的风度使刘献彪心情放松了很多，他禁不住表示了一点"异议"："钱先生给我修改的稿子，删得太多，太简略，字太少……"听到这里，钱先生讲了一个故事："前些时，有位德国朋友来我家和我讨论中国说'洛阳纸贵'

① 刘献彪：《回忆钱锺书》，1999 年 5 月 7 日《潍坊日报》。

② 刘献彪：《回忆钱锺书》，1999 年 5 月 7 日《潍坊日报》。

其意何在？当时，我告诉德国友人，中国作家每逢传播自己总是很详细，写得很多很多，洋洋万言，用了很多稿纸，不就‘洛阳纸贵’了吗？”大家听后哈哈大笑。钱先生就是这样巧妙而又风趣的人。在愉快的笑声中，刘献彪和李冰与钱先生、杨先生告别，结束了这次难忘的会面。

这次与钱、杨二位先生见面、求字、交流学术的经历对于当时的刘献彪来说，不仅是一次难忘的经历，得到了珍贵而难求的“墨宝”，而且更体现了钱锺书和杨绛先生对于中国比较文学、外国文学研究的关心和支持，对于青年学者的鼓励和关怀。他们幽默风趣的谈吐、处事不惊的态度、谦虚谨慎的风范、务实求真的治学理念，给了刘献彪莫大的激励和启发，也是后期刘献彪坚持中国比较文学一线教学、学术研究的动力源泉。

1984 年，《外国文学手册》由北京出版社发行了精装、平装、简装版本，受到读者的欢迎。《手册》的封面和扉页赫然横竖排印着钱先生亲笔题写的书名，第 772～773 页的内容是由钱锺书亲笔修改、审订的“钱锺书”词条，这不仅为《外国文学手册》增辉添彩，而且是钱先生留给广大外国文学爱好者的又一份珍品。

附　件

一、钱锺书写给刘献彪的信

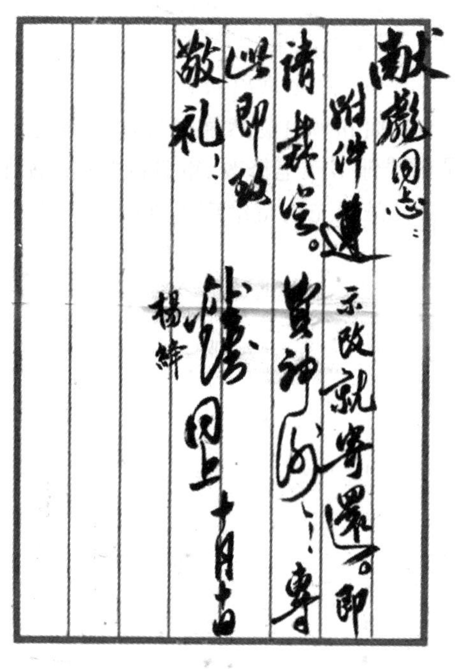

献彪同志：

附件遵示改就寄还。即请裁定。费神谢谢！专此即致

敬礼！

钱锺书、杨绛　同上

十月十日

二、刘献彪写的悼念钱锺书的文章

回忆钱锺书

去年岁末，钱锺书先生悄悄地告别了他奋斗一生的学问世界，国内外学者和读者莫不为之动容、悲痛和悼念。笔者作为钱锺书“不合格”的读者、崇拜者和受益者，得知钱锺书过世，心里很是悲伤和难过！

在20世纪的中国和世界，发生过许多令人难忘的事情；涌现出许多独特的极富创造力的人物，推动着历史、文化、科学前进。钱锺书就是这独特人物中的一个。作为平凡而普通的我，仅以自己的肤浅和庸俗是很难读懂独特、深刻、睿智和学贯中西的钱锺书的。然而十多年前，他亲笔为我改稿、复函、题字和亲自接待我等往事却深深地铭刻于我心间，像火一样时刻燃烧着我，鞭策激励我前进。可以说，钱锺书与我的这桩往事，已成为我生活中最宝贵的财富。为了自己和喜欢钱锺书的人们，我把自己与钱锺书先生交往的经历和感受记录下来，一则以示我对钱锺书告别人世的思念，一则与钱锺书迷们共飨。

一

岁月匆匆，往事如烟。二十年前，因为我受到戈宝权先生和袁伟信、边国恩等好友的厚爱和信任，委我以主编《外国文学手册》的光荣重担，并具体负责撰写“中国外国文学研究翻译工作者”这部分词条(约10万字)，其中包括钱锺书和他夫人杨绛。

1981年上半年，我给钱锺书先生寄去“钱锺书”词条初稿和信，不久就收到钱先生的复信和审定稿，真是出我意料之外。然而，更使我意外的是钱先生对我写的“钱锺书”手稿从头至尾，一字一句认真地修改和审阅。举例如下，以观事实。

我在正文中称钱锺书为“作家、外国文学研究专家、比较文学研究专家、古典文学研究专家”。这些称号非我独创，乃学界所公认。钱先生将“作家”后面三个称号(外国文学研究专家、比较文学研究专家、古典文学研究专家)全部勾掉，改为“文学研究者”，并在复信中说：“来示敬悉……除改正一些事实外，把吹嘘的称号和话语都删去了。务请照此刊载。”

我在正文中介绍钱锺书“解放初加入中国作家协会……致力于中国和西方文学研究，着重诗歌、小说和论文，运用比较文学……的方法研究文学作品，发表了许多论著。近著《管锥编》出版后，受到国内外学者的重视和好评，为中外文化交流做出了贡献”。钱锺书先生也把这段话全都删去。

钱锺书先生因为做真正的学问，耕耘、播种、创造自己的学问人生，所以特别宝贵时间，爱惜时间。他不愿会客，不愿开会，当年北京传说一般人和他见面谈话不超过五分钟，恐怕也和他珍惜时间有关系。然而，他却不仅拿出宝贵的时间为我一字一句改稿，而且还挤出宝贵的时间给我写信，跑邮局寄信。钱先生如此待我这样一位素不相识、普普通通师专教师，真叫我万分感慨。

钱先生给我写信是那样客气，那样尊重别人，那样认真负责，那样以礼待人，更让我感到意外。信开头就说：“献彪同志：来示敬悉，原件附还。”对待像我这样一个普通而平凡的教师有求于他的信称之为“示”，且曰“敬悉”。这是何等的谦虚和幽默，信的结尾写道“承你要我过目，想来能抚如所请的”。钱先生以传统的方式把“承你”的“你”字另起一行以示对我的尊重，当时我拜读后的心情真是难以言表。这样的话语非钱锺书莫属。

1981 年下半年，钱锺书应我的请求，给我审订、修改过两回稿子，写过两封回信：一封是在 1981 年 7 月 9 日；一封是在 1981 年 10 月 10 日。这对我来说，是我人生道路上最高的奖赏和幸福。每当我收到钱先生的亲笔信和亲笔修改的稿子，我那种如获至宝、喜出望外的心情自不待。回想当年自己的境遇和遭遇，实在有点不堪回首。然而，就在那种不被别人接受或招人嫉妒的情况下，却居然得到钱锺书先生如此的厚爱和支持，自己都不敢相信这是事实！

我常常在想这个大千世界，茫茫人间，人之不同，有如其面，其差异可谓大矣。生活在人世间，还有什么比互相尊重、互相信任、互相支持、互相理解更让人高兴、鼓舞和幸福呢？以自己的平凡、普通默默无闻，一旦耕耘播种而有求他人，希望得到帮助的时候；这种帮助又来自像钱锺书先生这样学贯中西、享誉中外的学者，其兴奋和感动也只有亲身经历者才可以体会。

二

1982 年上半年，我再次走近钱锺书先生。

那时，我和北京出版社负责《外国文学手册》审稿的责任编辑李冰女士忽然“异想天开”要请钱锺书先生为我们的《手册》题写书名。这种设想无论是在过去还是在当时都不失为大胆的、冒险的设想。因为后来戈宝权先生曾不止一次提醒我：“钱锺书先生从不给别人题书名。”言外之意，得之不易。

记得那天是 5 月 14 日上午，我们乘车前往钱先生家登门拜访钱先生。

在途中，我不禁想起当时北京流传“钱锺书先生闭门谢客，即使会面谈话也不能超过五分钟”等说法，因此心中不免不安。没有料到，后来我们拜见钱锺书先生的事实，不但和流传的不一样，而且钱先生给我们以亲切、幽默、破格的接待。当我们找到钱先生家门口敲门时，出来开门迎接我们的是杨绛先生（钱锺书夫人）。她问我是哪里来的客人？找谁？什么事？等等。李冰女士和我一样，向来心直口快，告诉杨先生自己是北京出版社的，正在出版我主编的《外国文学手册》……没等她讲完，我就抢着说，我是山东省潍坊市昌潍师范专科学校函授部的刘献彪，去年曾给钱先生写过信，寄过稿子，收到过钱先生的复信和修改好的稿子。今天我们来拜访钱先生是想请他为《外国文学手册》题写书名。

我说话向来嗓门高，声音大，带点教师上课的职业习惯，唯恐对方听不清。因为嗓门高，声音大，我这番话语早已送到钱先生耳边。没有想到，钱先生却从屋里发话：“山东的刘献彪，我们打过仗，我被你打败了，欢迎……”

钱先生真是与众不同，如此幽默而又亲切的“欢迎词”一下子就消解了我的敬畏、顾虑等心绪，把我拉近了他的身边。我们跟着杨先生走向客厅，一看钱先生站在桌子旁，摆着一支毛笔，没等我们坐下来就向我们诉说他朋友要求他写幅字，正在写着。我马上接着插嘴：我们今天是来请先生题写《外国文学手册》书名。钱先生边写边听边笑着说：“如果给你们题书名，我没有写那号字的毛笔呀，得向杨先生借笔呀。”杨先生马上接着说：“要借我的笔，得先写借条。”此时此刻钱先生似乎早已发现我和李冰在全神贯注听着他俩的对话，似乎怕我们误解，便放下手中的笔坐在桌旁补充：“我和杨先生向来‘井水不犯河水’，你们看，我在东边，她在西边，各占一方，中间为界，互不侵犯……”我们听了哈哈大笑，觉得既轻松，又幽默。这时，杨先生一边笑着，一边取来毛笔和纸交给钱先生。

钱先生写完朋友的字幅，片刻都没有休息就为我们题写书名。我和李冰站在钱先生身旁。这时，我的注意力全都集中在钱先生的每个动作上。我当时的心情是：在我眼前的世界，似乎只有钱锺书和他题写的《外国文学手册》，其他万事万物都置于我的脑后。在很短的时间内，我亲眼目睹先生一口气为我们题了三张书名：一张是横写的，两张是竖写的。先生写完每张后，都要认真审视一番。最后他从中选了一张横的、一张竖的给我，并笑着说：“任务完成，裁定大权在你们手中”。我接过钱先生的题字，心中油然升起一种从来没有过的自豪感和亲切感。似乎自己拥有钱锺书，似乎钱锺书和自己是忘年之交的老友。如今回想起来，那时自己真有点得意忘形，忘乎所以。当然，钱先生那样平等，那样随和，那样幽默，那样亲切对待我们，也许是使我得意忘形的客观原因吧。

人一忘乎所以也就什么顾虑都消解了。我禁不住向钱先生表示了一点“异议”：“钱先生给我修改的稿子，删得太多，太简略，字太少……”他没等我说完就给我讲了个故事：“前些时，有位德国朋友来我家和我讨论中国说‘洛阳纸贵’其意何在？当时，我告诉德国友人，中国作家每逢传播自己总是很详细，写得很多很多，洋洋万言，用了很多稿纸，不就‘洛阳纸贵’了吗？”我们听后哈哈大笑。钱先生就是这样巧妙而又风趣地回答了我的“异议”。我和李冰最后在愉快的笑声中和钱先生、杨先生告别。

1984 年，《外国文学手册》由北京出版社发行了精装、平装、简装各种版本，受到读者的欢迎。《手册》封面和扉页上，赫然横竖排印着钱先生亲笔题写的书名；书里面第 772～773 页发表着钱锺书亲笔修改审订的“钱锺书”词条。我认为这不仅为《外国文学手册》增辉添彩，而且是钱先生给广大外国文学爱好者留下的又一份珍品。

三

钱锺书刻在我心中的第一个印象是他的学者人格和学者个性。

记得尼采曾说精神有三种变形：骆驼、狮子和儿童。用以类比钱锺书学者人格、精神形象，他像骆驼一样疾步于荒漠中，献身于学术和真理的追求；在追求真理的路上，骆驼变成了狮子，钱锺书在学界可称为“雄狮”；最终狮子还得变为儿童，“因为天真烂漫的儿童是人类的黎明”。[①]“儿童”象征着学术事业的新生和发展。

我在前面说过钱先生给我写信时，字里行间都蕴藏着他的人格和个性。给我改稿子，加什么？减什么？在加减中也都体现了他的人格和个性；我登门拜访他时，待我为友，谈笑风生，也无不表现了他的学者人格和个性；给我题写《外国文学手册》的书名，一笔一画之中也体现了他的人格和个性。

钱锺书可在我心中的第二个印象是他的学者世界和学者语言。

人活在世界上，概而言之都有两种世界：一种是物质世界，一种是精神世界。钱锺书当然也超出不了这两种世界。因为人要生存，要发展，所以离不开吃饭、穿衣、住房，等等，这都是物质世界。钱锺书超凡脱俗之处在于他的独具个性、别开生面的学者世界。记得《光明日报》“文化周刊”上曾发表过丁国强先生的《钱锺书的世界》，我曾拜读，文章很好，值得推荐。我这里仅以自己当年拜见钱锺书时的所见所闻为例，引出我对钱先生学者世

① 董光壁：《科学与我们的时代》，《深圳特区科技》1990 年第 1 期。

界的认识。

如果从钱锺书先生的会客室(同时是他和杨绛先生的工作读书室)来谈他的学者世界,也许风马牛不相及。然而,我当时一见钱先生,一走进会客室,马上产生了一种异样的感受——学者的世界和港湾。我这种直感、由物及人的想象并不科学,然而却是我真实的感受。

钱先生的会客室(工作室)面积较大,除了东、西两边各放一张钱、杨二先生的写字台外,中间还有一张条桌,靠壁放着一张沙发,别无其他。既不见墙上挂满名人字画,也不见书架堆积中外古籍;既不见绿叶,也不见红花。我当时的感觉一是朴素简洁,二是海阔天高,同时又觉得无边无际、四通八达。钱锺书生活、工作的空间,似乎给我这样一种启示:生活的主体是人,人就是中心。人在世界上一要生存,二要发展。这就要有学问,学问是为人服务和为世界服务的。所以我觉得钱锺书的学者世界就是造就有学问的人和有学问的世界,无论是生活、工作、接人、待物,在钱先生看来,学问都是首位的。只要谈学问、做学问或有利于学问的事情,求助于钱先生他都乐于相助乃至有求必应。这也就是像我这样平凡而又普通的耕耘者一而再、再而三得到他热情、认真帮助、指导的根本原因。

因为钱锺书追求学者世界,思想感情升华到学问的高度,所以对什么追名逐利、升官发财世俗的东西一概不感兴趣,置之脑后。因为他尊重学问,而学问最根本的特点是实事求是,所以他对人对事也都是实事求是,平等待人,而不以势压人、欺人。正因为如此,所以钱锺书终其一生潜身于学问世界,遨游于学问世界,耕耘播种,其乐无穷。这是我接触钱先生后的又一点感受。

四

从1981年下半年至1982年上半年近一年的时间里,钱锺书先生给我办了三件事:一是为我审订修改“钱锺书”词条,二是先后给我复函,三是为我主编的《外国文学手册》题写书名。现在我希望借报刊的一角公之于众,与大家共享。我觉得钱锺书是20世纪中国宝贵的财富,他生前的学术活动和墨迹都是宝贵的财富。至于我自己能得到钱锺书先生的帮助,当然万分幸运。不过有一点我可以告慰钱先生,尽管我在生活方面马马虎虎,粗枝大叶,丢三掉四,但对待钱先生给我的复函、修改的稿子和题字(复印)却非常小心,认真地保存着。改革开放以来,知识分子的生活发生了很大变化,以住房而论,我也是从原先居住的一室而三室一厅,又由三室一厅而四室一厅。虽然一变再变,一搬再搬,丢失的东西确也不少,但钱锺书先生给我的信和修改的稿子,我却保护得很好,珍藏得很好。当然,有时如遇知己好友来访，我也会如数家珍一般告诉他们，直至展示在他们眼前以分享其乐。钱锺书是独特的、伟大的。他的"美好品质：聪明、优美、善良、开放和谦虚……他将以他的自由创作、审慎思想和全球意识铭记在文化历史，中并成为对未来世代的灵感源泉"①。

钱锺书既属于20世纪，又属于未来。

（此文原载于1999年5月7日《潍坊日报》。略有改动）

① 见法国总统雅克·希拉克写的吊唁钱锺书的信。

肝胆相照：刘献彪与戈宝权的交往

戈宝权(1913～2000),江苏省东台市人,著名翻译家,中外文学关系史、翻译史和外国文学研究者,曾用笔名葆荃、北泉、苏牧等。1932年毕业于上海大夏大学(今华东师范大学),精通俄文、英文、法文、日文和世界语。大学毕业后,进上海《时事新报》当编辑。1935年赴苏联,担任天津《大公报》驻莫斯科记者。抗日战争爆发后回国。1938年5月在汉口加入中国共产党。曾在武汉、重庆两地任《新华日报》和《群众》杂志编辑。抗战胜利后抵达上海,先后担任生活书店和时代出版社编辑,并主编《苏联文艺》杂志。1949年7月,任新华通讯社驻苏联记者。中华人民共和国成立后,奉命接管中国驻苏联大使馆,出任中华人民共和国驻苏联大使馆临时代办和参赞等职。1954年7月奉调回国,任中苏友好协会总会副秘书长。从1957年11月起,先后担任中国科学院外国文学研究所和中国社会科学院外国文学研究所研究员及学术委员,专门从事文化交流与外国文学研究工作。同时,他还担任中华全国文艺界联合会全国委员、中国作家协会理事、中国外国文学学会常务理事、中国苏联文学研究会副会长,并应聘担任鲁迅、郭沫若、茅盾等若干研究学会的顾问。

戈宝权于1933年开始从事外国文学的翻译和研究工作,终生笔耕不辍,有500万字译著为证。他的译文集《普希金诗集》《高尔基小说论文集》《俄、苏名家诗文集》《东欧、亚非拉美名家诗文集》和《爱伦堡报告文学集》以及一卷本的中外文学关系论文集《中外文学因缘》,均由北京出版社出版。由乌克兰文翻译成中文的《谢甫琴科诗集》,则由译林出版社出版。这些译作在中国读者中广泛流传,并产生了积极的影响。他的译笔为茅盾所推崇,曾为茅盾校订译作《人民是不朽的》。他的研究工作侧重于中外文学关系史、文学翻译史和外国文学。他撰写了大量有关高尔基、普希金、契诃夫、列夫·托尔斯泰以及罗曼·罗兰等人与中国文学关系的学术文章，鲁迅、郭沫若等人与外国文学关系的论著，这些学术文章及论著深受国内外学术界的重视。1987年2月，戈宝权荣获法国巴黎第八大学荣誉博士学位，同年5月又获苏联莫斯科大学荣誉博士学位。

1986年7月，戈宝权将他毕生收藏的2万卷中外文图书全部捐赠给江苏省。为此，江苏省政府颁给他一笔奖金，但他将奖金全部捐出，用于设立"戈宝权文学翻译奖基金"，奖掖青年文学翻译工作者，这也是中国第一项以个人命名的翻译奖。2000年5月15日，戈宝权在南京与世长辞。因为对中外文化交流做出了重要贡献，所以戈宝权已经成为中外文化交流史上一个永远值得纪念的人物。

第一节　戈宝权与刘献彪的书信交集

刘献彪自1958年开始从事中国现代文学的教学和研究，先后发表了《夏衍和他的戏剧创作》《中国现代文学研究中的几个问题》等学术文章。20世纪70年代末，他开始转向外国文学、翻译文学和比较文学研究。1979年，在昌潍师专函授部工作的刘献彪从教学实际出发，昼夜奋战，为接受函授教育的中学教师编撰了30多万字的内部书刊《中学外国文学知识》，以弥补中学教师对外国文学知识的缺失，由此他开始了外国文学的教学与研究。早在初中时期，刘献彪就已经知道戈宝权这位著名的翻译家，并对这位学识渊博的外国文学学者充满了敬仰之情。多年之后，刘献彪有幸结识了这位自己仰慕已久的学者，并在交往中与其建立起深厚的友谊。1980年秋，刘献彪借着到北京出差的机会，拜访了慕名已久的戈宝权先生。在拜访期间，刘献彪悉心聆听了戈宝权的教诲，戈宝权谈到了文学的翻译问题，谈到了自己对外国文学的认识和理解，以及外国文学的研究价值和意义，对此刘献彪深受启发。刘献彪还就正在参加编写的《简明外国文学教材》中的一些问题向戈宝权请教，戈宝权也都一一做了解答，并鼓励他要将这本教材编写好，让学习者从中获得准确的外国文学知识。另外，两人还探讨了鲁迅与日本文学的关系等学术问题。最后，戈宝权亲自为刘献彪写下自己的通信地址。从此，两人开始了多年的书信往来。

在戈宝权的教导和鼓励下，刘献彪进一步走进外国文学，走进翻译文学，并在后来的研究中发表了《〈新青年〉与外国文学翻译》《文学研究会对外国文学翻译的贡献》等文章，编写了《外国文学手册》《中国翻译文学史稿》《中国翻译词典》等著作。早期对中国现代文学的教学与研究，加上在戈宝权引导下对外国文学与翻译文学的深入研究，使刘献彪积累了丰厚的中外文化知识，这为他后来从事比较文学的研究奠定了牢固的基础，也使他厚积薄发，很快成为比较文学研究的领军人物之一。

作为一位学识渊博、学贯中西的翻译家和学者，戈宝权对刘献彪的教诲和指导是多方面的、多渠道的。从 1980 年 8 月刘献彪第一次拜访戈宝权开始，他们之间便展开了长期的交流与合作，其中信函是他们交流与沟通的重要渠道之一。从 1982 年 3 月 5 日戈宝权写给刘献彪的第一封信算起，到 1990 年 12 月 19 日最后一封信为止，戈宝权前后给刘献彪写了 12 封信。其间，戈宝权的夫人梁培兰女士还给刘献彪写了 6 封关于交流和指导的信。这些信件涵盖的内容很丰富，一方面表现了刘献彪谦虚好学、刻苦钻研的精神，另一方面也表现了戈宝权知识渊博、不吝赐教的品格和薪火传承的强烈愿望。在此，笔者结合信件的具体内容，简要叙述他们交流的情况。

首先，在早期的信件中，戈宝权主要是鼓励刘献彪坚定从事外国文学和比较文学研究的信心和决心。20 世纪 70 年代末 80 年代初，随着对外开放的不断深入，我国与世界各国的文化交流不断加强，比较文学也开始在中国崛起。1981 年，北京大学成立比较文学研究会，1985 年，中国比较文学学会在深圳成立，至此中国比较文学开始具有相对独立的组织形式和学科意识。改革开放之初，我国的外国文学和比较文学学科教学缺乏相应的科研人员，对文化发展趋势有着敏锐洞察力的刘献彪不但深刻认识到了这一点，而且强烈的责任感使他敢为天下先。20 世纪 70 年代末，他由中

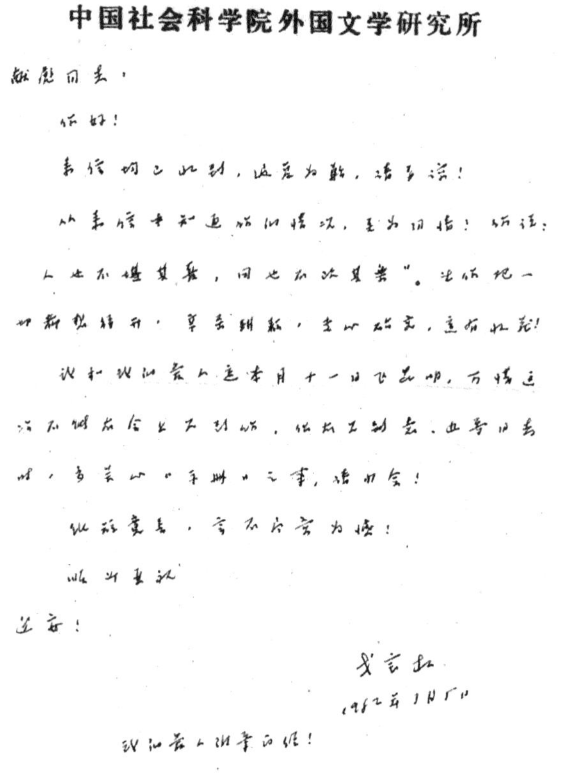

中国社会科学院外国文学研究所

图 3-1　1982 年 3 月 5 日戈宝权写给刘献彪的信

国现代文学转向外国文学和比较文学教学研究领域，开始从事外国文学、翻译文学、比较文学研究，在此后的过程中也不断进行探索和开拓。作为资深的翻译家和外国文学研究者，戈宝权深刻了解人才对学科发展的重要性，他惜才爱才，遂向工作处于盛年、学术研究还在探索期的刘献彪伸出了友谊之手，肯定他的决心和做法。例如，在 1982 年 3 月 5 日的信中（见图 3-1），戈宝权对于刘献彪在信中所说的“人也不堪其苦，回也不改其乐”的做学问的决心和境界表示肯定和赞赏，并鼓励他：“望你把一切都想得开，辛苦耕耘，专心钻研，定有收获！”这封信从一开始就表现了一个德高望重的老学者对后辈学者的殷切期盼，并给刘献彪带来了很大的助力，使他能够克服困难，成为辛勤的耕耘者。在后来的日子里，戈宝权时刻关注着刘献彪的进步和成长，只要刘献彪取得一定成绩，戈宝权就立刻写信表示祝贺。例如，在 1988 年 2 月 19 日的信中，戈宝权写道：“从北京家里转来你的来信中，知道你的正教授衔已经批下，去年六月又被组织上批准入党；你主编的《中国现代文学手册》已由中国文联出版公司出版，今年八月还要参加在慕尼黑召开的国际学术会议，几喜临门，我们都为你高兴，谨在此向你表示庆贺！”[①]在这封信中，戈宝权对刘献彪“几喜临门”表达了真诚的祝福，表现出一位老学者在看到后辈学者不断成长时所洋溢出来的喜悦之情。即使多年之后，戈宝权仍祝愿刘献彪，希望他“在比较文学的研究方面取得更新的成就！”即使在表示新年祝福时，戈宝权也不忘对刘献彪给予事业上的鼓励：“当此一九八六年元旦和春节行将来到之时，谨先向你、向你的爱人和全家人表示节日的祝贺！祝福你们身体健康，幸福愉快！特别是祝福你在新的一年里，在教学、研究和编著方面都将取得更新的成就和做出更大的贡献！”[②]可以说，在刘献彪身上寄予着戈宝权对后辈学者的殷切期望，也寄予着对外国文学、比较文学研究人才辈出的渴望。

其次，在外国文学与比较文学的学术研究上，戈宝权对刘献彪主编的一些著作进行了细致而具体的学术指导，如《外国文学手册》《鲁迅与中日文化交流》等。《外国文学手册》出版后，当戈宝权在期刊上看到有关这本书中名人籍贯问题的释疑后，他便影印下来，并及时写信给刘献彪与他沟通。在 1985 年 2 月 15 日的信中，他写道：“近从中国出版工作协会编印的《出版工作》1985 年第二期上，看到了金梅写的《名人籍贯析疑》，对你主编的《外国文学手册》中有关中日外国文学研究翻译工作者一部分提出了一些意见。我想你那里不一定能看到这份刊物，现影印出供你参考。闻你正在主编《中国现代文学手册》，更要注意

① 信件内容见本章附件。

② 信件内容见本章附件。

这方面的问题。《外国文学手册》闻将再版，最好能做些必要的改正。”①金梅的《名人籍贯释疑》这篇文章，也随着这封信一起寄到刘献彪手中。戈宝权的建议以及他随信所附的文章对《外国文学手册》再版时名人籍贯的修订工作，起了重要的参考作用。戈宝权洞察入微、细腻严谨的学术风格，深深影响了刘献彪的学术作风。

当《外国文学手册》再版时，戈宝权在1988年3月14日的信中对该书做了充分肯定，并就再版提出了8条修订意见：

> 1. 建议在开会时(因有出版社的李冰同志参加)，可先将《手册》出版以来各方面的反映和批评意见做一次总的回顾和研究，然后制定出修订的方针和步骤。2. 在修订《手册》时，最好能将资料增补到一九八八年，因出版周期较长，新版出书也许要到一九九〇年了。3. 前面的几部分(“外国重要作家生平著作年表”“外国文学名著介绍”“世界文学大事年表”“名词解释”)可能变动不大，但要仔细核实，其中已发现的和读者已指出的错误都要加以改正。4.“外国现当代文学概况”要请负责修改的同志把内容增补到一九八七、一九八八年，也可请有关专家审定。5.“中国外国文学研究翻译工作者”中，如朱光潜、陈嘉、范存忠、孙用、姜椿芳、曹靖华等人，都已先后去世，把他们的史料补充到逝世时为止。关于其他健在的，建议由编写者加以增补，再请本人过目审定。6.“外国文学论著、期刊简介”都要再加以补充，特别是要把近年来新出的书刊和有关比较文学的研究书刊增补进去，又如《中国大百科全书·外国文学卷》也要收进去。7. 附表中的历届诺贝尔文学奖获得者的名单要增补到一九八七年或一九八八年为止。8.《手册》中凡有外文的地方，都要加以核对，如第749面上的人名就有些错误。②

戈宝权提出的这些建议，充分表现出他治学严谨，对学问精益求精以及对后辈学者严格要求的学术风格。在1988年12月5日的信中，戈宝权又写道：“不知《外国文学手册》是否已经修改完毕，甚念！我最近整理了一份传略，内容一直写到目前为止，现寄一份给你做参考，也许对你编《外国文学手册》和《比较文学手册》都会有用。”③这充分表现出一位责任感极强的老学者对晚辈学者的关心、帮助和厚望。

在帮刘献彪审稿的过程中，即使一些微小的错误戈宝权也要指出并加以纠正。例如，1991年，刘献彪参加在日本举行的国际比较文学年会时，他的讲题主

① 信件内容见本章附件。

② 信件内容见本章附件。

③ 信件内容见本章附件。

要是严复，但外文资料中，“Yan Fu”却拼成了“Yan，Fu”，细心的戈宝权及时在1990年12月19日的信中予以指出：“从来信中知道你被邀请参加一九九一年在日本举行的国际比较文学年会，很为你高兴！从你的讲题来看，你主要讲严复，但不知道为什么Yan Fu就拼写成Yan，Fu?”[①]这也表现出戈宝权对刘献彪的深切关怀。

再次，戈宝权在各种学术会议方面也时刻关心着刘献彪，为他提供方便，让他尽可能多地参加各种相关学术会议，以开阔研究视野，加强学术交流。例如，在1982年8月20日的信中，戈宝权除了告知刘献彪在烟台举办的鲁迅讲习会会议情况外，还对刘献彪未能参加会议表示牵挂。在同年9月10日的信中，戈宝权谈到日本文学学会将于14日在济南召开，他已安排在会务组的梁培兰女士就昌潍师专的房老师参加会议一事积极交涉，提供各种方便，并极尽详细地做了交代，表现了一位老学者对基层专科学校学术发展的关心和厚望。他在信中写道：“我的爱人刚去过济南，知道日本文学学会是本月十四日开会。接着就是印度文学学会开会。她已为房老师参加会议事办好交涉，望他立即去济南，找会务组我的爱人即可。又，我的爱人已为他订好房间(1013)，同聊城师院去的两位老师同房，因房间临时不好订，食宿自付。地点是济南东郊饭店附近的‘军区二所’，乘8路公共汽车，换一路无轨到东郊饭店下车。”[②]

在1982年9月24日的信中，戈宝权又为刘献彪要求参加日本文学讨论会的事宜进行安排：“你来信中谈到你很想参加日本文学讨论会事，可惜我们在潍坊时你未提出，因此我们以为房老师要去，就只向李芒同志要了一个名额。如你当时提出也想去，我们还是有办法的，如聊师就去了两个人，也是我们想的办法。我们召开的有关外国文学的会，一般都是名额有限，与本人专业无关的人更难参加。你写信给李芒同志，李芒表示愿意，其原因即在于此。这次日本文学会在山东举行，是我们同山大合办的，而且培兰参加具体的事务工作，潍坊和聊城都靠近济南，因此临时就地多要一两个名额比较好办。至于这次会议的材料，据我们了解，会上都不多分发，于是就无法弄到。我们自己也没有。如房老师弄到，你可向他借阅。”在同一封信中，对于刘献彪提出打算去日本访学的想法，戈先生不吝赐教，以自己丰富的工作经验给刘献彪提出了指导性建议：“你想到日本去，在某个学校半工半读，这当然是件好事，但又不能随便向日本友人提出。因我知道现在到日本去的有两种情况：一是日本学术振兴会出面邀请的，这些人日文都很好，到日本去三个月进行研究工作。二是让教育部派往日

① 信件内容见本章附件。

② 信件内容见本章附件。

本留学或教书的。这两方面对你来说，现都不好办。我的意见，一是你要认真学习日语，能做到讲、听才好，否则到日本后从头学起，不太好办。二是要解决副教授的职称问题，因到国外去，人家很重视职称。有关这方面的事，你到北京后，还可向卞立强和严绍璗同志去请教，他们都去过日本。”①作为一名资深翻译家和经验丰富的外交官，戈宝权提出的建议明确细致，分条析缕，极尽周详，表现出戈宝权与刘献彪亦师亦友的深厚情谊。

最后，在20多年的交往中，戈宝权与刘献彪就像外国文学、比较文学学术界的两颗明星，虽然在大小不同的轨道上运行，但又不时交汇，不断碰撞出知识与学术的火花。作为地方院校的教师与学者，刘献彪对自己所在地的地方文化考察细致、耳熟能详，这使他能为处在国家社会科学研究中心的戈宝权提供一些地方文化史料。1982年8月，戈宝权携夫人梁培兰女士专程到山东潍坊昌潍师专看望刘献彪。在潍期间，刘献彪陪戈宝权和梁女士游览十笏园，参观郑板桥展览，领略潍坊的地方文化。在回京途中，戈宝权迫不及待地读完了《郑板桥集》，但却发现在十笏园买的郑板桥的诗文丢失了。于是，1982年9月3日，戈宝权写信给刘献彪，讲述了这一情况，并恳请刘献彪“可否麻烦你有空再去一趟十笏园，把郑板桥陈列室里的原有的匾、诗文和画上的题诗(包括年代)都仔细抄出。还有十笏园以前的简介和房舍平面图，也请照抄和照画一份。我记得每间房屋都有专门的名字，也请抄出”，同时请刘献彪“向十笏园负责同志和讲解员打听一下，十笏园建于清光绪十一年(1885)，郑板桥1746～1753年在潍县做县令，看来当时尚无十笏园？这就是说，郑板桥并没有在园中住过。现在十笏园最后的静伦斋(?)大概是专为陈列郑板桥的诗文画集而设置的，但郑板桥有《竹石》题画一文，其中说：‘十笏素舍，一方天井，修竹数竿，石笋数尺，其地无多，其费亦无多也。’(见《郑集》第168页)，难道‘十笏’之名是以此而来的吗？也请打听一下”。在此信末尾，戈宝权一再表示歉意和谢意：“诸事麻烦，谨在此预致谢意。”他怕材料遗失，在信中仔细叮嘱材料转送渠道，“如你能早日去十笏园，可将抄的材料寄聊城师院中文系王寿兰转给我，否则我到济南后再告诉你转往的地址”②。从1982年9月24日的信中可以看出，刘献彪都一一按照戈宝权的要求做了，满足了戈宝权对潍坊地方文化的渴求，“承你和其他几位同志专程去十笏园抄了有关的资料，非常感激。我想等稍有空时，写篇有关郑板桥与潍坊的文章。《郑板桥集》我暂留着，等用完后再寄给你”③。从这件事可以看

① 信件内容见本章附件。

② 信件内容见本章附件。

③ 信件内容见本章附件。

出，戈宝权对学问考究严谨，以及两位学者对知识的珍重。他们的友谊建立在对学问探求的基础上，对学问的研究这一命脉将两人紧密联系在一起，使两人形成了牢不可破的学术研究共同体，他们真挚高尚的友谊令人赞叹，令人景仰。

在近 20 年的交往中，除了戈宝权的信函，戈宝权的夫人——中国社会科学院外国文学研究所的梁培兰女士也给刘献彪写了 6 封信。作为一位女性学者，她除了对刘献彪进行学术指导外，还对他的生活、工作表现出热心关切，表现出一位女性学者所特有的细腻情感和慈爱情怀。戈宝权、梁培兰贤伉俪与刘献彪之间的关系可谓良师益友的交往，可谓情谊深厚。

第二节　戈宝权为刘献彪著作题写书名

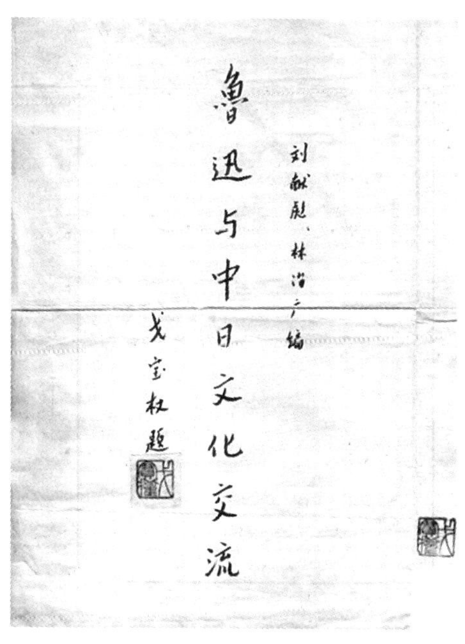

图 3-2　戈宝权为刘献彪主编著作题写的书名

戈宝权对刘献彪的关怀和厚爱体现在很多方面，他为刘献彪题写书名就是一位老学者奖掖和关心年轻一代学者的有力例证。“题写”一词除了书写的本义之外，更强调书写的动机和意义，不同于一般性书写，它要有特定的作者、特定的场合、特定的事务几大因素，因此题写书名有其不同于一般性书写的含义。1981 年，由刘献彪、林治广主编的《鲁迅与中日文化交流》付梓出版，这是为纪念鲁迅诞辰 100 周年而编撰的论文集，是第一本专门论及鲁迅与中日文化交流的专著，共收录中日两国学者介绍、研究、评论鲁迅及其作品的文章 41 篇，是中国比较文学复兴过程中较早的一部专著。考虑到该书在中国比较文学研究史上的地位和影响，在出版前，刘献彪决定请一位研究鲁迅和中日文学交流的著名专家来题写书名，他首先想到的是德高望重、学识渊博的戈宝权先生。因为这是第一次请戈宝权题写书名，所以他内心有些忐忑不安。他写信给戈宝权谨慎地提出了自己的要求。没想到，戈宝权欣然应允，并在百忙中抽出时间，洗笔研墨，铺展纸张，屏息静气，认真题写了一竖幅的书名(见图

3-2)，并将它亲自寄到刘献彪手中。凝视着戈宝权清秀隽永的题字，刘献彪心中无限感慨，在他看来，这不仅仅是一幅简单的题字，更是戈宝权深厚学识素养和高尚人格魅力的一种外化。通过题写书名一事，戈宝权质朴、谦恭、典雅的性格得以淋漓尽致地表现出来，也让刘献彪对戈宝权的敬仰之情变得更加强烈。同时，这件事也表现了刘献彪积极学习、勇于开拓的精神，以及对学术精益求精的品格。《鲁迅与中日文化交流》的出版，为学术界进一步研究鲁迅与日本文学的关系奠定了良好的基础。

1986 年 8 月，由刘献彪主编的《比较文学自学手册》经湖南文艺出版社出版，该书由戈宝权先生题名，杨周翰先生作序，是自中华人民共和国成立以来第一本关于比较文学的工具书，也是一本优秀的比较文学普及教材。它吸取了国内外比较文学的最新研究成果，内容丰富，体系完整。全书共分七辑，第一辑：什么是比较文学，主要介绍了比较文学的性质。第二辑：比较文学的方法，主要介绍了影响研究、平行研究、科际研究三种比较文学研究方法。第三辑：比较文学在国外，分别介绍了法国、美国、苏联、德国、英国、意大利以及东方国家的比较文学研究概况。第四辑：比较文学在中国，系统介绍了比较文学在中国的发展情况。第五辑：名词解释，收录了 160 多个比较文学研究中常见、常用的专有名词。第六辑：比较文学大事年表，以表格的形式记载了比较文学史上的大事，时间上溯至公元前 2 世纪，下截至 1985 年底。第七辑：比较文学论著、期刊简介。该辑主要介绍了国内外著名学者的论著和重要期刊。《比较文学自学手册》标志着刘献彪开始由不自觉到自觉进行比较文学研究的播种和耕耘。

普及比较文学既是时代的需要，也是比较文学学科建设的需要。作为学术界的有识之士，刘献彪意识到虽然随着世界文化交流的迅猛发展，比较文学在我国开始复兴和崛起，学界已取得了丰硕的研究成果，但对广大读者来说，比较文学还处于启蒙阶段。除了进行学术理论研究之外，比较文学学者还应具有人文情怀，应有责任在社会各界进行比较文学的启蒙和普及工作，沟通大众，让大众接受比较文学。刘献彪认为："不仅要在高等学校开设比较文学导论课，而且要为广大读者编写比较文学入门书，尤其是工具书。这样才有利于比较文学研究的普及和发展。"[①]20 世纪 80 年代初，国内关于比较文学的入门书、工具书很少，有志于比较文学的青年学子缺乏学习资料，因而编写一本通俗易懂的比较文学普及教材势在必行。出于强烈的历史使命感和责任感，刘献彪编写了《比较文学自学手册》这本入门书、工具书，并请戈宝权先生题写书名。戈先生在为该书题写书名时极为认真，考虑细致，设想周到。戈宝权在 1985 年 12 月 29 日写给刘献彪的信中谈及此事时

① 刘献彪主编：《比较文学自学手册·编后记》，湖南文艺出版社 1986 年版，第 429 页。

说："你请我为《比较文学自学手册》题写书名，我非书法家，现勉为其难试题了两个，一竖一横，供你选择，竖的那个好像比较好一些。又，题签后是否要署名，我也写了两个，供备用。"[①]可以说，戈宝权先生写的这两幅题名如春兰秋菊，各有千秋。戈宝权考虑事情认真周详、为他人着想的精神也随之跃然纸上，令人敬佩。戈宝权的这种做法，也令刘献彪感慨万千，终生难忘。

1986 年 11 月，广西人民出版社又出版了由刘献彪撰写的《比较文学及其在中国的兴起》一书，这是中国第一本比较文学学科史著作，也是中国第一本由比较文学专家定位的比较文学著作。它被称为中国比较文学的第一本学科史著作[②]，香港报刊评论认为，这是自内地比较文学复兴以来较早的学术著作[③]。这本书主要评述了国内外比较文学的历史和现状，对中国重要的比较文学学者进行了简介。由于该书在中国比较文学史上占据着重要地位，因而刘献彪再次恳请戈宝权先生为该书题写书名。和以往一样，戈宝权也欣然为之题写书名，表现出一位老学者的高风亮节。

戈宝权三次为刘献彪题写书名，不仅没要一分钱的润笔费，而且每次题写书名时，都反复书写，直到写出自己满意的题名为止。可以说，每一幅题名都浸润着戈宝权的心血和热情，由他题写的书名，字里行间都弥漫着浓郁的书香气，透露着浓重的文化韵味。通过题写书名，戈宝权的文品和人品深深地印在了刘献彪的心中，使他终生难以忘怀。

第三节　戈宝权对《外国文学手册》编写的大力支持

从历史坐标观察，改革开放打破了我国长达几十年的自我封闭与文化禁锢，中国社会的现代化发展对文化生活提出了新的要求，中国知识分子消弭了对外国文化的敌视态度，开始以审美的态度看待外国文学，并努力吸纳和接受外国文学。20 世纪 70 年代末，引进外国文艺思潮和外国文学成为中国文艺领域的一次重大行动，中国再次掀起了大规模译介外国文化的热潮，许多优秀的外国文学作品被翻译进来，这些都为中国知识界开启了一个全新的视野。根据

---

① 信件内容见本章附件。

② 参见尹建民、王福和、吴家荣主编：《刘献彪与新时期比较文学》，安徽大学出版社 2012 年版，第 44 页。

③ 参见尹建民、王福和、吴家荣主编：《刘献彪与新时期比较文学》，安徽大学出版社 2012 年版，第 44 页。

外国文学在中国传播发展的形势，20 世纪 80 年代初，北京出版社拟出版一部《外国文学手册》，考虑到戈宝权对外国文学有着深厚的研究基础和学养，于是决定请戈宝权担任主编。作为资深外国文学翻译家和研究专家，戈宝权明白要让人们接受和学习外国文学就必须要有一套相关的工具书和参考书，因此，他非常支持和赞赏出版社的出书计划。但是，由于自己翻译、研究工作繁重，经过深思熟虑后，戈宝权决定委托刘献彪担任主编，并向出版社大力举荐，因为他了解刘献彪抱负远大，教学科研成果丰富，且富有责任心和担当意识。戈宝权还向出版社表示，自己会全力以赴为《外国文学手册》审订编写纲目和全书的框架。

刘献彪深知，编写《外国文学手册》是一次对自己学术能力的重要考验，也是自己走向学术前沿的重要契机，更是向戈宝权学习的绝佳机会，于是，他郑重应诺。1981 年 1 月 8 日，刘献彪就此到戈宝权家中拜访了戈老，向他讲述了自己编写《外国文学手册》的计划和设想，恳切希望能得到他的具体指导，并请他为著作把关，审订《外国文学手册》编写纲目。尽管自己的翻译、研究、社会工作任务繁重，但戈宝权还是答应指导编写。戈宝权建议将刘献彪拟定的书名“外国文学教学手册”改为“外国文学手册”，并提出 15 条宝贵意见。他在意见中特别强调，《外国文学手册》的整个编写过程要以学术研究为基础，要客观真实，要重资料，重事实，重知识，不要随便下结论，戴帽子；《外国文学手册》中写到的人与名词，在内容上要比《辞海》更充实、更丰富。戈宝权还以自己丰富的学术经验，就编写内容提出了具体意见，他建议在宗教常识前面再加上古希腊、古罗马及其他各民族的神话典故；《圣经》中的“雅歌”“诗篇”要做介绍，要阅读《圣经》，并参考《辞海》的宗教分册；在重要作家年表中，要将古希腊、罗马的主要作家放进去；关于外国文学论著的介绍要详细，要有参考价值；原定的“名著描写手法集锦”部分去掉，加上“国内外国文学研究者”，研究人员名单要由戈宝权审阅；在编写体例上，“外国文学史年表”要与“重要国家历史年表”对照排列等。在听取了戈宝权的编写意见后，刘献彪对编写《外国文学手册》更加胸有成竹。能够得到戈宝权的支持，刘献彪心中非常欣喜，他知道这是戈宝权对自己的信任和鞭策，也是对自己的关心和厚爱。刘献彪认为，戈宝权之所以无私地关心和培养像他这样辛苦耕耘的中青年知识分子，不仅是因为关心他个人的学术发展，而且也因为支持我国外国文学学术事业的发展。由于这本书能够让国人更多地了解和接受外国文学，拓宽世界文化视野，因此戈宝权和刘献彪决心鞠躬尽瘁，联合一切可以联合的力量，努力传播外国文化，促进中外文化交流。

在确定《外国文学手册》的编写任务后，刘献彪压力倍增。因为他深深懂得这本工具书在外国文学教学与研究中的重要地位和指导意义，唯恐稍有差池，出现失误，所以他对这本书的编写工作进行了精心的组织和策划。他诚邀袁伟信、边国恩、朱焕文、江忠霖、腾留寅、王雨玉、李瑞霞、李惠芳等专家学者、教授参与该书的撰稿工作。准备工作开展得细致而扎实，他们通过各种渠道，搜集大量资料，邀约专家深入研究资料，并组织专业的研究人员参与其中。1981 年 5 月，刘献彪在桂林主持了《外国文学手册》修订会议。在编写期间，他始终与戈宝权保持紧密联系，并随时请教相关的学术问题。在相当长的一段时间里，戈宝权对该书的写作进行了具体指导，从单个词条到全书构架，从审稿会到著作出版，戈宝权都不遗余力地给予了悉心、全面的指导。南开大学的朱维之教授、河北大学的雷石榆教授等，也参加了《外国文学手册》的审稿和核对，并亲自修改、订正书稿。后来，《外国文学手册》被列入北京出版社出版计划，刘献彪及其同仁们更是废寝忘食、夜以继日地撰写这部工具书，从内容到形式，一遍又一遍地加以修改，力求尽善尽美。

1981 年 12 月 9 日，刘献彪在北京组织了一次《外国文学手册》审稿会，这次会议除了参编人员外，还邀请到了相关领导和专家，如：教育部高教司司长付克，中国社会科学院外国文学研究所的戈宝权、程代熙，北京大学李明滨，北京师范大学陈惇等。在这次审稿会上，刘献彪阐明了《外国文学手册》的编写目的与内容，同时也表达了对与会专家和北京出版社的感激之情。随后，编写组听取了领导、专家的发言。付克司长说："这套书编写得很有必要，外国文学应该恢复它的面貌。外国文学需要健康发展，而大中学生却连基本的学习资料都没有，这套书对青年人学习外国文学来说，将起到重要作用，这个基础工作要做好做扎实。"会上，戈宝权再次强调了出版《外国文学手册》的必要性和重要性。与会专家学者、编写者们各抒己见，讨论了新的问题，并明确了书稿的修改任务和责任，以求将这部书编写得更完善。

由于《外国文学手册》是国内编写的第一本外国文学工具书，因而戈宝权对稿子的审阅细致且全面，大到书的框架，小到具体的词条、词语，他都提出了详细的修改建议。他和编写组将书的内容定为"外国重要作家生平著作年表""外国文学名著介绍""世界文学大事年表""名词解释""外国现当代文学概况""中国外国文学研究翻译工作者""外国文学论著、期刊简介"等板块，并设附表记载历届诺贝尔文学奖获得者及其获奖作品。这几大板块基本上涵盖了外国文学的主要知识内容，为人们学习和研究外国文学提供了便利。1982 年 1 月 3 日，刘献彪到北京再次拜访戈宝权先生，听取他对《外国文学手册》的指导性意见和建议。随后，刘献彪对书稿做了进一步的修改和完善，力求出版一本高质量的外国文学工具书。

鉴于《外国文学手册》的开创意义和学术价值，付克司长决定亲自为该书写序，这也是他第一次为外国文学专著写序。经过大家的不懈努力，1984 年 3 月，

《外国文学手册》年由北京出版社出版。该书先后获得“全国优秀畅销书奖”和“山东省优秀社会科学成果奖”。

第四节　戈宝权与刘献彪的会面

从1980年开始与戈宝权交往，到戈宝权谢世，刘献彪与戈宝权有近20年的交情。在这近20年里，刘献彪多次到北京拜访戈宝权，每次都受到他和他夫人梁培兰女士的热情接待。每当有写书计划时，刘献彪首先想的是去拜访戈宝权，征询他的意见，听取他的指教。戈宝权也总是热情地予以指导，肯定他著作的价值和意义，肯定他的做法，并鼓励他多写书，出好书。在编写过程中，如果遇到难题，刘献彪就请戈宝权帮忙解决。刘献彪写的许多书，如《外国文学手册》《比较文学自学手册》《中国翻译文学史稿》等，都得到了戈宝权先生的指导，也都饱含着戈宝权的心血。对于戈宝权的无私支持和援助，刘献彪始终心怀感恩。

1982年，刘献彪因在北京等地写书，组织学术活动，筹备全国外国文学教学研究会而被学校误解，受到学校的批评。戈宝权听到消息后，甚为担忧。1982年8月29日，戈宝权偕夫人梁培兰到潍坊探望刘献彪，并与刘献彪进行了长时间的叙谈，与他进行思想沟通、学术交流，解除他的顾虑。在潍坊期间，刘献彪陪同戈宝权和梁培兰参观潍坊市容，游览十笏园。十笏园所散发的传统文化精神、气质和神韵，深深吸引着戈宝权。他仔细观览了这一古典园林建筑，并对十笏园郑板桥陈列室内的大量著作、书画进行了细致考察，他还搜集了不少有关郑板桥的资料，表示要对其进行研究。刘献彪还与戈宝权在昌潍师专门口合影留念，用镜头记录下这一珍贵的时刻和珍贵的友谊。游览十笏园后，戈宝权当日即赋诗“喜访潍坊市，畅游十笏园，得读板桥诗，幸哉此奇缘”，用以表达自己喜悦、兴奋的心情。戈宝权的来访，坚定了刘献彪的学术信念，也增强了他为外国文学研究事业不断努力的决心。

从外出求学到参加革命工作，戈宝权已阔别家乡多年。“树高千丈，落叶归根”，故土难离。晚年的戈宝权想回江苏养老的目的，一为就医，二为写作。1985年，戈宝权南迁，定居南京。江苏省政府在南京为他安排了一栋相当不错的房子，属单门独院，位置就在南京后半山园。不料，归宁后他的健康日益愈下，还患上了帕金森综合征，他身边无子女，全靠夫人梁培兰一人照顾。1991年，刘献彪前往南京探望戈宝权（见图3-3）。梁培兰女士照例细心、热情地接待刘献彪，为他下厨做饭，嘘寒问暖，关怀备至。饭后，刘献彪陪着戈宝权朝着廖

图 3-3 刘献彪(右)探望病中的戈宝权(中)

仲恺墓方向漫步。虽然身体欠佳，行走不是很利落，但戈宝权的精神依旧很好，内心世界的丰盈溢于言表。两人一边走一边谈，他们谈前辈学者梁启超、黄遵宪、王国维等为了实现自己的启蒙理想而将目光投向西方文化，并将外国文学译介进中国。当谈到俄苏文学时，戈宝权意兴盎然，他谈普希金，谈自己翻译普希金的《渔夫与金鱼的故事》的过程。他谈高尔基，谈苏联那些优秀的作家们，谈他与苏联文学界的交往，谈自己是怎样走上译介俄苏文学之路的，还分析了俄罗斯古典文学对我国现当代文学的巨大影响。在畅谈过程中，刘献彪感受到了戈宝权对俄苏文学的挚爱情怀，也感受到了一个根基深厚的俄苏文学研究专家的艰辛和努力，也为这种情怀、努力而感动。在谈话过程中，刘献彪也向他请教了许多问题，如外国文学在中国的研究现状，比较文学的优良传统以及它在新时期的复兴与发展，比较文学的未来发展趋势，等等。戈宝权都认真倾听，仔细解答，畅谈自己的观点和看法。戈宝权依旧像过去那样鼓励刘献彪，希望他在外国文学与比较文学的教学与科研上有更大的收获。他们俩漫步而行，直抒胸臆，心中涌动着对学术研究的热爱之情。多年以后，每当回想起这段情景，刘献彪就十分激动，仿佛觉得一切就在眼前，令人回味，令人无限怀念。

1992 年 5 月，戈宝权访问美国并探亲。12 月 31 日，戈宝权因病从美国回国，下飞机后便直接住进了医院。后来在北京治病、疗养期间，仍住在东罗圈胡同。刘献彪获悉消息后，前往北京看望他，这次同去的还有刘献彪的同事徐扬尚同志。戈宝权眯缝着双眼，静静地躺在病床上，由于常年劳累，他的一只眼已失明多年，另一只视力很弱。当年他那头乌亮的黑发，如今已被岁月染上了白霜。听说刘献彪来了，他非常高兴。刘献彪看到戈宝权身体羸弱，连坐立都有些困难，心中不由得一酸，眼泪也流了下来。因刘献彪的来访，戈宝权那天兴致颇高，虽然他声音依旧低微，但他脸色已恢复红润，身体已脱离了险境。戈宝权和刘献彪两人谈了很多，从俄罗斯谈到日本、中国香港，从中国文学谈到外国文学，从高尔基谈到鲁迅，从翻译文学谈到比较文学，从俄罗斯学者谈到日本友人池上正治先生……他还对未来的学术研究进行了分析和展望。谈着谈着，戈宝权仿佛又回到了过去的好时光，他渴望自己早日离开病榻，重回书房进行翻译和研究工作，他不能离开工作，不能浪费时间和生命，因为他还有许多理想要去实现。刘献彪被戈宝权这种鞠躬尽瘁、死而后已的精神而感动，也激发了他在学术上不断开拓、辛勤耕耘的坚强意志。这次会见大家谈得很高兴，也很随意，戈宝权和戈夫人、刘献彪和徐扬尚边吃边谈，其乐融融。刘献彪录下了这次珍贵的谈话，徐扬尚又用相机拍下了这一美好的时刻。这是珍贵的纪念，也是终生难忘的相会。从那以后，只要到北京出差，刘献彪就会去探望戈宝权，这种情怀一直持续到1994年刘献彪退休。刘献彪退休后，出差的机会少了，拜访戈宝权的机会也少了，这在刘献彪心中留下了永久的遗憾。

由戈宝权翻译的普希金的童话《渔夫和金鱼的故事》，家喻户晓，戈宝权也因此曾被朋友们戏称为“老渔夫”。2000年5月15日，这位将届遐龄的“老渔夫”魂归大海，辞世而去。闻悉噩耗，刘献彪悲痛万分，戈宝权的逝世使刘献彪失去了一位学术导师和引路人，但多年的交往使戈宝权的音容笑貌永远留在了刘献彪心底。戈宝权的学术精神和高尚人格也将同他的文学翻译与学术研究成果一起，继续滋养着刘献彪和无数的后来人，并不断使刘献彪以实事求是、执着严谨的态度，坚定地在外国文学与比较文学领域开拓出一片属于自己的事业天地。

附　件

一、戈宝权、梁培兰写给刘献彪的部分信件

（一）

中国科学院外国文学研究所

献彪同志：

首先向你和你的家人问好！

我在青岛休养了两个月，八月初回到北京，赶了几篇文债，工作了不少时候，在本月十六日同我的家人来到烟台，现在烟台的北海饭店给你写信。

[illegible]今定二十一日[illegible]，我们在二十二日去青岛再住几天，然后去潍坊。我在十八日[illegible]一起去[illegible]，[illegible]。[illegible]

[illegible]在青岛的住址还不知道，[illegible]二十六日前后去潍坊，[illegible]打电话给你，[illegible]。[illegible]

敬礼！

戈宝权
82年8月20日于烟台

献彪同志：

首先向你和你的爱人问好！

我在青岛休养了两个月，八月初回到北京，赶了几篇文稿，又回复了不少信件，在本月十六日同我的爱人来到烟台，就在烟台的北海饭店给你写信。

鲁迅研究讲习会于二十一日提前结束，我们在二十二日去青岛再住几天，然后去潍坊。我在十八日上、下午一整天的功夫，做了关于鲁迅在世界文学上的地位的报告。这次参加讲习班的近二百人，我查了查名册，昌潍师专有蔡万江、尚景元、禹长海等三人参会，可惜都不认识，我也没有找他们。

我们在青岛的住处还不知道，先请市文化局想办法。郭宝芳在二十六七日前后去潍坊，届时会打电话给你。这次到你那，望作为朋友的访问接待，找个普通的住处，住两三天即可，不必惊动大家为安。

匆此，并祝敬礼！

戈宝权

82年8月20日于烟台

（二）

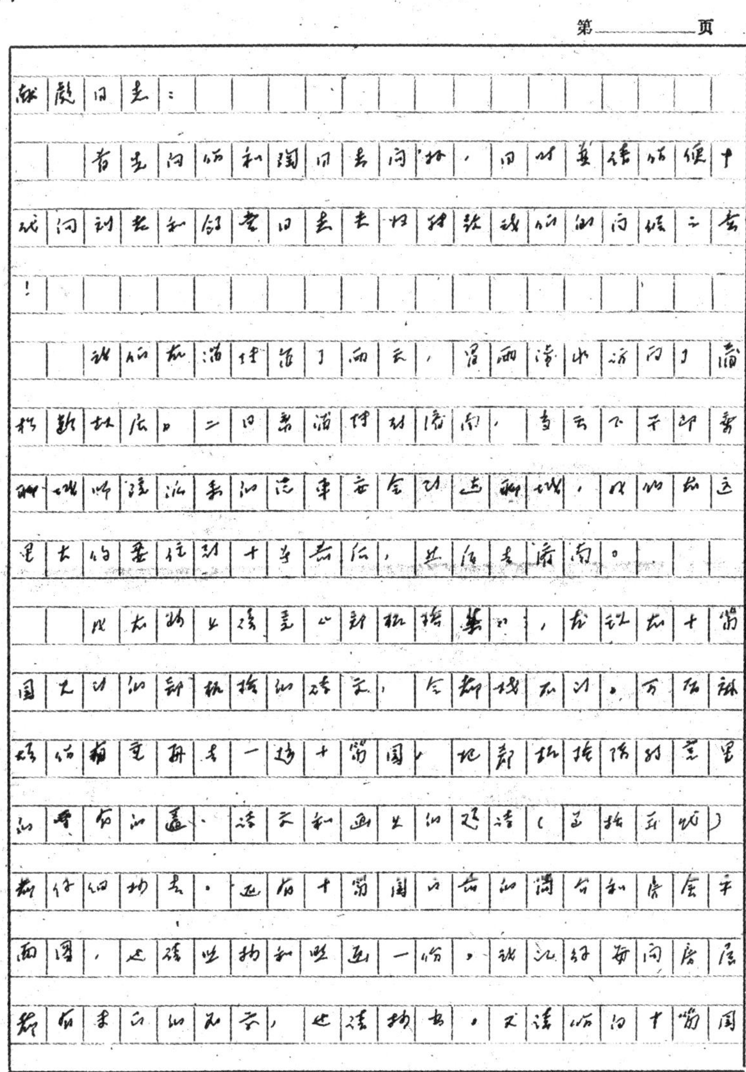
请转刘献彪同志

第　　　　页

献彪同志：

15×20=300　　中国社会科学院外国文学研究所稿纸

第　　页

15×20＝300　　中国社会科学院外国文学研究所稿纸

献彪同志：

首先向你和陶同志问好，同时并请你便中代向刘老和令堂同志夫妇转致我们的问候之意！

我们在淄博留了两天，冒雨涉水访问了蒲松龄故居。二日离淄博到济南，当天下午即乘聊城师院派来的汽车安全到达聊城，我们在这里要住到十号前后，然后去济南。

我在路上读完《郑板桥集》，发现在十笏园买到的郑板桥的诗文，全都找不到。可否麻烦你有空再去一趟十笏园，把郑板桥陈列室里的原有的匾、诗文和画上的题诗（包括年代）都仔细抄出。还有十笏园以前的简介和房舍平面图，也请照抄和照画一份。我记得每间房屋都有专门的名字，也请抄出。又请你向十笏园负责同志和讲解员打听一下，十笏园建于清光绪十一年（1885），郑板桥从1746～1753年在潍县做县令，看来当时尚无十笏园？这就是说，郑板桥并没有在园中住过。现在十笏园最后的静伦斋（?）大概是专为陈列郑板桥的诗文画集而设置的，但郑板桥有《竹石》题画一文，其中说："十笏素舍，一方天井，修竹数竿，石笋数尺，其地无多，其费亦无多也。"（见《郑集》第168页），难道"十笏"之名是以此而来的吗？也请打听一下。

诸事麻烦，谨在此预致谢意。如你能早日去十笏园，可将抄的材料寄聊城师院中文系王寿兰转给我，否则我到济南后再告诉你转往的地址。

此致

敬礼！

戈宝权

梁培兰附笔

1982年9月3日

（三）

第　　页

献彪同志：

首先问你和你的家人好！

我昨天才从泰山和曲阜回到聊城，这次终于登上了泰山极顶，看到了日出，真是幸事！我在聊城还要住几天，今天接到你七日来信，和你的打印出材料给我，请寄到济南，他是由我的家人寄在下面，这是我的临时通讯处。

此致

敬礼！　　　　戈宝权　82.9.9.

又及：我的家人刚去过济南，知道日本文学学会定本月十四日开会，据说该会与外国文学学会合开会。她已为房老师参加会议事而打了电话，让她立即去济南，找会务组说我的家人的事。又我的家人已为她订好房间（1043），同聊城师院的两位老师同房，因临时不好订。金[illegible]同样。

他已去济南[illegible]的事[illegible]，[illegible]其他事；[illegible]。

如打印材料已寄出，可请房老师带来。

权　9月10日

15×20=300　　中国社会科学院外国文学研究所稿纸

献彪同志：

首先向你和你的爱人问好！

我昨天方从泰山和曲阜回到聊城，这次终于登上了泰山极顶，看到了日出，真是幸事！我在聊城还要住几天，今天接到你七日来信，承你能抄寄些材料给我，请寄到济南，地点由我的爱人记在下面。谨在此预致谢意！

此致

敬礼！

戈宝权

82.9.9

又及：我的爱人刚去过济南，知道日本文学学会是本月十四日开会。接着就是印度文学学会开会。她已为房老师参加会议事办好交涉，望他立即去济南，找会务组我的爱人即可。又，我的爱人已为他订好房间(1013)，同聊城师院去的两位老师同房，因房间临时不好订，食宿自付。地点是济南东郊饭店附近的"军区二所"，乘8路公共汽车，换一路无轨到东郊饭店下车。

如抄的材料已准备好，万请房老师带来。

权

9月10日

（四）

第　　页共　　页

献彪同志：

　　你好！并请你代向十闾同志问好！

　　我在聊城住了将近半个月，其间曾去泰安和曲阜等地，以古稀之龄登上泰山极顶，又看了日出；又和聊城地委的去环，我和李春林同志还去访问了鲁西北的临清，归后和莲男等县，印象至为深刻。从聊城到了济南后，我是住在山东大学的招待所，直到二十日晚离开济南返京时，才看到你寄给我的信和资料，因此只能在回到京后一并复你的信了。

　　一、你写给李春林和薛绥之的信，我已代为转去。李春林说要直接答你的信，看样子他对此信访问事很对他们有用的参考。

　　二、你寄信来读了你根据参加日本文学讨论会事，万惜我的东渐情况时你来找去，因此我所●一次大会老师要去，我未向李老同志要了一个总结。如你当时找我也找去，我以后有功请知。如聊师说去了两个人，也是我们邀请的。

　　我所在印的有关外国文学的会，一般都是

北京市电车公司印刷厂出品　七八·十二

（1436）20×20＝400

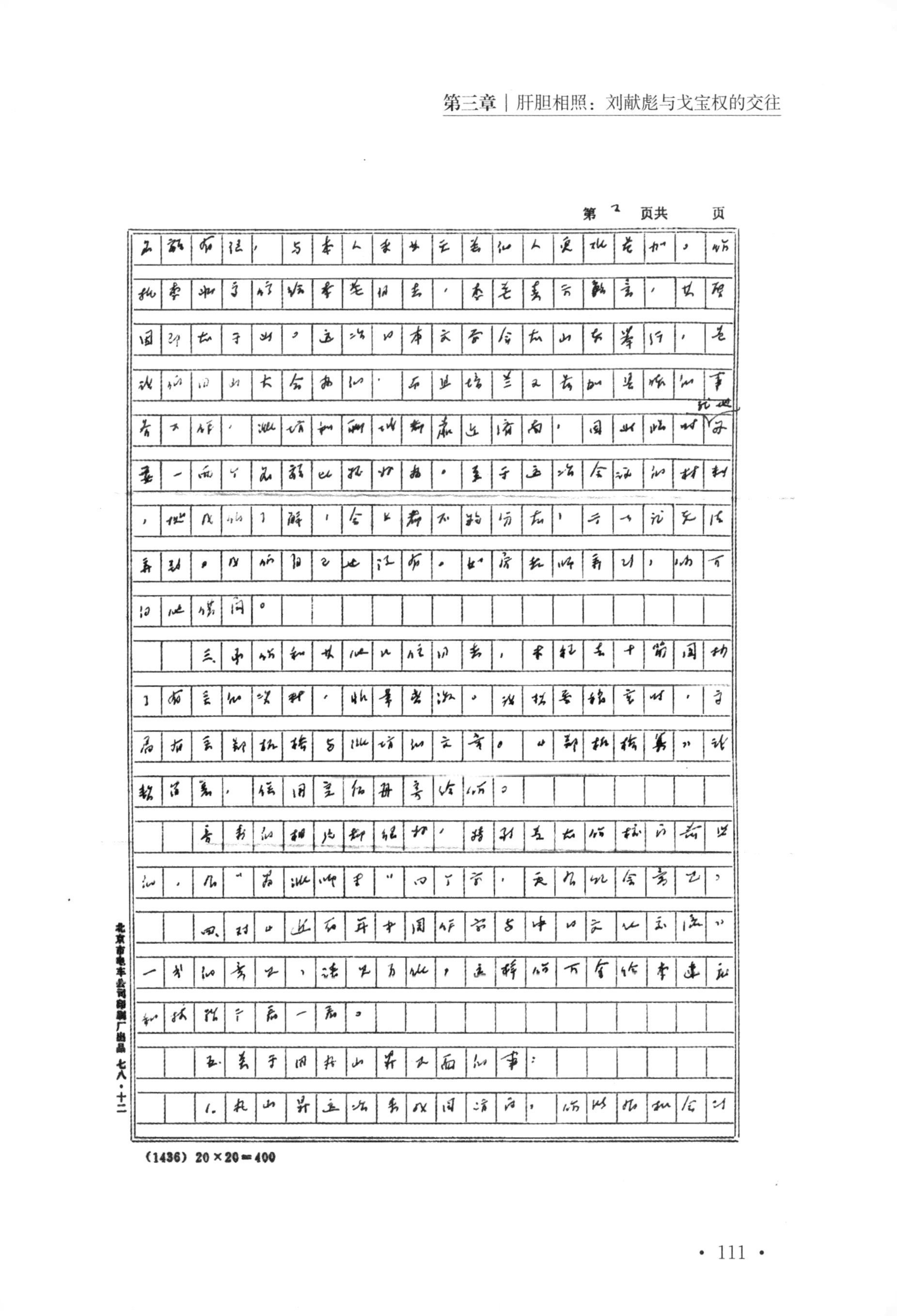

第 2 页共 页

[illegible]

北京市电车公司印刷厂出品 七八·十二

（1436）20×20＝400

北京市电车公司印刷厂出品 七八·十二

(1436) 20×20=400

献彪同志：

你好！并请你代向小陶同志问好！

我在聊城住了将近半个月，其间曾去泰安和曲阜等地，以古稀之龄登上泰山极顶，观看了日出；又承聊城地委的关怀，我和季羡林同志还曾访问了鲁西北的临清、阳谷和冠县等县，印象至为深刻。从聊城到了济南后，我先住在山东大学的招待所，直到二十四日晚离开济南返京时，才看到你寄给我的信和资料，因此只好在回到北京后一并复你的信了。

一、你写给季羡林和薛绥之的信，我已代为转交。季羡林说要直接复你的信，看样子他对担任顾问事没有什么不同的意见。

二、你来信中谈到你很想参加日本文学讨论会事，可惜我们在潍坊时你未提出，因此我们以为房老师要去，就只向李芒同志要了一个名额。如你当时提出也想去，我们还是有办法的，如聊师就去了两个人，也是我们想的办法。

我们召开的有关外国文学的会，一般都是名额有限，与本人专业无关的人更难参加。你托李冰写信给李芒同志，李芒表示愿意，其原因即在于此。这次日本文学会在山东举行，是我们同山大合办的，而且培兰参加具体的事务工作，潍坊和聊城都靠近济南，因此临时就地多要一两个名额比较好办。至于这次会议的材料，据我们了解，会上都不多分发，于是就无法弄到。我们自己也没有。如房老师弄到，你可向他借阅。

三、承你和其他几位同志专程去十笏园抄了有关的资料，非常感激。我想等稍空时，写篇有关郑板桥与潍坊的文章。《郑板桥集》我暂留着，等用完后再寄给你。

寄来的相片都很好，特别是在你校门前照的，有“昌潍师专”四个字，更有纪念意义。

四、对《近百年中国作家与中日文化交流》一书的意见，请见前信，这样你可拿给李连庆和林治广看一看。

五、关于同丸山昇见面的事：

1. 丸山昇这次来我国访问，你能有机会到……

6. 你想到日本去，在某个学校半工半读，这当然是件好事，但又不能随便向日本友人提出。因我知道现在到日本去的有两种情况：一是日本学术振兴会出面邀请的，这些人日文都很好，到口本去三个月进行研究工作。二是让教育部派往日本留学或教书的。这两方面对你来说，现都不好办。我的意见，一是你要认真学习日语，能做到讲、听才好，否则到日本后从头学起，不太好办。二是要解决副教授的职称问题，因到国外去，人家很重视职称。有关这方面的事，你到北京后，还可向卞立强和严绍璗同志去请教，他们都去过日本，而且还同丸山昇有交往。

匆此祝好，并顺致敬礼！

请代我向你校和中文系诸位老师问好！我的爱人还在济南，我代表她向你们问好！

戈宝权

82 年 9 月 24 日

（五）

中国社会科学院外国文学研究所

刘献彪同志：

当此新春佳节行将来到之时，谨先向你、向你的家人和全家人致贺节日幸福快乐！

去年十一月至十二月，我和我的家人应邀去法国访问和讲学，回来后又参加中国作家协会召开的第四次全国代表大会，所以好久一直拖到现在都未回。

这次借写信给你，谢谢接到你寄来的贺年片，并祝你春节愉快，身体健康！

《中国翻译文学史稿》闻已脱稿，这同罗同志的努力分不开，你编写的书又出版了，希望能编的《翻译文学书目索引》中关于我个人的材料，多予采用参考。

近从中国出版工作者协会编印的《出版工作》1985年第2期上，看到了介绍我的《我与翻译工作》，对我主编的《外国文学手册》中有关中国外国文学翻译工作的一部分，提出了一些意见。我想将来再版时一定认真补订，修订印出供你参考。

关于你正在主编《中国比较文学手册》，又是很重要的事情，《外国文学手册》可以借鉴，在好些地方也有它的经验。此祝

双好！

戈宝权 1985年2月15日

代向家人问好！

刘献彪同志：

当此新春佳节行将来到之时，谨先向你、向你的爱人和全家人祝贺节日幸福康宁！

去年十一月至十二月，我和我的爱人应邀去法国访问和讲学，回来后即又参加中国作家协会召开的第四次会员代表大会，从那时起一直忙到现在都不闲。

正准备写信给你，就先接到你寄来的贺年信，知道你喜讯重重，很为你高兴！

《中国翻译文学史》闻已脱稿，边国恩同志没有来过，但编写组最近来信索取借阅《翻译史大事概要》中关于我个人的材料，当于春节前后寄去。

近从中国出版省工作协会编印的《出版工作》1985 年第二期上，看到了金梅写的《名人籍贯析疑》，对你主编的《外国文学手册》中有关中日外国文学研究翻译工作者一部分提出了一些意见。我想你那里不一定能看到这份刊物，现影印出供你参考。

闻你正在主编《中国现代文学手册》，更要注意这方面的问题。《外国文学手册》闻将再版，最好能做些必要的改正。

此致

敬礼！

戈宝权

1985 年 2 月 15 日

我的爱人附笔问候！

（六）

外国文学研究所

刘献彪同志：

当此一九八六年元旦和春节行将来到之时，谨在此向你，向你的爱人和全家人表示节日的祝贺！祝愿你们身体健康，幸福愉快！特别是祝愿你在新的一年里，在教学、研究和编著方面都将取得更多的成就和作出更大的贡献！

李冰同志生前来过两次，我提供她不少资料，她也说已将关于我的书目寄给你，不知可用否？她说她写了三千字，字数多少也请你决定。

你请我为《比较文学手册》题写书名，我非书法家，但勉为其难试题了两个：一竖一横，供你挑选，望用那个好像比较好一些。又题签后是否另署名呈寄，我也写了两个，供备用。

专此，并祝

敬礼！

戈宝权

梁培兰附笔

1985年12月29日

刘献彪同志：

当此一九八六年元旦和春节行将来到之时，谨先向你、向你的爱人和全家人表示节日的祝贺！祝福你们身体健康，幸福愉快！特别是祝福你在新的一年里，在教学、研究和编著方面都将取得更新的成就和做出更大的贡献！

李冰同志先后来过两次，我提供她不少资料。据她说已将关于我的条目寄给你，不知可用否？她说她写了三千字，字数多少也请你决定。

你请我为《比较文学手册》题写书名，我非书法家，现勉为其难试题了两个，一竖一横，供你选择，竖的那个好像比较好一些。又，题签后是否要署名，我也写了两个，供备用。

顺此，并祝

敬礼！

戈宝权

梁培兰附笔

1985 年 12 月 29 日

（七）

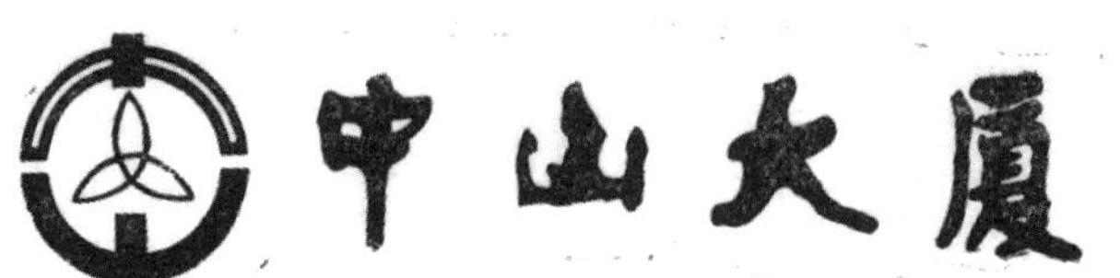

1.

刘献彪同志：

喜收您年春节来到的贺信，谨先向您和您的全家人表示节日的敬贺！祝福您们全家身体健康，幸福愉快，万事如意！

今年的元旦我们是在香港过的，现在又在南京过春节，这是在这里安排一个方便的旅居住的家。从北京家里转来您的来信中，知道您的正教授衔已经批下，去年六月又在组织上批准入党；您主编的《中国现代文学手册》已由中国文联出版公司出版，今年八月还要参加在墨尔本召开的国际学术会议，几要胜行，我们都为您高兴，谨在此向您表示庆贺！

去年一年中，我们先后访问西德、丹麦、法国、意大利、美国、日本等六个国家和香港进行访问和讲学。曾获了巴黎第八大学和香港中文大学授予的名誉博士学位，荷兰文学基金会今年又给我们颁发金文学奖（您来信中提到的意大利文学翻译奖）。五十多年来的辛勤劳动总算得到了国外学术界的承认，这也是万万没有想到的事。今年我和老伴都是七十五岁高龄。

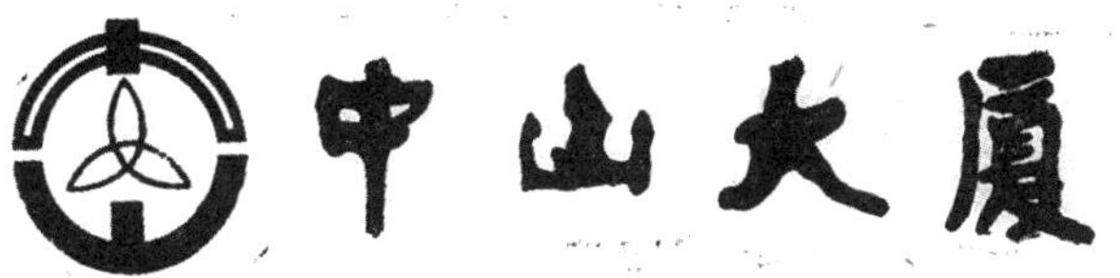

2.

[illegible]

刘献彪同志：

当此龙年春节来到的时候，谨先向你和你的全家人表示节日的祝贺！祝愿你们佳节身体健康，幸福愉快，万事如意！

今年的元旦我们是在重庆过的，现在又在南京过春节，并正在这里安顿一个可以较长住的家。从北京家里转来你的来信中，知道你的正教授衔已经批下，去年六月又被组织上批准入党；你主编的《中国现代文学手册》已由中国文联出版公司出版；今年八月还要参加在慕尼黑召开的国际学术会议，几喜临门，我们都为你高兴，谨在此向你表示庆贺！

去年一年中，我们先后到苏联、丹麦、法国、意大利、美国、日本等六个国家和中国香港访问和讲学，荣获了巴黎第八大学和鲁斯新大学授予的名誉博士学位，苏联文艺基金会又奖励给我普希金文学奖（你来信中说为高尔基文学翻译奖），五十多年来的辛勤劳动总算得到了国外学术界的承认，这也是可以引为自豪的事。今年年初是我的七十五岁诞辰，苏中友好协会、乌克兰作家协会等有关方面都先后来电致庆贺。去年我的译文集第一卷《普希金诗集》已由北京出版社出版，现寄上一册，请你指正。现正着手编译《谢甫琴科诗集》，将由江苏人民出版社出版，迎接苏联明年举行的谢甫琴科诞辰一百七十五年会。

从来信中知道你主编的《简明比较文学教程》已交北京出版社出版，关于评介我的《中外文学因缘》一书请李冰执笔，这很好，因为这本书是由她担任责任编辑。你问起北大出版社出的《中国比较文学年鉴》，只是听说，但未见到书，在北京时也未买到，如你有多余的，请惠赠一册，当非常感谢！

潍坊国际风筝节当然久已向往，但今年编书和译书任务重，抽不出时间来，请再见到李惠信副市长时，代我转以问候之意！

我们在南京的通信地址是：江苏省南京市后半山园5号3-2。

匆复，并祝年禧！

戈宝权、梁培兰附笔

1988年2月19日　年初三

（八）

中国社会科学院外国文学研究所

献彪同志：

你好！

承寄后来信表示祝贺，并蒙惠赠《外国文学手册》两本，谢谢！

从来信中知道，你们将于本月下旬在淄博市召开《外国文学手册》修订会议，承蒙盛情邀请，且寄出机票和会议用的风景介绍，盛情厚意至为感激！我于上月去南京，现因事不能前去你们那里参加盛会，尚请多谅！

《外国文学手册》是我国编辑的第一本有关外国文学的工具书，自从出版以来，备受读者欢迎。由于这本书是八十年代初编辑的，材料只收到一九八二年为止，经过了五、六年，各方面的情况都有了不少的变化，因此重新修订这本《手册》，极有必要。在此时，我谨对你们的修订工作表示热情的支持！祝你大会圆意见供你们研究：

1. 建议在开会时（因有出版社和编写人员参加了），应当将《手册》出版以前各方面的工作和编写工作，作一次具体的讨论和研究，然后制定出编写的方针和步骤。

2. 在编写《手册》时，希望能将时间延伸到一九八八年，因出版周期较长，到出版时也许要到一九九○年了。

3. 希望能加上部分（比较文学研究工作者生平著作、比较文学主要学术会议、比较文学主要出版物、比较名词解释）分量虽不大，但要作细地搜集，将其中已在我们和港台已有的资料加以汇总。

4. 比较文学学会的成立以及一些重要会议，要将其来源说明，概括到一九七七、一九八八年，此方法请考虑手册编者注意。

5. 在中国比较文学研究和评论工作者中，如朱光潜、陈嘉、范存忠、杨周、姜椿芳、[illegible]等人，虽已先后去世，但他们的论著和他们的影响，我们仍然[illegible]，他们的研究[illegible]

(1436) 20×20=400

北京市电车公司印刷厂出品 七九·一

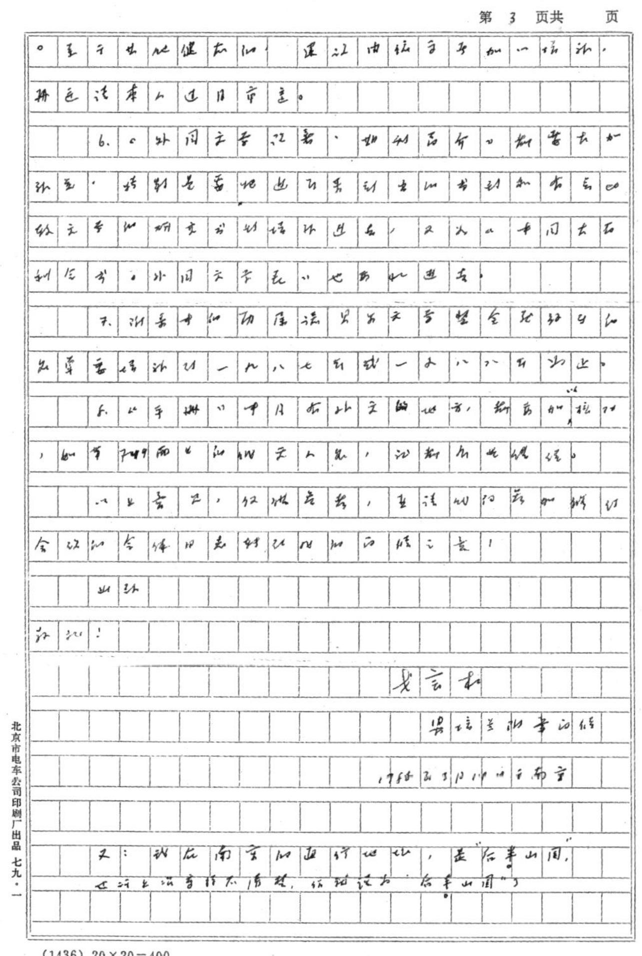
第 3 页共 页

此致
敬礼！

戈宝权

(1436) 20×20=400

北京市电车公司印刷厂出品 七九·一

献彪同志：

你好！承先后来信表示祝贺，并蒙惠赠《年鉴》及《手册》两书，谢谢！

从来信中知道，你们将于本月下旬在潍坊市举行《外国文学手册》修订会议，承蒙来信邀请，并借此机会观赏国际风筝表演，盛情厚意至为感激！我于上月来南京，现有事不能前往你市参加盛会，尚请多谅！

《外国文学手册》是我国编辑的第一本有关外国文学的工具书，自从出版以来即深受读者欢迎。由于这本书是八十年代初编辑的，资料只收到一九八二年为止，经过了五六年各方面的情况都有了不少的变化，因此重新修订这本《手册》，既有必要，也很及时，我谨对你们的修订工作表示热情的支持！现提出几点意见供你们研究：

1. 建议在开会时（因有出版社的李冰同志参加），可先将《手册》出版以来各方面的反映和批评意见做一次总的回顾和研究，然后制定出修订的方针和步骤。

2. 在修订《手册》时，最好能将资料增补到一九八八年，因出版周期较长，新版出书也许要到一九九〇年了。

3. 前面的几部分（"外国重要作家生平著作年表""外国文学名著介绍""世界文学大事年表""名词解释"）可能变动不大，但要仔细核实，其中已发现的和读者已指出的错误都要加以改正。

4."外国现当代文学概况"要请负责修改的同志把内容增补到一九八七、一九八八年，也可请有关专家审定。

5."中国外国文学研究翻译工作者"中，如朱光潜、陈嘉、范存忠、孙用、姜椿芳、曹靖华等人，都已先后去世，把他们的史料补充到逝世时为止。关于其他健在的，建议由编写者加以增补，再请本人过目审定。

6."外国文学论著、期刊简介"都要再加以补充，特别是要把近年来新出的书刊和有关比较文学的研究书刊增补进去，又如《中国大百科全书·外国文学卷》也要收进去。

7. 附表中的历届诺贝尔文学奖获得者的名单要增补到一九八七年或一九八八年为止。

8.《手册》中凡有外文的地方，都要加以核对，如第 749 面上的人名就都有些错误。

以上意见，仅供参考，并请代向参加修订会议的全体同志转达我的问候之意！

此致

敬礼！

戈宝权
梁培兰附笔问候
1988 年 3 月 14 日于南京

又：我在南京的通信地址，是"后半山园"，也许上次写得不清楚，你就误为"后来出国"了。

（九）

中国社会科学院外国文学研究所

刘献彪同志：

当此一九八九年新年即将来到之时，谨向你、向你的夫人和全家人预祝新年幸福康乐，祝你在教学和研究工作上都能取得丰收！

前不久接到你从露水河林场来信，想现已返回潍坊，不知《外国文学手册》是否已经修改完毕，至念！

我最近整理了一份传略，内容一直写到目前为止，现寄一份给你做参考，也许对你编《外国文学手册》和《比较文学手册》都会有用。

　　匆此，并顺致

敬礼！

戈宝权
梁培兰附笔
1988 年 12 月 5 日于南京

（十）

江苏省社会科学院

刘献彪同志：

刘献彪同志：

今天是大年三十，谨先在此向你全家人拜大年。祝你在新的一年里，身体健康，万事如意！祝愿你在事业上取得更新的成就，新编《外国文学手册》早日问世！

谢谢你寄来的土特产！今年在南京过年，一切供应也很好，今后有此补品，你们二位留着吃，特别是夫人身体不好，祝愿她安心养病，早日康复！

我们二月十六日就回北京，三月一日乘火车去莫斯科，休息几天就前往捷克，参加斯洛伐克科学院召开的讨论五四运动的国际汉学家会议。会后回莫斯科，五日去乌克兰，参加乌克兰著名诗人谢甫琴科175周年诞辰纪念活动，并接受伊万·弗兰科文学奖。五月底六月初回国。今年还要去香港中文大学讲学一个月。整天忙个不停，把我的第二本译文集《高尔基小说·论文集》编完，回北京交出版社安排。手边还有很多的事要办。

临行前匆匆数语，回来后再联系。

祝全家佳节愉快康宁！

戈宝权、梁培兰

1989年2月5日

（十一）

江苏省社会科学院

刘献彪同志：

你好！

当此一九九一年的元旦和羊年的传统的春节行将先后来到之时，谨向你和你全家人表示诚挚的祝贺！祝愿你们身体健康，幸福愉快，万事如意！祝愿你在比较文学的研究方面取得更大的成就！请向[illegible]

你的来信和赠送的贺年卡已收到，谢谢！

从来信中知道你将出席一九九一年在日本举行的国际比较文学年会，预祝你成功！[illegible]来看，你已有讲演稿。但不知道为什么 Yan Fu 被写成 Yan, Fu；

日本我有几位好的朋友，[illegible]

[illegible]

此致，顺祝

新禧！

[illegible]

1990.12.[illegible]

[illegible]

刘献彪同志：

当此一九九一年的元旦和羊年的传统的春节行将先后到来之时，谨向你和你全家人表示佳节的祝贺！祝愿你们身体健康、幸福愉快，万事如意！祝愿你在比较文学的研究方面取得更新的成就！请得便中代向上次来访的小栾同志转达问候之意！

你的来信和惠赠的年历均已收到，谢谢！

从来信中知道你被邀请参加一九九一年在日本举行的国际比较文学年会，很为你高兴！从你的讲题来看，你主要讲严复，但不知道为什么 Yan Fu 就拼写成 Yan，Fu?

日本我所认识的朋友，都是在国际会议上一面之交的朋友，见面时打个招呼："初次见面，请多多关照。"谈不上什么深交，无法代你介绍，而且我认识的朋友中也没有研究比较文学的。你想在日本住一两个月，研究日本比较文学的教学现状，最好向国际或日本的比较文学学会提出申请，看他们能否同意。

匆此作复，顺致

年禧！

戈宝权

梁培兰附笔

1990 年 12 月 19 日于南京

（十二）

刘老师：

您好！向师母问好！

从张老师的信中知道，您已在青岛，我们23日离开青岛回京。戈先生回来后就去忙于国际“世大”的发言和其他准备工作。八月二日顺利结束，昨天又开了个总结会。总之，你们都是永远忙个不停。现寄去照片一张，你们照得都不错，特别是您，表情很好。作个纪念吧！

戈先生附笔问好！

祝

夏安！

梁培兰

86.8.10

（十三）

第　　页

刘老师：您好：

首先向您拜个早年，祝愿您身体健康，事事如意！！

一段时间没有通信，我和戈先生时时想到您，知道您还是很忙碌，除了培养后代，忙于编写教材，是件很有意义的事，您的名字将会载入史册，后辈者也将永远记住您的美名。

戈先生近期身体不太好，先后已有二次住院，23日发热住进，省人民医院干部病房，昨天省委陈焕友亲自到病房看望他，现已大好转，只是还不想吃东西，给他买些"人血白蛋白"、蜂胶、花粉等营养品。争取春节可出院。可惜的是戈先生还有很多工作要做，只是已不能完成了。我现在正在给他编一本《戈宝权画册》，收照片三百多幅，和中外名人信件手稿及通信，是由江苏美术出版社出版，他们表示要尽力出版好这个画册。

人民银行南京分行

第　页

後来我给有关单位宣传部打了报告，给書总会解决了这个大事。先生辦刊物的事，我將尽力的给他去做好。等以后再考虑如何与他出回憶录的事，看来现在已太晚了。他健康时，我自己也沒有考慮这些事，也没抓紧，我太糊涂了。真有些晚了，以后再说吧！

我們可能二月底三月初回北京，这要看先生的情况再订。[illegible]我回去带回北京去[illegible]。出版社认为二月交稿，看来完成不了，只好往后拖吧——！

請把您的电话告知。

敬禮

康乐

吴晓铃

[illegible] 人民银行南京分行

[illegible]

刘老师：

您好！

首先向您拜个早年，祝愿您健康，事事如意！

一段时间没有通信，我和戈先生时时提到您，知道您还是很忙。为了培养后代，忙于编写教材，是件很有意义的事。您的名字将永载史册，后来者也将永远记住您的美名。

戈先生近期身体不太好，发病已有二个月多，23 日发热住进省人民医院干部病房。昨天省长陈焕友亲自到病房看望他，现已大好转，只是还不想吃东西，给他点些"人血白蛋白"、脂肪乳等营养药。年前就可出院，可惜的是戈先生还有很多工作想做，只是已不能完成了。我现在正在给他编一本《戈宝权画册》，收照片三百多幅，和中央各位领导的及近年的，是由江苏美术出版社出版。他们表示要尽力出版好这个《画册》。经过我给省委宣传部打了报告，经费总算解决了，这是个大事。凡是我能为他做到的事，我将努力地给他去做好。等以后再考虑如何为他出回忆录的事，看来现在已太晚了。他健康时，我也没有考虑这些事，也没抓紧，我太糊涂了。真有些晚了，以后再说吧！

……

我们可能二月底三月初回北京，还要看戈先生的情况再定。有些照片我还要带回北京去查。出版社让我二月交稿，看来完不成。只好往后拖吧！

……。

请把您的电话告知。

祝您

康乐

梁培兰敬上

92.元.28 于医院

（十四）

第　　页共　　页

刘老师：您好！

首先向您拜个晚年，祝愿您身体康健，寿加高。

戈先生说：您在比较文学研究方面作了很大的贡献，并参加了很多的国际性会议，加强了国际间的文化交流研究。您领导的研究工作，搜集了很多资料。可喜的是，"研究会"即将建立，祝贺您出任负责人（比较文学研究会），对加强比较文学研究和国际交流，祝愿研究会取得更大的成就。（以上是戈先生说的话。）

我们94年4月中旬从南京，6月份去了美国，本想在美住上一年回来，可94年12月底戈先生生病，提前回国，12月30日住进天坛医院，诊断结果是手术后又治疗脑萎缩。当时神志很糊涂不清醒，95年2月6日出院，回家静养，回来后恢复很快。现在能讲话回忆，能口述写了一篇纪念文章。中央电视台还访问了他，也题了名字，还照了很多的字。今日胡孟祥老师来访，我首先就问起您，他谈他很记得您。我请他回去后见您并告诉您我们和戈先生的情况，并请他

20×20=400

中国社会科学院外国文学研究所

第　　页共　　页

第一卷书稿件。这本书也有插图，也要经受邮局挂号的曲折，(把书的插图排好些)。一切详情，胡老师可面谈，我再拜托他。

上次信封中没有名片，我家的电话是：

是电话局转的。

见到胡老师后，请来一信，把您的电话告知，以便联系。北京家电话不可打长途，南京家的电话可以打。南京家的电话是：

也谢谢您对我们的关心！

祝您在紧张工作中千万要保重，营养要加强，每天要有一定时间到户外散步锻炼身体。工作一定要保健操、散步等，这些活动对长期从事研究工作的人是很需要的。您的老师也要您多多保重自己。

祝

健康愉快

戈宝权

梁培兰 敬上

84.2.22.

20×20＝400

中国社会科学院外国文学研究所

刘老师：

您好！

首先向您拜个晚年，祝愿您身体康健，事事如意！

……

戈先生说：您在比较文学研究方面做了很大的贡献，并参加了很多的国际性会议，加强了国际间的文化交流研究，为您的研究工作提供了条件。可嘉的是“研究会”即将成立，祝贺您出任负责人，这将有利于加强比较文学研究和对外交流。祝愿研究会取得更大的成就（以上是戈先生说的）。

我们九二年四月份离开南京，六月份去了美国，本想在美国住上一年回来，可是九二年十二月底戈先生生病，提前回国。十二月三十日住进天坛医院，膀胱结石手术后，又治疗脑萎缩。当时有些糊涂不清醒。于九三年六月出院，回家静养。回来后复原很快，现在能讲话、回忆，经他口述还写了一篇纪念文章。中央电视台还访问了他，也能签名了，还不能写很多字。今日胡孟祥老师来访，我首先就问起您，他说他认识您。我请他回去看望您，并告诉您我们特别是戈先生的情况，并请他带一本书给您。这本书也有福气，也免得受邮局旅途的苦难了（把书都给摔坏了）。一切详情，胡老师可面谈，我再三拜托他。

上次您信中没有名片，我家的电话是：×××××××-××××

见到胡老师后，望来一信把您的地址、电话告知，以便联系。北京家电话不可打长途，南京家的电话可以打，南京家的电话是：×××××××。

在此谢谢你对我们的关心！

祝愿您在百忙之中千万要保重，营养要加强，每天要有一定时间到户外锻炼身体。可做一定的保健操，多散步，这些活动对长期搞研究工作的是很重要的。总之，望您多保重自己！

祝愿

健康愉快！

梁培兰敬上

戈宝权附笔

94.2.22

（十五）

中国社会科学院外国文学研究所

刘老师：您好：

前接到您的电话，很高兴。知道您已[illegible]日本，又回到学校，[illegible]，值得祝贺，但您的工作需要注意保重身体为要。

现有一事请教：

戈先生写了一篇题为：

______

读《聊斋志异》的俄文译本一文。我找不到这篇文章，至今未收入"集子"。但我想请您便到"藏"书馆帮助查找，如有，请复印后快递寄给我，因"文集"的出版在即。多谢了！

祝您

康乐！

梁培兰 敬上

2001.6.12.

中国社会科学院外国文学研究所

又：该文也很长，300字稿纸有12张。

我去看他的手稿，但是很难认他的

字，因此无法替出书。

吴[illegible]

刘老师：

您好！

前接到您的电话，很高兴，知道您一切都好，又回到学校任主任，值得祝贺，但在百忙中要保重身体为要。

现有一事请教：

戈先生写了一篇题为：《谈〈聊斋志异〉的俄文译本》一文，我找不到这篇文章，原本不收入“集子”。但我想请您顺便到“蒲”纪念馆帮助查找，如有请复印，尽快寄给我，因“文集”的稿子近日交出版社。多谢！

祝您康乐！

梁培兰敬上

2001.6.12

又：

该文很长，300字稿纸有12张，我光有他的手稿，但是很难辨认他的字，因此无法打出来。

梁培兰

即日

二、刘献彪写的关于戈宝权的文章

我心中的戈宝权先生

一

我心中的戈先生，不仅是一位学贯中西、辛勤耕耘的学者、翻译家，更是一位和蔼可亲、平易近人、待人诚恳、助人为乐、正直善良的革命战士。这是我拜他为师，受其教导的体会，也是我和他交往近20年的感受。

二

我们天各一方，各事其事，平常见面的机会很难得，尤其是近几年来。但我心中总是想念戈老，可以说连做梦也想。

每当我想起他待我如师如友、无微不至的关怀、循循善诱的教导、亲如手足的感情，我就难以入睡。那一幕幕往事，他的音容笑貌，仿佛就在眼前，令我万分感动和欣慰。古人颜渊称颂孔子“夫子循循然善诱人……”“仰之弥高，钻之弥坚”的话，道出了弟子、晚辈对师长、前辈崇拜、向往的共同心情。我对戈老就是这种心情。

三

论年龄，我比戈老小 18 岁。戈老生于 1913 年，我生于 1931 年，是名副其实的晚辈。论学识，那更不能相提并论。戈老学贯中西，名震中外。我自己可以说是“半瓶醋”，要什么没有什么，是名副其实的学生辈。像我这么一块材料，这么一个普普通通的耕耘者，戈先生待我却如师如友。每当我拜访他时，他总是尊我以礼，待我如宾，谈论任何问题，又都是动之以情，晓之以理，循循善诱对我进行教导。这在至今仍未根除“官本位”“势利眼”的中国，我感到十分难得、十分可贵。

四

我知道“戈宝权”这个名字是在我念初中的时候，至今已有半个多世纪。但拜访、接触他却是在那场史无前例的“文化大革命”结束以后。我至今仍好好地保存着 1980 年我在北京戈先生家里拜访时请他亲自题写的通信地址。

这是我第一次见到渴望已久的戈先生亲自一笔一画、一丝不苟地给我留下地址。每当我再次看他亲笔写的这个地址，我就浑身好像燃烧一样，就好像戈先生站在眼前。岁月匆匆，计算起来，从头次拜访、接触、聆听戈老教诲到现在已过去近 20 年了。人生有几个 20 年？这 20 年，对戈老当然非常重要，非常有价值。对我来说，也很重要，也很有价值。我想，不仅如此，也可以说，这 20 年对整个世界、整个中国和中国知识分子来说，也都是非常重要啊！就以我为例，若没有改革开放的时代变化，没有遇到戈先生等这样的前辈学者，得到他们的指导，没有朋友的相互支持、友好合作，可以说没有我今天的人生旅途！每当我想起这些，心里总是百感交集，五内俱燃，总是忘不了恩重如山的戈先生的。因为正是他像蜡烛一样照亮我前行。

五

我要简单说下我自己是在什么情况下拜访戈先生的，因为从这个历史情况中足以说明戈老的高尚人格和助人为乐的精神；足以说明他竭尽全力，联合一切力量(包括帮助培养像我这样的中青年研究工作者)播种文化事业，发展文化交流，繁荣学术研究事业的追求。我认为，他之所以无私地、无微不至地关心、帮助、培养像我这样的辛苦耕耘者、中青年知识分子，不仅是关心我本人，更重要的是为了文化学术事业的发展。所以，他才能那样无私、那样投入，不仅对我，对任何一位有志于文化学术事业的同志他都是一视同仁、有求必应。

下面，为了用事实回答我上面的看法，得先简要介绍一下20多年前“当时的我”。

20多年前，“当时的我”的命运和许许多多50年代大学毕业生的命运差不多。在那场史无前例的“文化大革命”中，当然属“在劫难逃”之辈。……总而言之，那时我是个“包袱”，被踢来踢去都没有人要。我的处境很是艰难，日子很不好过。我就是在这种历史情况下，由于偶然的转机拜访了戈先生。

六

我于1980年秋，借着函授部到北京出差的机会，走进了北京东城干面胡同内戈先生的寓所。我终于见到了渴望已久的戈先生。他和戈夫人梁培兰女士热情地接待我，请我坐下喝茶，详细询问我的有关情况，有什么事要找他，等等。

那时，我正在筹划编写两本书：一本叫《鲁迅与中日文化交流》，一本叫《外国文学手册》。前者是我和林治广同志合编，后者是我和袁伟信、边国恩、朱焕文、江忠霖、滕留寅、王雨玉、李瑞霞、李惠芳等同志联合编写。我向戈先生诉说了我们计划写书的设想，并希望得到他的具体指导，请他给我们把关……此外，我还向他介绍自己目前工作的学校和自己的困难处境，我滔滔不绝地说个没完，他仔细地、认真地听我的讲话。等我说完后，他向我表示支持我们的活动，答应为我们编写的《外国文学手册》审订“编写纲目”和参加有关活动。后来，《手册》列入北京出版社的出版规划。在一段相当长的日子里，戈老经常和我们一起研究书稿。从一个词条到全书的框架，从审稿会到出版可以说都得到了他细微的、具体的指导、关怀。正是在他的指导、关怀下，《外国文学手册》于1984年由北京出版社出版。我和我的合作者都非常感谢戈先生对我们的指导和帮助。

我早听朋友告诉过我：戈先生为人非常好，容易接近，他虽然是大学者、大翻译家，但平易近人、和蔼可亲、待人以爱、助人为乐，他总是热情地、无私地培养、帮助青年人。他帮助他人不是自己想从中得到什么，而是为了向世界播种文化学术事业，传播文化学术事业，发展文化学术事业，所以他心甘情愿这样出力气，像鲁迅说的“俯首甘为孺子牛”。戈先生有“孺子牛”精神，通过我亲身的经历和亲身的体会，我觉得我的朋友对戈先生的评价完全符合事实。我真没有料到戈先生待人好到这种地步！

七

中国有句古话叫"历史自有公论，事实胜于雄辩"，我非常喜欢这句话。如果用这句话来衡量戈先生对我和我们这一批中青年教师、研究工作者的指导与帮助，我觉得最为合适、最能说明问题。

这里，我说明这样一个铁一般的事实。从 80 年代初到 90 年代近 10 年中，我和我的合作者先后撰写出版了《鲁迅与中日文化交流》(1981 年出版)、《外国文学手册》(1984 年出版)、《比较文学自学手册》(1986 年出版)、《比较文学及其在中国的兴起》(1986 年出版)、《中国翻译文学史稿》(1989 年出版)、《简明比较文学教程》(1990 年出版)共六本书。这六本书全部是在戈先生等前辈学者的指导、帮助下完成的，字里行间都留下了戈老的心血。我在这里不能细细介绍，仅以《中国翻译文学史稿》为例，以见一斑。

《中国翻译文学史稿》是陈玉刚、李载道、边国恩、李瑞霞和我几位同志在 80 年代后期合作写的一本书。我记得当我们一开始有写此书的念头时，我和李瑞霞同志就到戈先生家里征求他的意见，戈先生非常热情地指导我们，肯定这是一种很有意义的工作，鼓励我们抓紧时间完成书稿，还留我们在家里吃了戈夫人亲自下厨做的美味可口的午饭。我和瑞霞带着戈先生的意见回到天津向我们的编写组汇报，大家都高兴极了。后来在编写过程中遇到一些难题，我们就找戈先生解决。《中国翻译文学史稿》的出版是与戈老的指导分不开的。

此外，像我自己写的《比较文学及其在中国的兴起》、与朋友合作的《比较文学自学手册》等等也都是在戈老等前辈学者关怀、指导下完成的，在这就不一一细说了。我要着重说明的是：凡是我自己或我和朋友合作写的书，都是在戈先生指导下完成的，都有戈先生的心血，都得到戈先生无私的援助。当然，也得到其他前辈学者，像季羡林先生、钱锺书先生和已故学者杨周翰先生的指导、帮助。

八

从 1980 年到现在，我和戈老已有近 20 年的交情。近 20 年中，我多次到北京拜访他，多次得到他和戈夫人的热情接待、关怀。我在 1982 年因为在北京等地写书，组织学术活动，和袁伟信等同志筹备全国外国文学教学研究会，学校某些人误认为我在外面搞"资产阶级自由化"和"不务正业""游山玩水"，要把我整得"倾家荡产"，乃至"开除教籍"。戈先生得到消息后，既为我担忧，又为我鸣不平，并于这年8月偕夫人梁培兰女士专程到山东潍坊昌潍师专看望我，深情可感，永生难忘。在潍坊时，我陪他游十笏园，参观郑板桥展览，还合影留念。他赋诗一首曰："喜访潍坊市，畅游十笏园，得读板桥诗，幸哉此奇缘。"这首诗写于1982年8月29日，我一直挂在我的客厅里。

后来，戈先生南迁，住南京后半山园。我于1991年前去探望过。戈夫人照例细心热情地为我下厨做饭，吃完饭后，我陪戈老朝着廖仲恺墓方向漫步。那时，戈先生身体已欠佳，行走已不便。但精神依旧很好，依旧像过去一样鼓励我、教导我、鞭策我。我俩漫步而去，漫步而归，大约两小时。现在回想起来，当年的情景历历在目，令我无限怀念。

后来，戈先生返京治病、疗养，仍住东罗圈胡同，我又到北京看望他。他躺在床上，听说我来了，十分高兴，我见他身体瘦弱，连坐立都不方便，心里感到非常难受，眼泪不禁夺眶而出。但我又怕他看见，只好强装笑脸，和他交谈。那一次，和我一块去的还有同事徐扬尚同志。戈老那天兴致很高，和我们谈了很多，从俄罗斯谈到日本、中国香港；从中国文学谈到外国文学，从高尔基谈到鲁迅，从翻译文学谈到比较文学，从俄罗斯学者谈到日本友人池上正治先生……谈得很高兴，很随意。戈老和戈夫人、我和徐扬尚，边吃边谈。我录下了当时的谈话，徐扬尚又拍下了当时我们的合影。这是珍贵的纪念，也最难忘的相会。从那以后，我只要到北京就去探望戈先生。1994年因为自己退休外出的机会少了，拜访戈老的机会也少了。这是我感到十分内疚、十分遗憾的事！

在我的写字台上放着1982年戈先生在我家和我的合影，在我书房的墙壁上挂着我在他家书架前我俩的合影，在我的书架上摆着他病后坐在床上的肖像。我只要一抬头，一举步，戈先生就在我眼前。

戈宝权先生是和蔼可亲的人、平易近人的人、待人以诚的人、助人为乐的人、正直善良的人。这是我近待年来和他接触的突出感受和体会。他有一颗高尚、善良、正直、诚实的心，有一颗尊重他人，爱护他人，平等待人的心，这是他最可宝贵的性格，也是他最可爱、可敬之处。戈先生学问之渊博，有目共睹；人格之高尚，有口皆碑。我常常想，我们这个世界如果多几个像戈先生这样的学者、这样的战士、这样的人，那世界就更真、更善、更美、更幸福、更可爱。

戈先生的心永远像春天一样美丽。我从心底祝福戈老健康！长寿！

（此文原载于《岱宗学刊》1998年第1期。略有改动）

第四章

笃行惠人：刘献彪与杨周翰的交往

杨周翰

杨周翰(1915～1989),中国莎士比亚研究的拓荒者,当代中国比较文学奠基人之一,学贯中西的比较文学和西方文学研究大师,西方古典文学、英美文学翻译家。历任北京大学教授、英国文学教研室主任,中国社科院外文所学术委员会副主任,同时也是中国莎士比亚研究会第一届副会长,中国比较文学学会第一届会长,国际比较文学协会第十一届副会长。

杨周翰,祖籍江苏苏州,1915 年出生于北京并在北京长大。1933 年中学毕业后,考入北京大学英文系,师从梁实秋、朱光潜等名家。1936 年应瑞典美术史教授喜龙仁之约,赴瑞典协助其编写《中国画论》。1938 年回国后,到西南联大英文系继续完成大学学业。1939 年大学毕业后留校任教,教授英文。1946 年秋,获英国文化委员会的奖学金,赴牛津大学王后学院专攻英国语言文学,1949 年获牛津大学文学学士学位。1950 年放弃剑桥大学提供的优渥舒适的工作机会,携家人同返祖国,为国效力。回国后,先受聘于清华大学外语系,后因院系调整,自 1952 年起调到北京大学西语系任教。"文化大革命"后的 1979 年至 1989 年是杨周翰学术生涯中的"黄金十年",他的许多代表作都集中发表于这一时期。同时,他也积极地参与新时期中国多种文学艺术工作的重建活动,先后担任过中国作家协会会员、北京市文联委员、中国社会科学院外国文学研究所学术委员会副主任,并担任中国外国文学学会副会长、中国翻译工作者协会副会长、中国莎士比亚研究会副会长、国际比较文学协会副主席、中国比较文学学会会长、中国美国文学研究会副会长、高等学校外国文学教学研究会会长等学术职务,为新时期中国人文社会科学的发展做出了重要的贡献。1989 年 11 月 16 日,杨周翰因患病医治无效去世,终年 74 岁。

杨周翰师从名家，受过严格的科班训练，其40多年的教学、科研事业，均取得了很高的成就。他是国内首批比较文学博士生导师之一，为当代学界培养了许多杰出的西方文学和比较文学栋梁之材。他提出了新时期中国比较文学跨学科、跨文化研究的重要主张，由他主编的《中国比较文学年鉴》《镜子和七巧板》是中国比较文学初创时期的两部重要著作。他的绝笔之作《论欧洲中心主义》对新时期中国比较文学的建设和发展也具有重要的指导意义，该论文不仅较早地对“欧洲中心主义”提出了客观而公正的评价，而且也深入地讨论了不同文化在接触和吸收过程中自我与非自我的复杂关系，是新时期中国比较文学界客观审视中西文学和文化关系的重要指南。

他的翻译作品远涉古希腊、罗马的经典名篇，如贺拉斯的《诗艺》、维吉尔的《埃涅阿斯纪》、奥维德的《变形记》，也兼及18世纪的传世杰作，如谢立丹的《情敌》、斯摩莱特的《兰登传》，这些都为当代中国的拉丁文翻译和英文翻译做出了重要贡献。他精心编选的《莎士比亚评论汇编》(上编，1979年；下编，1981年)，是我国迄今为止最完备、最系统的国外莎评汇编，“这部莎评汇编与朱生豪先生的译文，是中国莎学的双璧”[①]。由他主编的《欧洲文学史》，是1949年后中国第一部欧洲文学史，在很长一段时间内都是我国高等院校文科必读教材。他的专著《十七世纪英国文学》是新时期以来中国最杰出的英国断代文学史之一，“其内容之丰厚，见解之精辟，同类著作中罕有其匹”[②]。

基于对杨周翰先生学术成就和学术声誉的肯定与尊崇，国际比较文学协会曾连续两届委任杨周翰先生承担国际比较文学协会副主席之职，他既以自己的学术研究为中国的知识分子赢得了巨大的国际声誉，同时他自身也成了西方世界认识中国的一个正向效应的窗口，国际比较文学学会前会长佛克玛教授曾经评价说：“他让我们尊重中国和她的知识分子。”[③]

第一节　杨周翰与刘献彪的交往结缘

刘献彪和杨周翰的初次交往是围绕着《外国文学手册》的编写工作而开始的。20世纪70年代末，刘献彪在戈宝权先生的具体指导下，开始编写《外国文

① 李万钧：《李万钧比较文学论文集》，福建教育出版社2005年版，第475页。

② 盛宁：《重读杨周翰先生〈十七世纪英国文学〉》，《东方早报上海书评》2016年第399期。

③ 乐黛云：《学贯中西的博雅名家——纪念杨周翰教授90冥诞》，《北京大学学报》(哲学社会科学版)2007年1期。

学手册》。当时正值“文化大革命”结束不久，在经历了一个漫长的知识闭塞、文化愚昧的历史浩劫后，不仅学界在外国文学研究方面人才凋敝，而且大量基层教师、大中专学生对外国文学知识的了解也极为有限。刘献彪、戈宝权等人编著《外国文学手册》的主要目的是为广大基层教师、大专院校学生提供正确了解外国文学相关知识的便捷途径和简明扼要的参考资料。

当时的刘献彪仅仅是昌潍师专函授部的一名普通教师，特定的工作背景和社会地位使他在承担这项工作时面临了诸多困难，但他却凭着“明知山有虎，偏向虎山行”的决心和意志，毅然决然地承担起《外国文学手册》的主编工作。他四处联络专家，以“合作、共建、共享”精神，采取“大兵团作战”方式，开始着手实施这项工作。

参与编写《外国文学手册》的几位同志，大都是像刘献彪一样工作在大专院校第一线的普通教师，他们一方面参加教学工作，另一方面承担着撰稿任务，整个过程十分紧张，也非常辛苦。尤其是在当时通信条件落后、各类学术资料都极端匮乏的情况下，他们一方面深入全国各地的图书馆查找资料，另一方面又积极走访“劫后余生”的专家、教授，尽量获取第一手的可靠资料，力求让《外国文学手册》的内容更准确、更完善。当时的撰写条件十分简陋，但是大家依然表现出非常高涨的工作热情和干劲。

杨周翰时任全国外国文学教学学会会长、北京大学西方文学教研室主任，具有丰富的外国文学翻译、教学、研究经验，在外国文学界具有很高的地位。《外国文学手册》作为外国文学教学领域的一部工具书，如能得到杨周翰先生的指导，其意义不言自明。另外，该著作设立的“中国外国文学研究翻译工作者”专章，杨周翰的大名也位列其中。因此，刘献彪和杨周翰的接触也就顺理成章地发生了。

受益于戈宝权、季羡林等人的推荐，刘献彪和杨周翰顺利地建立了初步联系。1981 年 9 月 8 日，杨周翰收到了刘献彪代表编委会寄来的希望他担任《外国文学手册》学术顾问的邀请信。当时，杨周翰正忙于赴复旦大学授课一事，但他仍抽时间回复了该信。虽然复信时间离收信时间仅隔 10 天，但杨周翰先生却非常诚恳地在信中表达了对自己未及时回信的歉意，这一细节既是杨周翰先生绅士风度在不经意间的流露，更是他对刘献彪所从事工作的认可。另外，对于信中所提出的希望他担任《外国文学手册》学术顾问一事，他也欣然应允。此后，杨周翰先生也的确是以尽心尽力的指导履行了自己的承诺。

1981 年 10 月，杨周翰在收到编委会撰写的有关自己的条目后，他既给予了认真的审阅，同时也进行了细心的修订。鉴于原条目主要是列学者的著作，极少涉及学者论文的信息，为此杨周翰先生特意详细地增补了他曾经刊发的 10

条论文的信息。可以说，他的修订不仅进一步充实了该条目的内容，同时也为该著作相关条目体例的设计提供了一个良性的参考。另外，杨周翰先生所提供的相关的论文信息，既注明了论文的发表年份，也注明了月份、期数和创刊号等信息，这些工作充分彰显出杨周翰先生作为一个曾受过正规科班训练的学者所具有的规范性和严整性，同时这些貌似琐碎的工作也为该著作的编写体例打下了良好的基础。

正是感于杨周翰先生在这些细节中所透露出来的严谨性、规范性以及其对该项工作的认可、支持，同年12月，刘献彪亲自登门拜访杨周翰先生，以期更深入地咨询后者对《外国文学手册》的编写意见。另外，刘献彪听说在20世纪60年代杨周翰先生曾组织北京各高校的外国文学研究专家编写过《欧洲文学史》一书，该著作不仅以严谨著称，而且在学界具有很高的声誉和知名度，刘献彪相信杨周翰先生既有的主编经验肯定能够给他提供许多独到的意见和建议。的确，杨周翰先生在主编《欧洲文学史》时积累了丰富的编辑经验，在昔日的工作过程中，他从整理、汇总各位专家意见到修改、审定各条目、大纲都有非常严整的记录，甚至还积累了厚厚一大本编辑笔记。正因为他理解主编者的不易，非常清楚编著《外国文学手册》这一工作的艰难、巨大，所以他对刘献彪当时所承担工作的强度和难度感同身受。为此，他也倾囊相助，对刘献彪提出的问题一一进行了解释和指点，这些都为该书的顺利结稿打下了良好的基础。

许多学者都曾提到，杨周翰先生为人不苟言笑，目下无尘，严肃矜持，常给人以明显的距离感，但是刘献彪与杨周翰的初次接触并没有出现许多人预想中可能会碰到的困难。究其原因，这其实与两位学者共同的教育情怀，尤其是与他们对“文化大革命”后中国知识人才断层式匮乏现状的忧虑紧密相关。受“文化大革命”的影响，高考恢复后的最初几届本科生、硕士生在刚刚走进大学校门时，都面临着知识体系不够完整、基础较为薄弱的突出问题。从自己的学生身上，杨周翰、刘献彪都深切地感受到了快速打开学生视野，帮助学生确立正确知识观的必要性与重要性。

美国学者杰拉尔德·吉列斯比在谈到杨周翰时，评价说：“杨属于执着爱国的特殊的一代学者，他们已经超越了具有毁灭性的70年代，并且心甘情愿地回过来发挥连接过去与未来的桥梁作用。……他的气质更多地合乎中国传统中的儒家而非道家的生活准则。或者说，如果我用欧洲人的观点向一个不懂这些知识的人来表达的话，那么杨显然是一个启蒙型知识分子，而非浪漫主义者，尽管他本人对一些伟大的浪漫主义作家推崇备至。一种深刻的社会责任感激励着他，并不时地促使他克服身体的虚弱而不停地奋进。”[①]与杨周翰类似，刘献彪也是出于一种坦诚的爱国报民之心，所以才会在知天命之年甘愿放弃个人私心与“小我”的舒适，天南海北地四处奔走，无私无畏地为基层教育事业日夜忙碌。刘献彪在20世纪80年代相继编写了三本面向普通院校学生和普通读者的中外文学学习手册：《外国文学手册》《比较文学自学手册》《中国现代文学手册》。对于自己这种连续的编写行为，刘献彪曾经这样说：“我之所以一而再、再而三这样干个不休，既非‘不务正业’，也并非有‘手册癖’。老实说，我不过感到这类工作是应当做而且有益于读者的。作为一位普通的耕耘者，如果这类耕耘对人民也有好处的话，我当然从心里感到高兴。”[②]

相同的愿望、相似的志向，使杨周翰对刘献彪这位基层学者极为尊敬和认可，同时也让刘献彪对他人口中高高在上、“有架子”“为人孤傲”的杨周翰先生产生了强烈的亲近感。同时，刘献彪在编辑《外国文学手册》过程中的工作态度，也让杨周翰对刘献彪的组织能力、协调沟通能力十分信服，他认定刘献彪是一个愿干事、能干事、干实事的人。初次合作，双方都给彼此留下了非常好的印象，这也为他们的后续合作打下了良好的基础。

第二节　杨周翰为刘献彪著作亲笔写序

20世纪80年代初，随着我国学术研究的逐步恢复，世界文化交流的迅速发展以及比较文学研究潮流由西向东的蔓延、发展，比较文学作为一门独立学科已在我国悄然崛起，季羡林、杨周翰、乐黛云等人在其中起着重要的倡导者和领军者作用。也正是在与上述学者的频繁交往中，刘献彪对比较文学的认识由感性趋于理性，并逐步确立了要把比较文学的普及与传播应用作为终生事业追求的誓愿。刘献彪与杨周翰的互动也由此变得更为频繁，二人的友谊也得到加深。

1983年6月，全国首届比较文学学术研讨会在天津召开，来自全国各地的140多位专家学者齐聚一堂。为了近距离接触各位学术大家，亲耳聆听他们的教诲，接受他们的指点，刘献彪自费参加了这次会议。虽然季羡林老先生并未参加这次会议，但他事先为大会预设了两个“启蒙”的主调：“先做一些启蒙工

---

① [美]杰拉尔德·吉列斯比：《杨周翰和比较文学在中国的复兴》，徐燕红译，《中国比较文学》1999年3期。

② 刘献彪主编：《比较文学自学手册·编后记》，湖南文艺出版社1986年版，第431页。

作，其中包括对我们自己的启蒙”[①]，即当时的教育者与受教育者都需要接受比较文学知识的启蒙。感悟于季羡林先生的基本精神，杨周翰先生在这次大会上围绕着“启蒙”基调做了精彩的讲话，给了与会者极大的鼓舞和启发。听完杨周翰的讲话后，刘献彪不仅茅塞顿开、勇气倍增，而且很快萌生了要为普通读者编著一本快速了解比较文学的工具书——《比较文学自学手册》的愿望，“我觉得不仅要在高等学校开设比较文学导论课，而且要为广大读者编写比较文学入门书，尤其是工具书。这样才有利于比较文学研究的普及和发展。据我所知，迄今为止，出自国内研究者之手编写的或翻译的有关比较文学的入门书，工具书为数很少。一些有志于比较文学的大学生和社会上的自学青年，他们为了查阅资料，东跑西奔、拜师访友，但还是找不到很多东西。广大青年朋友求学上进的精神和碰到的困难，既给我们以鼓舞，又给我们以鞭策，我们要多多为他们设想啊！基于这样一种认识，我们产生了编写比较文学工具书的念头”[②]。他希望通过踏踏实实的基础启蒙工作，让更多的人了解比较文学，接受比较文学，以便汇聚更多的人才，为建构中国比较文学宏伟大厦增砖添瓦。

《比较文学自学手册》的编写，工程浩大，难度极高，一方面由于比较文学当时在国内还是一个新兴事物，且受制于国内还较为简陋的资讯条件，查找资料极为困难，另一方面“比较文学作为一门综合性很强的学科，既需要文学学科内的知识储备，也需要文学学科外的知识储备。人无完人，人非超人，一个人在有限的生命时光内不可能将交叉性、渗透性、边缘性、外延性极强的比较文学知识全部掌握。这就需要从事比较文学研究的人具备一种团队的意识与合作的精神”[③]。在编写《比较文学自学手册》的过程中，刘献彪得到了来自文学研究各方面、各领域专家的友好支援和帮助，其中杨周翰先生的支持尤为明显。除了积极提供信息与资料外，杨周翰先生还不顾自己当时事务繁杂、诸事缠身的境况，欣然同意了刘献彪提出的让他为该书写一篇序言的愿望，更为难得的是从他接到刘献彪的请求后的初次回信，到完成该书序言后的第二次回信，两者之间的时间前后不超过10天，这充分显示了这位比较文学前辈对刘献彪的提携以及对他所做工作的重视。

在序言中，杨周翰先生一方面谈了何为比较文学，比较文学研究的任务、意义等，另一方面也对该书的编纂意义、内容和学科建设作用等给予了积极的肯定：“现在国内不仅不少高等院校开设了比较文学课程，各地出版了相当数量的

① 季羡林：《序》，张隆溪选编：《比较文学译文集》，北京大学出版社1982年版，第2页。

② 刘献彪主编：《比较文学自学手册·编后记》，湖南文艺出版社1986年版，第429页。

③ 尹建民、王福和、吴家荣主编：《刘献彪与新时期比较文学》，安徽大学出版社2012年版，第129页。

专著、论文和译作，而且若干地区也成立了学会，全国学会也于今年成立。比较文学正如有人所说成了一门显学，国内对比较文学发生兴趣的人越来越多。在这种情况下，《比较文学自学手册》的编纂是非常及时的，适应了广大读者的需要，而且内容赅备，对这门学科的发展将会起到推动作用。"①

《比较文学自学手册》出版于 1986 年 8 月，是自中华人民共和国成立以来出版的第一本有关比较文学的工具书，也是一本比较文学普及教材。该书吸取了当时国内外比较文学研究的最新成果，内容丰富，自成体系，共分为七大专辑及三个附录，其中专辑部分涵盖了比较文学的含义，比较文学的研究方法，比较文学在国内外的发展历史及境况，相关名词解释，比较文学大事年表，比较文学论著、期刊简介等内容；附录部分则包含了国外著名比较文学工作者简介、1907～1983 年我国主要比较文学论著目录、台港中西比较文学研究资料索引等内容，确如杨周翰先生所说的"内容赅备"。

该书在国内比较文学的开创期具有一定的填补空白的作用，也确实起到了有效普及的作用及对学科建设的推动作用，正如有学者所评价的那样："该书带有资料汇编的性质，不注重理论的阐发，而旨在介绍国内外比较文学研究的最新成果，内容丰富，材料翔实，编排有序，为比较文学的初学者提供了方便快捷的入门通道。虽然谈不上多少理论创见，《手册》的适时推出却不容忽视，它是普通比较文学爱好者的良师益友，在当时相关资料还比较匮乏的情况下，这本类似于比较文学工具书的出现就显得尤为可贵，也正因此，《手册》的编撰者以其独特眼光和良苦用心，获得了普遍的肯定和赞扬。"②从学者们的评价中可以看出，该书在一定意义上实现了杨先生对该书的期望。

正是在与刘献彪这种单纯而又扎实的学术交往活动中，杨周翰对刘献彪的工作也越来越肯定和赏识，"后来，当上海外国语大学陈生保先生要去日本访学，请教杨先生带几本比较文学的书时，杨先生还特别向他推荐了刘献彪主编的《比较文学自学手册》"③。由此可以清楚地看到，杨周翰先生对该书的总体质量是比较满意的。

为了帮助刘献彪进一步拓展工作平台，同时也为了进一步鼓励基层院校提高对比较文学学科的重视程度，在筹备 1998 年下半年比较文学年会的过程中，杨周翰不仅和其他主要组织者一起同意了刘献彪提出的将自己所在的昌潍师

① 杨周翰：《序》，刘献彪主编：《比较文学自学手册》，湖南文艺出版社 1986 年版，第 2 页。

② 吴家荣、刘萍：《论新时期比较文学教材的发展》，曹顺庆主编：《中外文化与文论》第 17 辑，四川大学出版社 2009 年版，第 33 页。

③ 宋绍香：《刘献彪现象透视》，刘献彪、陆万胜、尹建民主编：《中国比较文学艰辛之路》，人民日报出版社 2005 年版，第 326 页。

专列为中国比较文学学会理事单位的建议，而且还亲自代表组委会给昌潍师专党委写了一封邀请函。这件事在学界开辟了一个先例，毕竟一所地方普通专科院校跻身于国家一流学会理事单位这样的事情，在当时的学界是极为罕见的。由此，昌潍师专作为唯一一所专科院校，得以与北大、复旦等知名高校并列，共同成为中国比较文学学会的理事单位。昌潍师专“也从此被推向了全国、世界，为未来作为普及比较文学的基地打下了坚实的基础”[①]。

第三节　杨周翰对刘献彪学术拓展的帮助

自《比较文学自学手册》出版以后，刘献彪在比较文学界初露风采，其向更高层次目标奋进的决心也更为坚定。刘献彪在后续的学术拓展过程同样得到了杨周翰先生的精心呵护与大力支持，他以审稿、邀会、题字等形式，给予了刘献彪无微不至的关怀与帮助。

20 世纪 80 年代中期，全国只有几所名牌院校开设了比较文学课。为了尽快有效地启发、带动更多的基层高校开展比较文学学科建构工作，刘献彪顶住各种压力，克服重重困难，联合中文系与外语系的 5 位副教授于 1987 年率先在昌潍师专成立了比较文学研究室，并在校内开设了比较文学课程。当时，这不仅在全国高校中是一个十分大胆的举动，而且在全国师专系统中更是一个“零”的突破。面对当时师专院校学生起点低、底子薄，但重应用、师范特色突出的特点，刘献彪深感必须要有与之相应的教学设计和教材规划才能符合教学实际，由此刘献彪在比较文学界的另一部扛鼎之作——《简明比较文学教程》也诞生了。

但是，该教材的实际编写过程极为艰难，毕竟没有先例可循，没有旧路可鉴，一切都得摸着石头过河。刘献彪首先在教材的体例设计上就费了一番苦心，他希望教材做到从教学需要和自学需要的实际出发，既要简明易懂，概念准确，又要示例典型，叙述简洁。另外，还要与学科发展前沿相结合。同时，他认为，教材还应反映中国比较文学的面貌与特点。为了达到这一目标，他与各位编者几易其稿，“从初稿 50 万字，压缩到 25 万字左右，又从 25 万字左右增补到 30 万字左右。所以这样或减或增”[②]，目的无非只有一个，希望教材能够真正实现初心，有效解决

① 宋绍香：《刘献彪现象透视》，刘献彪、陆万胜、尹建民主编：《中国比较文学艰辛之路》，人民日报出版社 2005 年版，第 328 页。

② 刘献彪：《写在“后记”之后的话》，刘献彪主编：《简明比较文学教程》，文津出版社 1990 年版，第 400 页。

当时师专和新成立的普通高校在比较文学教材方面“无章可依”的问题。

杨周翰先生对刘献彪在该书编写过程中遇到的各种问题深感同情，同时也竭尽所能地予以帮助。当刘献彪把 40 多万字的初稿寄给杨周翰先生时，他不顾自己当时百事缠身的境况，爽快地接下了审稿任务。他不仅自己于百忙中挤时间看稿，而且也发动和委托自己的高足王宁（现任中国比较文学学会会长）等人帮助审稿，并就书稿的内容在师生间积极交流意见和看法，然后再及时地反馈给刘献彪。

后来，为了确保教材的质量，刘献彪又特意在潍坊举办了一次专家审稿会。在回复刘献彪邀请函的信中（见图 4-1），杨周翰说：“本月十九日手书奉悉，《教程》一书已将竣事，闻之不胜欣喜。顷与乐黛云先生谈及，拟于七月十二日来潍坊，七月十五日去青岛，不知是否方便？我六月十五日赴日本，下旬回京，仍须赶写一篇中美讨论会文章（中英文），八月份须寄出，时间促迫，因此在山东不能久留，祈见谅……”

CHINESE COMPARATIVE LITERATURE ASSOCIATION
ASSOCIATION CHINOISE DE LITTERATURE COMPAREE
Secretariate: Peking University, Beijing, China

献彪同志：

本月十九日手书奉悉，《教程》一书已将竣事，闻之不胜欣喜。顷与乐黛云先生谈及，拟于七月十二日来潍坊，七月十五日去青岛，不知是否方便？

我六月十五日赴日本，下旬回京，仍须赶写一篇中美讨论会文章（中英文），八月份须寄出，时间促迫，因此在山东不能久留，祈见谅。

专复，并候

时绥

杨周翰

87.5.28

图 4-1 1987 年 5 月 28 日杨周翰写给刘献彪的信

这封信是杨周翰先生在 1987 年 5 月 28 日写给刘献彪的，其间不难看出杨先生对刘献彪所做之事的赞赏，也可以看出当时他工作的繁忙程度以及他对刘献彪工作的积极支持。但是可惜的是，杨先生从日本归来后，因劳累和旅途不适，身体欠佳，无法达成此行。在深感遗憾和无奈的前提下，他不仅复信刘献彪表示不能前来审稿，同时又特意为刘献彪推荐了苏州大学的孙景尧教授（比较文学界的另一位著名专家），让他代替自己前往审稿，甚至还亲自给孙景尧教授去信谈及此事。孙景尧教授也不负其重托，亲赴潍坊，夜以继日地审稿，切实地履行了杨周翰先生的审稿愿望。这件事情让刘献彪感念至深，时常向人提起。

1988 年 8 月，国际比较文学学会在德国慕尼黑举办，为进一步带领国内比较文学学术骨干走出国门，开阔眼界，加强与国外一流学者的交流，作为这次会议重要组织者的杨周翰先生特意给刘献彪转发了会议邀请函。对于杨先生的邀请，刘献彪非常感动，他积极与昌潍师专的领导沟通，终于获批参加此次会议，这也是刘献彪的第一次海外会议经历。在会上，刘献彪不仅做了会议发言，而且结识了一些海外学者，使视野得到极大的扩展。在慕尼黑会议期间，杨周翰先生挂念刘献彪是初次出国，担心其不能适应海外生活，在休息期间他亲自到刘献彪的住处探视，并邀他共进午餐，可以说从各方面对刘献彪给予了无微不至的关怀。另外，杨周翰也充分利用会议间隙，对刘献彪进行学术指导，他建议刘献彪在未来的学术道路上应强化学术积累，深入阅读鲁迅、胡适、钱锺书等人的著作，以便自己的学术积淀更为丰厚。同时，他还念及刘献彪正在编写的《简明比较文学教程》的出版问题，尤其是对书中“中国比较文学的历史和传统”一章很感兴趣，他认为这个问题值得好好研究，他告诉刘献彪如果加深对鲁迅、郑振铎、闻一多等人文章的研究，从中应该能够发现中国比较文学的优良传统。[①] 因此，杨周翰先生与刘献彪之间虽无师徒之名，但种种事实累积，却又使二人之间确有师徒之实。

图 4-2　刘献彪著作书影（杨周翰题签）

1988 年 2 月，在《简明比较文学教程》出版之际，杨周翰先生又答应了为该书题字的请求（见图 4-2）。杨先生不但具有深厚的西方文化造诣，而且还精于书法，写得一手漂亮的毛笔字。但其生前却绝不轻易给人题字，此次他愿为该书破例，足见其对刘献彪的支持力度之大。而这一破例之举，既成就了一段文坛佳话，也为中国比较文学界留下了一份珍贵的墨宝。

“天有不测风云，人有旦夕祸福”，世上之事不遂人愿者常十有八九，此类事情中最让刘献彪喟叹的是，1990 年《简明比较文学教程》终于面世时，杨周翰先生却已病逝近半年了。此事让刘献彪时时有锥心之痛，他曾在该书的后记中补写道：“如今，《教程》即将问世，杨老却过早地离开人间，离开我们，每念及此，不觉黯然泪下。”[②]

让人略感欣慰的是，该书在出版后，被公认为一部材料翔实、具有明显操作性的、面向普通高校的比较文学教材，其实际作用也如乐黛云先生所说：“既适

① 参见刘献彪主编：《简明比较文学教程》，文津出版社 1990 年版，第 401 页。

② 刘献彪：《写在“后记”之后的话》，刘献彪主编：《简明比较文学教程》，文津出版社 1990 年版，第 401 页。

合高校尤其适合师专教学的需要，又适合广大青年尤其是爱好比较文学的青年自学的需要”，能有效地帮助中学语文教师“突破传统的封闭的语文教学而代之以具有国际眼光和现代意识的、新鲜活泼的语文教学”。[①] 后来该教材先后荣获“全国比较文学优秀教材三等奖”和“山东省教育科学成果三等奖”。相信杨周翰先生的在天之灵，在得知该书的实效及其所获得的荣誉时，也应该是极为高兴的吧！

---

① 乐黛云：《序》，刘献彪主编：《简明比较文学教程》，文津出版社1990年版，第1～2页。

附　件

一、杨周翰写给刘献彪的信件

（一）

献彪同志：

九月八日大札收到，我因即日要来上海复旦授课，未遑即复，甚以为歉。

关于顾问一事，我对《手册》未尽绵薄，当之有愧，如编辑部认为有此必要，我自当表示同意。知关悬念，匆复如上，顺颂

教祺

杨周翰

9/17

我在复旦讲课到十一月中返北京，现址复旦大学外文系孙铢同志转。

（二）

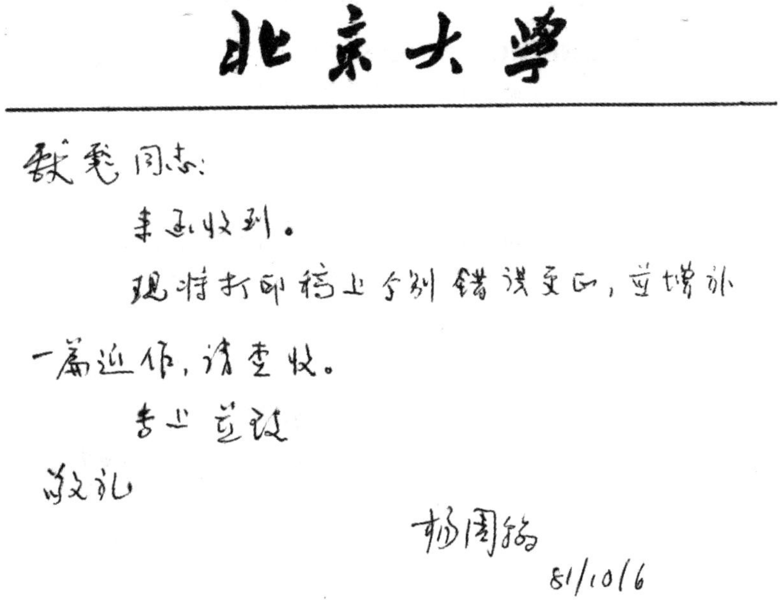

北京大學

献彪同志：

来函收到。

现将打印稿上个别错误更正，并增补

一篇近作，请查收。

专上并致

敬礼

杨周翰

81/10/6

献彪同志：

来函收到。

现将打印稿上个别错误更正，并增补一篇近作，请查收。

专上并致

敬礼

杨周翰

81/10/6

（三）

85年12月6日来《手册》序

PEKING UNIVERSITY **北京大学**

HAITIAN · BEIJING · CHINA · TEL: 28.1031 28.2471 · TELEX: 22239 PKUNI CN · 中国北京海淀 · 电话：二八·一〇三一 二八·二四七一

Institute of Comparative Literature 比较文学研究所

献彪同志：
十一月廿八日来函谨悉。近日手头要应付的"差使"很多，须一一完成。要我为《手册》写序的事，容我找时间完成，写好寄上请过目。
北京出版社李冰同志来访，我曾托她转上拙作《攻玉集》一册，想可收到。
关于报考比较文学研究生一事，我所现正申请上级批准授予比较文学硕士权，一经批准，即可招收。估计明年初即可招考，具体日期当会在报纸上公布。
专覆，顺颂
教祺。
杨周翰 85/12/6

献彪同志：

十一月廿八日来函谨悉。近日手头要应付的"差使"很多，须一一完成。要我为《手册》写序的事，容我找时间完成。写好寄上请过目。

北京出版社李冰同志来访，我曾托她转上拙作《攻玉集》一册，想可收到。

关于报考比较文学研究生一事，我所现正申请上级批准授予比较文学硕士权，一经批准，即可招收。估计明年初即可招考，具体日期当会在报纸上公布。

专覆，顺颂

教祺

杨周翰

85/12/6

（四）

第　　页

20×15＝300　　西北师范学院

献彪同志：

序言写好，请批评，前半谈谈我对这门学科的粗浅认识，后半简单叙述了一下形势。如有不妥或不足之处，请示知，以便修改。顺颂

撰祺

杨周翰

12/10

（五）

第　　页

献彪同志：

六月一日手书奉悉。蒙你准备盛情接待参加审稿事宜，衷心感谢。我原来考虑你屡次邀我，不来有些说不过去，加以审稿之事，也可广增见识，故前次应允，很高兴接受。后来，我又仔细计算一下，我六月下旬从日本回来以后，六月所余时日无几。七月中旬再赴深圳、青海地，又要耽搁到七月下旬。中美双边会议的论文，八月一日要寄到，中英文各一份。如此算来，实在没有足够时间动笔。即使不来山东，也只有不到一个月时间写稿，已甚仓促。再加以每出行一次，精力消耗极大。因此思之再三，不得不收回前诺，希能原谅。以后有机会还来与济南同志们会晤。特此及早奉告，以免徒劳准备。此事我已与乐黛云同志谈过，她也同意。有乐老师把关，将胜我一筹也。专此并再申歉意。不宣。

杨周翰

87.6.10

20×15＝300　　西北师范学院

献彪同志：

六月一日手书奉悉。蒙你准备盛情接待参加审稿事宜，衷心感谢。我原来考虑你屡次邀我，不来有些说不过去，加以审稿之事，也可广增见识，故前次覆书，很高兴接受。后来，我又仔细计算一下，我六月下旬从日本回来以后，六月所余时间无几。七月中旬再赴潍、青两地，又要耽搁到七月下旬。中美双边会议的论文，八月一日要寄到，中英各一份。如此算来，实在没有足够时间动笔。如不来山东，也只有不到一个月时间写作，已甚局促。加以每出行一次，精力消耗极大。因此思之再三，不得不收回前说，希能原谅。以后有机会还可来潍与同志们会晤。特此及早奉告，以免徒劳准备。此事我已与乐黛云同志谈过，她也同意。有乐老师把关，犹胜我一筹也，专覆并再申歉意。不宣。

杨周翰

87.6.10

（六）

中国比较文学学会

CHINESE COMPARATIVE LITERATURE ASSOCIATION

献彪同志：七月十六日手书及大作《简明比较文学教程》已由北京出版社转来。谢谢。审稿工作由米、张、孙诸先生参加，可去可资。我因手头工作较多，且精力有限，未能参加，至以为歉。

来稿粗粗翻览一遍，感到您们用了不少功夫，收集了不少材料，打下了良好的基础，加以修订，当可臻于完善。

翻阅时，有几个问题，提出供参考。

一、此书既是"教程"，有些部分是否与"教程"有关？我指的是VII章2-5节。这几节属于鼓动、展望性质，可单独成文，是否"教程"内容必要？尤其这章（杨周翰）1节（VIII章恐怕也是如此，来稿阙，只能就标题判断）。我意，既是"教程"，似应以指导实践，提供知识为主。有些提法也值得斟酌，如VII.4.3."促进世界文学时代的到来"，我怀疑是否有这一天，即使有，也是遥远将来的事，以此作为比较文学的作用，未乃太空泛。我总的意见是应扣住"教程"两字做文章。

二、另一感觉，恕我直言，书中太强调"权威"、"名人"。我看到提到我的时候，颇不舒服，因为我的比较文学实践不多，不足以成为"权威"。其他先生，我不能代言。尤其关于我那本小书《攻玉集》，其中若干篇和比较文学挂钩的，也不过加帽革一顶，以后若些著作，也并未收入。所以我建议这中关于我那一节，务必抽掉。相反，有些前辈如范存忠、茅盾、郑振铎等等，倒应立传。

此外如"钱锺书朋友的这些话"这类词句，也大可不必，不这样提，也无损于二公。对前辈的尊敬是一回事，写"教程"又是一回事，何必引那么多"名家"言论？

中国比较文学学会

CHINESE COMPARATIVE LITERATURE ASSOCIATION

三、第X章主意不明，它实际上是中外比较文学家的辞典，是否需要列入"教程"？如作为辞典，则中外俱有遗漏。我意第四章既已有中国比较文学的历史回顾，不如将X章中的内容充实到四中去。需要的是能把中国的经验总结得好些。现在的总结（VII.1.3）似不够全面、精确，如王国维、郑振铎、茅盾用西方方法研究中国小说、寓言、神话算不算比较文学？又如立足中国文学的立场研究外国文学算不算比较文学（鲁迅、吴宓、林纾）。

以上是我意见，仅供参考。专此并颂

著祺

杨周翰

87.7.27

献彪同志：

七月十六日，手书及大作《简明比较文学教程》已由北京出版社转来。潍坊审稿工作有乐、张、孙诸先生参加，可喜可贺。我因手头工作较多，且精力有限，未能参加，至以为歉。

来稿粗粗浏览一遍，感到足下用了不少工夫，收集了不少材料，打下了良好的基础，加以修订，当可臻于完善。

翻阅之余，有几个问题，提出供考虑。

一、册书既是"教程"，有些部分是否与"教程"有关？我指的是Ⅶ章2～5节，这几节属于报导、展望性质，可单独成文，置于"教程"内有无必要？尤其Ⅸ章1节范围太大（Ⅷ章恐怕也是如此，来稿缺，只能就标题判断)。我意，既是“教程”，仍应以指导实践，提供知识为主旨。有些提法也值得考虑，如Ⅶ.4.3.“促进世界文学时代的到来”，我怀疑是否有这一天，即使有，也是遥远将来的事，以此作为比较文学的作用，这乃太空泛。我总的意见是应扣住“教程”两字做文章。

二、另一感觉，絮我直言，书中太强调“权威”“名人”。我看到提到我的时候，颇不舒服，因为我的比较文学实践不多，不足以成为“权威”。其他先生，我不能代言。尤其关于我那本小书《攻玉集》，其中真正能和比较文学挂钩的也不过“加帆车”一篇，以后有些习作也并未收入。所以我建议Ⅹ中关于我那一节，务必抽掉。相反，有些前辈，如范存忠、茅盾、郑振铎等等，倒应立传。

此外，如“钱锺书的朋友赵瑞蕻”这类词句，也大可不必，不这样提，也无损于二公。对前辈的尊敬是一回事，写“教程”又是一回事，何必引用那么多“名家”言论?

三、第Ⅹ章立意不明，它实际上是中外比较文学家的辞典，是否重复列入“教程”? 如作为辞典，则中外俱有遗漏。我意第Ⅶ章既已有中国比较文学的历史回顾，不如将Ⅹ章中的内容充实到Ⅶ中去。要紧的是能把中国的经验总结得好些。现在的总结(Ⅶ.1.3)似不够全面、精确，如王国维、郑振铎、茅盾用西方方法研究中国小说、寓言、神话算不算比较文学? 又如立足中国文学的立场研究外国文学算不算比较文学(鲁迅、吴宓、林纾)。

以上几点看法，仅供参考。专覆并颂

著祺

杨周翰致

87.7.27

二、杨周翰先生为刘献彪主编著作写的序

第 1 页

《比较文学手册》序

"比较文学"这个词是个外来词的直译，原来的名词涵义不清，百余年来约定俗成，也就沿用下来了。它的基本任务是对两个或两个以上不同民族、不同语言的文学进行比较研究。最早它是文学史的一个分支，研究一个民族文学受其他民族文学的影响，或各民族文学之间的相互影响（如涉及多个国家的某一文学运动）。此后逐渐发展出所谓的"平行"研究，甚至跨学科的比较研究。所谓平行研究指的是并无直接接触的不同民族的文学之间就某些问题的比较研究，如对主题、题材、文类、文体、诗学等问题的比较研究，发现其异同以及其异

20×15＝300　　西北师范学院

第 2 页

同的原因。比较研究的好处在于把一个民族的文学同另一民族的文学比较，或把它放在宏观的范围·世界文学的范围去考察，就可以不致于就事论事，而对本民族文学的特点有更深一层的了解，同时也增加了彼此之间的了解，可以取长补短。其次，通过比较也可以看看哪些是共同规律，哪些是特殊性，研究一下为什么不同，能否趋于一致，相互补充，如东西方的悲剧观念，文类观念等，作出理论的总结。

　　我国从十九世纪末开始已有东西方思想、政治、社会、哲学、文化以及文学的比较研究，五四以后比较文学研究方始大盛。解放以后，停顿了很长一个时期，直到最近几年才又出现高潮。有人称之为比较文学在中国的复兴，是非常恰当的。现在国内不仅不少高等院校开设

20×15=300　　西北师范学院

第 3 页

各地还出版了相当数量的专著、论文和译作，了比较文学课程，而且若干地区也成立了学会，全国学会也于今年成立。比较文学正如有人所说成了一门显学，国内对比较文学发生兴趣的人越来越多。在这种情况下，《比较文学手册》的编纂是非常及时的，适应了广大读者的需要，而且内容赅备，对这门学科的发展当会起到推动作用。是为序。

杨周翰 1985/12/10

20×15=300　　西北师范学院

《比较文学手册》序[①]

“比较文学”这个词是个外来词的直译，原来的名词涵义不清，百余年来约定俗成，也就沿用下来了。它的基本任务是对两个或两个以上不同民族、不同语言的文学进行比较研究。最早它是文学史的一个分支，研究一个民族文学受其他民族文学的影响，或各民族文学之间的相互影响（如涉及多个国家的某一文学运动）。此后逐渐发展出所谓的“平行”研究，甚至跨学科的比较研究。所谓平行研究指的是并无直接接触的不同民族的文学之间就某些问题的比较研究，如对主题、题材、文类、文体、诗学等问题的比较研究，发现其异同以及其异同的原因。比较研究的好处在于把一个民族的文学同另一民族的文学比较，或把它放在宏观的范围、世界文学的范围去考察，就可以不至于就事论事，而对本民族文学的特点有更深一层的了解，同时也增加了彼此之间的了解，可以取长补短。其次，通过比较也可以看看哪些是共同规律，哪些是特殊性，研究一下为什么不同，能否趋于一致，相互补充，如东西方的悲剧观念，文类观念等，做出理论的总结。

我国从十九世纪末开始已有东西方思想、政治、社会、哲学、文化以及文学的比较研究，五四以后比较文学研究才始大盛。解放以后，停顿了很长一个时期，直到最近几年方又出现高潮。有人称之为比较文学在中国的复兴，是非常恰当的。现在国内不仅不少高等院校开设了比较文学课程，各地还出版了相当数量的专著、论文和译作，而且若干地区也成立了学会，全国学会也于今年成立。比较文学正如有人所说成了一门显学，国内对比较文学发生兴趣的人越来越多。在这种情况下，《比较文学手册》的编纂是非常及时的，适应了广大读者的需要，而且内容赅备，对这门学科的发展当会起到推动作用。是为序。

杨周翰

1985/12/10

① 该序言是杨周翰先生为刘献彪主编的《比较文学自学手册》写的序，但最初因书的题目未完全确定，所以杨周翰先生原稿中的题目是《比较文学手册》。

第五章

知己挚友：刘献彪与乐黛云的交往

乐黛云，比较文学专家，北京大学教授，博士生导师，历任深圳大学中文系主任、北京大学比较文学与世界文化研究所所长、国际比较文学学会副主席，自1989年担任中国比较文学学会会长至今。1931年1月生于贵阳，1948年考入北京大学中文系，1952年毕业留校任教。1981年赴美学习，先后在哈佛大学、加州大学伯克利分校从事学术研究，游学英、法、德、意等国，获加拿大麦克玛斯特荣誉文学博士。主要著作有《比较文学原理》《比较文学与中国现代文学》《中国现代小说中的知识分子》《多元文化语境中的文学》，主编《独角兽与龙》《世界文学大辞典》《中西比较文学教程》《西方文艺思潮与中国现代文学》《超学科比较文学研究》《欲望与幻象》《跨文化对话》《远近丛书》等。

作为中国比较文学的发起者和建设者之一，乐黛云教授对自己的比较文学之路是这样回忆的："我追随前辈，走上比较文学之路，是偶然，也是必然。"刘献彪教授指出："在20世纪70年代中期，北京大学曾招收一部分欧美学生，而乐教授则被分配去教授他们现代文学，其中涉及许多作家，如徐志摩、艾青、李金发等。在教书的过程中，她发现，如果要学生能够较深地理解这些作家及作品，就不得不去研究西方文学对中国现代文学的影响，以及它们在中国的情形。正是这些问题触发了乐教授对比较文学的兴趣，带着问题意识，乐教授开始关注起现代文学与西方文学的关系，这种研究首先是从尼采与中国现代文学的关系研究开始的。1981年，她在北京大学学报上发表了一篇《尼采与中国现代文学》的文章，讨论尼采在中国现代文学史上的接受情况，引起了非常大的反响。该文被选入多种文集，并被国外的一些刊物收录，乐教授也从此开始了她的比较文学研究之旅。"①

在刘献彪教授看来，"乐黛云为了新时期中国比较文学的崛起和重建，几十年如一日，苦干苦修，持之以恒，夜以继日，团结广大比较文学工作者，带领广大比较文学工作者，走中国比较文学之路，创中国比较文学之业。如今虽然年逾古稀，却仍然老骥伏枥，志在千里，马不停蹄，为中国的比较文学事业振兴而奔走呼号。这一点，大家都有目共睹，看在眼里，记在心中"②。

对于乐黛云在中国比较文学重建过程中的贡献，苏州大学文学院教授、博士生导师方汉文也有同样的看法，他在《近代新学的创造与乐黛云》一文中说："中国比较文学学科大致经历了两个阶段，在其初期阶段中，仍然是以介绍西方的比较文学理论为主。直到20世纪末期，中国比较文学才真正有'自觉'，进入了创造中国比较文学学科理论体系的阶段。在中国比较文学学科理论建设方面，我认为乐黛云教授是有重要贡献的。"③

中国比较文学学会副会长、北京大学教授陈跃红也说过："也许我们更应该对那些舍得牺牲自己的个人的成就和名声，从而为一个国家的新学术群体崛起和学科建设做出奉献的人表示更高的敬意……而恰恰正是在这些方面，乐先生表现出了她的热情、智慧和义无反顾的承担精神。"④

最后，可以用刘献彪教授的这段文字为乐黛云先生做一个总结："在我眼里，乐黛云就是乐黛云，乐黛云又不属于乐黛云，乐黛云属于比较文学。从某种意义上说，乐黛云的'比较文学之路'，在客观上已越来越成为中国比较文学历史发展过程中的宝贵财富。这份资源和财富的创造，可谓中国比较文学的奇迹，也是世界比较文学的奇迹。"⑤

① 刘献彪、吴家荣、王福和主编：《新时期比较文学的垦拓与建构》，安徽大学出版社2007年版，第43页。

② 刘献彪：《共享乐黛云》，刘献彪、陆万胜、尹建民主编：《中国比较文学艰辛之路》，人民日报出版社2005年版，第230页。

③ 方汉文：《近代新学的创造与乐黛云》，刘献彪、陆万胜、尹建民主编：《中国比较文学艰辛之路》，人民日报出版社2005年版，第190页。

④ 陈跃红：《学术的国家意识和国际意识》，刘献彪、陆万胜、尹建民主编：《中国比较文学艰辛之路》，人民日报出版社2005年版，第195页。

⑤ 刘献彪：《共享乐黛云》，刘献彪、陆万胜、尹建民主编：《中国比较文学艰辛之路》，人民日报出版社2005年版，第232页。

第一节　乐黛云与刘献彪的学术互动

刘献彪与乐黛云两位中国比较文学界耕耘者的结识，用刘献彪教授的话说，既是偶然，也是自然。他回忆说："所谓偶然，是因为当年偶然的机遇遇上了赵瑞蕻先生，我把自己学习比较文学写的第一篇文章交给他，请他指导。他很随和，没有架子，对我很热心，为我搞比较文学撑腰打气，建议我找季羡林先生帮忙。我按照他的建议办理，把文章寄给季先生，没有料到，寄出不久，很快收到季老给我的大函。"①

季羡林先生在当年已是享誉中外的学界泰斗，也是中国比较文学复兴的开路先锋之一。以他这样的身份，对于一个素昧平生的普通师专院校教师也能给予关怀和尊重，这让刘献彪感动不已。1981 年 10 月上旬，他到北京去拜访季羡林先生，季羡林先生对他在比较文学道路上的探索给予了充分肯定，同时又建议他去找乐黛云商量。正是在季羡林先生的介绍下，刘献彪与乐黛云第一次相见了。刘献彪教授在《共享乐黛云》一文中记录了他们初次见面时的情景："根据季老的介绍和建议，我立即跑到黛云家中。虽然我是头一次找黛云，过去不但没有见过面，甚至连她的大名我都不知道，但是由于季老介绍黛云为人做事坦诚率真、乐于助人等等，自己心里似乎有一种莫名其妙的与她志同道合的感觉。因此，一进她家门，我就像老友重逢一样，开门见山，一五一十把自己要给她说的话说个没完没了。她也像对待老朋友一样，没顾得上让我坐下，或者给我倒杯开水，只顾站在那里听我说个没完没了。我说完后，她表示帮忙，我表示感谢，就这样翻开了我学习黛云、走比较文学之路、近三十年的友好交往的历史。老实说，在自己近三十年来比较文学的途路中，所得黛云的启发和鼓舞真是一言难尽。"②

刘献彪教授这一段描写，生动地展示出两个中国比较文学耕耘者形象，其中一个刚刚开始比较文学探索之路，迫切需要寻找志同道合的战友、伙伴；另一个则古道热肠、乐于助人，非常愿意在比较文学道路上提携新人。30 年来，两位学者在不同的道路上，共同为中国比较文学的发展做出了自己的贡献和努力。

---

① 刘献彪：《共享乐黛云》，刘献彪、陆万胜、尹建民主编：《中国比较文学艰辛之路》，人民日报出版社 2005 年版，第 218 页。

② 刘献彪：《共享乐黛云》，刘献彪、陆万胜、尹建民主编：《中国比较文学艰辛之路》，人民日报出版社 2005 年版，第 219 页。

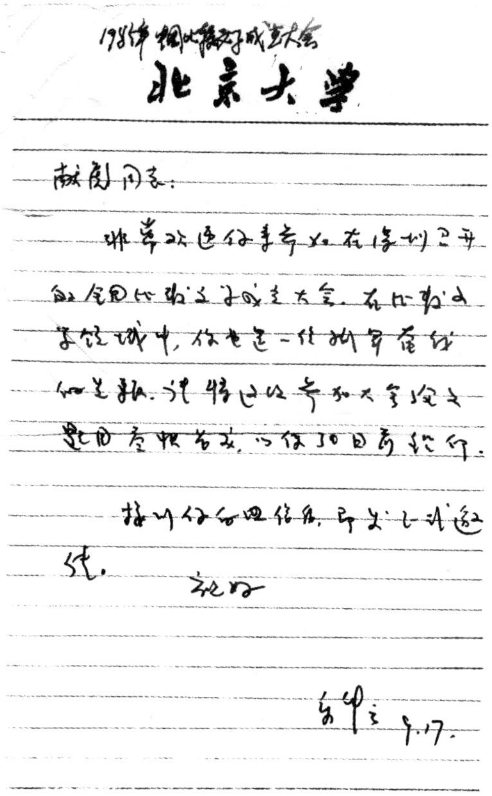

30 年来，凡是刘献彪教授组织的会议，乐黛云先生都会尽量参加；凡是刘献彪教授所写的著作，只要邀请乐黛云先生为之作序，她也欣然应允。他们往来的很多信件都能反映乐黛云先生对刘献彪教授的学术促进与支持。

1985 年，中国比较文学学会成立大会及第一次年会在深圳召开，乐黛云先生立即写信通知刘献彪教授（见图 5-1）。

图 5-1　1985 年 9 月 17 日乐黛云写给刘献彪的信

献彪同志：

非常欢迎你来参加在深圳召开的全国比较文学成立大会。在比较文学领域中，你也是一位孤军奋战的先驱。请将这次参加大会论文题目尽快告知，以便 30 日前铅印。……接到你的回信后，即发正式邀请。

祝好

乐黛云

9.17

1986 年，山东省比较文学学会成立大会在济南召开。会上，刘献彪等几位来自师范专科学校的老师，根据他们近年来开设比较文学课程的经验和感受，提出在师专开设这一课程的建议。另外，刘献彪教授也受命主编那部后来名为《简明比较文学教程》的著作，对此乐黛云先生给予了大力支持。当她接到刘献彪教授请她为该书写序的邀请时，虽然处于百忙之中，但仍欣然应允，遂在飞往美国的前夕将序写成。她在信中这样写道（见图 5-2）：

献彪：

很抱歉今天才完成你交给我的任务。但我总算不辱君命，在去美国的前一天如约寄出了这篇小序。不知你是否满意？不妥处请全权修改。明天此时我就在太平洋上空了。

在这篇序言中，乐黛云先生充分肯定了刘献彪等老师在师专开设比较文学课的做法，并认为："这对于建设我国精神文明，培养即将成为21世纪建设骨干的青年一代，具有重要战略意义。而师专的比较文学这门课，在这方面可以起很好的推动作用"，"比较文学这门课程能否在我国的文学教学中生根开花结果，在很大程度上取决于它是否能为全国近千所师专的文学教师所接受和推广，我相信这本教材必能为此做出特殊贡献而载入中国的比较文学发展史册"①。

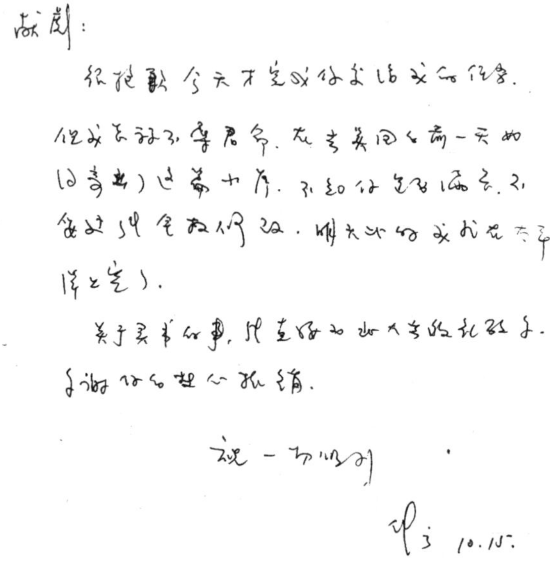

图 5-2　1986 年 10 月 15 日
乐黛云写给刘献彪的信

此外，乐黛云先生还在百忙中抽空参加了该书的审稿会。对此，刘献彪教授也有详细的叙述："80 年代中期，山东比较文学学会成立伊始，几位山东高校的老师着眼于师专和新成立的大学，深感编写一本旨在普及比较文学基础知识的教材很有必要。大家建议由我来主编这本教材，我也就当仁不让地挑起了这个担子。后来我向她报告此事，同时邀她写序，她听后非常高兴，在百忙之中写好了序。不仅如此，后来开审稿会时，她还在多处奔忙穿梭时，应我的邀请，从北京买了一张普通票，通宵达旦站在车上，赶到潍坊参加审稿会。一下车，风尘未洗就投入了紧张的审稿中，一审就是好几天。审完也没停下来休息，马上又匆匆赶到青岛比较文学讲习班讲课，累得头疼脑热也不顾。她这种为事业、为友谊而奉献的精神，令我感动不已！"②

1988 年，刘献彪教授和乐黛云、杨周翰、彭定安、蔡恒、徐京安、王志量等先生，应邀到德国慕尼黑参加国际比较文学年会暨学术讨论会。后来，刘献彪教

① 乐黛云：《序》，刘献彪主编：《简明比较文学教程》，文津出版社 1990 年版，第 2 页。

② 刘献彪：《共享乐黛云》，刘献彪、陆万胜、尹建民主编：《中国比较文学艰辛之路》，人民日报出版社 2005 年版，第 234 页。

授回顾说，当时因为自己主要从事的是比较文学教学和普及工作，所以外语欠佳，颇有自卑之感。但是在专题讨论座谈会上，当他发完言后，乐先生马上给他壮胆打气，向与会的各国专家学者介绍他，说他在中国高等师范院校从事比较文学教学和普及工作，虽然困难重重，但却颇有成绩。当乐先生介绍时，一旁的赵毅衡先生将乐先生的话翻译成中文告诉刘献彪教授，听后刘献彪教授感动不已。等乐先生介绍完，在场的各国专家学者均向刘献彪教授投以友好的目光，这给了他极大的鼓励。多年之后，刘献彪教授依旧对当时的场景念念不忘。

在中国比较文学学会成立以后，刘献彪教授就想筹备一个以全国的师专和教育院校为主，包括电大以及函授大学等在内的比较文学普及研究会。刘献彪把这一想法跟乐先生一商量，也得到了她的大力支持。据刘献彪回忆，大概是在1986年，当时北京大学开过一次比较文学常务理事扩大会议。当时，在会上，他邀请陈跃红教授与他一道筹备中国比较文学普及研究会。后来，陈跃红教授到北京大学深造，而刘献彪也忙于教材的编撰工作，于是这件事就被暂时搁置了。但刘献彪教授始终记得这件事情，直到20世纪90年代早期在张家界开比较文学年会时，他再次向乐黛云先生谈起成立普及研究会的事情，并再次得到了乐黛云先生的支持。她建议刘献彪在会议结束后起草一个申请报告和研究会章程，以征求总会的同意，并获取总会的支持。后来，这个报告获得通过，报告和章程也都发表在《中国比较文学通讯》上。1994年，中国比较文学总会召开常务理事会，研究决定把中国比较文学普及研究会改名为“中国比较文学教学研究会”，同时决定由陈惇、廖鸿钧和刘献彪负责教学研究会的筹备、成立工作。因为陈、廖二位先生均已担任了总会副会长的职务，同时兼有繁重的教学科研任务，所以具体的筹备任务也就相应地落在了刘献彪身上，他也很乐意承担这项筹备任务。据刘老师回忆，在整个筹备过程中，乐黛云先生都给予了他关怀和鼓舞。正是在乐黛云会长和总会的关怀、支持下，中国比较文学教学研究会于1995年在烟台隆重举行了成立大会。教学研究会的成立，为普及比较文学提供了组织保证，而乐黛云先生的比较文学眼光、胸怀和积极支持正是学会成立的关键所在。

第二节　乐黛云对刘献彪的帮助

在30多年的学术交往过程中，刘献彪教授得到了乐黛云先生的大力支持，这种支持体现在各个方面，既有学术上的点拨，也有工作上的支持。前文提及的刘献彪教授与乐黛云先生等在慕尼黑参加国际研讨会的事情，事实上也是乐黛云先生对刘献彪乃至整个中国比较文学界英语水平的一种担心，这在她给刘献彪的信中能够得以体现（见图 5-3）。

献彪：

来信及提纲收到，英文水平还是较差，完成论文时恐怕得想办法。由于英文翻译有时词不达意，不知会不会影响论文的选拔，这是一个普遍问题，颇使我担心。

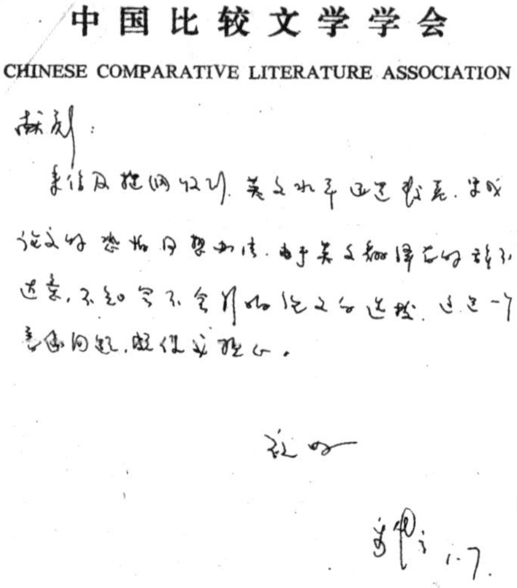

中国比较文学学会

CHINESE COMPARATIVE LITERATURE ASSOCIATION

图 5-3　乐黛云写给刘献彪的信（1）

此外，由于长期在师专任职，刘献彪教授在进入中国比较文学核心圈并发挥影响方面存在一定难度，乐黛云先生对此也极为关心，并尽力为之争取机会（见图 5-4）。

献彪：

这次在金华开了常务理事会，对通讯选举下届理事候选人名单作了调整。最后大会同意原发起单位，每单位应补一名理事。你已列入候选人名单，组织委员徐京安（人大）会另去信让你写一份 500 字以内简历。……凭你已有的成绩，我想定能选上。

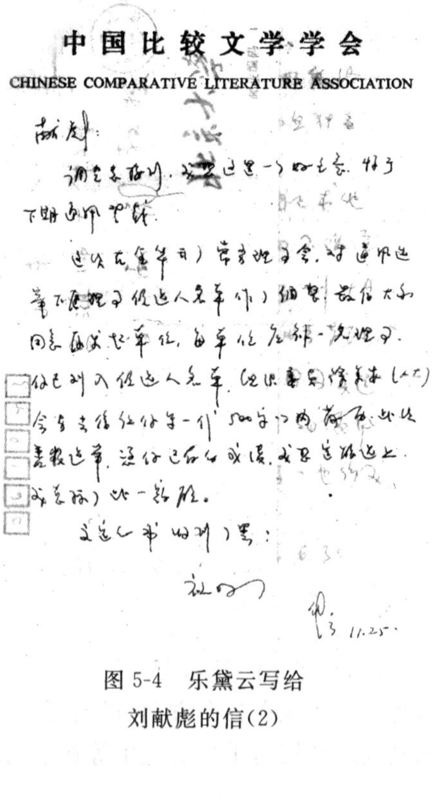

中国比较文学学会

CHINESE COMPARATIVE LITERATURE ASSOCIATION

图 5-4　乐黛云写给刘献彪的信（2）

刘献彪教授在主编《中学比较文学十讲》时，更是得到了乐黛云先生的大力支持。该书共分 10 讲 30 章，每讲包括知名人士沟通对话、特邀主持人发言、特邀主讲人演讲三部分。其中，乐黛云先生为该书撰写了 3 篇讲稿，分别是《为什么要学比较文学?》《比较文学的新人文精神》《构筑比较文学学术通道，共建人类多元文化》，这 3 篇讲稿高屋建瓴地阐述了比较文学在当前的作用。

她在该书的谈话中指出，文化的发展离不开开放的眼光，“以开放的眼光，跳出自我，从外界来观察自身，一直是人类的一个梦想……如何才能取得这种外在于自我的角度呢？最重要的就是要有一个他者，也就是一个参照系，在与参照系的比较中重新认识自我，用比较文学的眼光就能得到这种参照系”①。

面对自20世纪以来科技发展与社会发展对人造成的“异化”，她主张以新人文精神来应对，因为“经历过20世纪认识论与方法论转型的新人文精神，继承了过去人文主义的优秀部分……如果说过去的形而上学、绝对精神追求是最大的普遍性，那么新人文精神则是将这种普遍性压缩到最低限度，而尽量扩大对话沟通，商谈讨论和宽容的空间。这种普遍性又不是一成不变，由某些人制定的，而是在不同方面将心比心的基础上达成的”②。

她对21世纪的比较文学发展做出了这样的展望：“21世纪比较文学，不仅是一个十分重要的学科，而且是一种生活原则、一种人生态度。”③

2012年，王福和、刘蜀贝等学者计划写一本名为《刘献彪与新时期比较文学》的著作，以纪念刘献彪教授几十年来为中国比较文学事业所做出的贡献。刘献彪教授将此事告知乐黛云先生，很快就得到了乐先生的回应。在信中，乐黛云先生承诺为此书写序。同时，信中还提到，她将本月17日（农历腊月廿四日）去杭州过春节，但实际上次年元宵节她就已经将序写成，可见她一直把这件事记在心上。在序中，她对刘献彪教授为中国比较文学事业所作出的贡献以及潍坊学院的比较文学事业都给予了高度的评价。

她指出：“30多年来，潍坊一直是中国比较文学发展历程中的一个重要根据地。早在20世纪70年代，当潍坊学院还只是昌潍师专的时候，以刘献彪教授为首的一批‘有志者’就不遗余力地在潍坊开辟比较文学这门新兴学科，并以此作为自己的毕生事业。20世纪80年代中期，献彪一连推出《中学外国文学知识》《鲁迅与中日文化交流》《比较文学及其在中国的兴起》《中国翻译文学史稿》《简明比较文学教程》以及著名的“三册”即《比较文学自学手册》《外国文学手册》《中国现代文学手册》等8部学术著作和工具书，在编书过程中培养了众多青年才俊，为比较文学的普及做出了卓越贡献。”④

① 刘献彪、陆万胜、孟宪波编：《中学比较文学十讲》，时代文艺出版社2005年版，第133页。

② 刘献彪、陆万胜、孟宪波编：《中学比较文学十讲》，时代文艺出版社2005年版，第151页。

③ 刘献彪、陆万胜、孟宪波编：《中学比较文学十讲》，时代文艺出版社2005年版，第34页。

④ 乐黛云：《序言》，尹建民、王福和、吴家荣主编：《刘献彪与新时期比较文学》，安徽大学出版社2012年版，第2页。

第三节 刘献彪眼中的乐黛云

在多年的交往中，乐黛云先生和刘献彪教授这两位奋斗在比较文学战线上的战友结下了深厚的友谊。刘献彪教授是重感情、知感恩的人，正如他自己说："有时我也反思，自己身上有没有亮点呢？得出的结论是，如果有的话，那就是懂感情，重感情，燃烧感情。这种燃烧，非为燃而燃之，为烧而烧之，出乎自然，乃人之常情也。"[①]

在研究比较文学，普及比较文学的道路上，刘献彪曾经遇到过很多坎坷，但在这个过程中，有许多人特别是乐黛云先生，曾给过他最无私的帮助与坚定的支持。对此，他在文章中多次提及：

> 多少年来，我心中一直有一种燃烧，燃烧着对良师益友的感激之情，其中自然包括老友黛云。随着岁月推移，良师益友云散，自己年龄上升，这种心情则越烧越旺，往往自觉或不自觉地燃烧在与老友新朋的闲聊和通信中。
>
> 有时，我也瞎想：人生天地之间，何其艰难。在生存与发展的路途上，在何时何地出生是毫无主动权和选择权的。然而一旦有了点觉悟，想走自己的路，想干点应干的事，也难免磕磕碰碰、曲曲折折、坎坎坷坷，不顺心，不如意，乃至不幸之事也时有发生。就像季老所说："黛云的前半生走的道路不平坦，坎坎磕磕碰碰，一直走过了中年。"其实，在同龄人中，岂止她如此，大有人在。常言道："人生不如意事常八九。"此话是否为真理不得而知，但我相信它告诫并提醒人们，面对人生困难要有充分的思想准备，也许越是经历困难、克服困难、战胜困难多的人，越是丰富富有的人。但是当你在前进的路途上遇到困难、阻力、挫折时，如果碰上好人，帮你一把，让你化险为夷，渡过难关。此时此刻，你的心里会怎么想呢？难道不因此而高兴、感动吗？所以我认为只要是有良知者，当他在人生道路上得到他人的帮助时，都会产生感激之情。此乃人之常情，我当然也不例外。
>
> 以智力、学识等等而论，自己都极为平常。在中国大地上，比比皆是，论客观条件，当时在一个师专搞研究，应该说是相当困难的。我之所以能从现代文学闯入可望而不可即的比较文学这座高楼大厦中，而且进门以后，运土翻瓦，添砖加沙，做着泥瓦匠的工作，一干就是二三十载。时至今

① 刘献彪：《共享乐黛云》，刘献彪、陆万胜、尹建民主编：《中国比较文学艰辛之路》，人民日报出版社2005年版，第217页。

日，虽然牛老车破，力单势薄，但推比较文学普及之车，拉比较文学应用之磨，仍劲头十足，忘乎所以，乐此不疲，乐在其中。老实说，其中原因，除了自己本性"冥顽不灵"的"天真"外，更重要的是因为良师益友的帮助、鼓舞、理解、宽容。我可以坦然相告，如果没有当年季羡林先生、戈宝权先生、杨周翰先生、赵瑞蕻先生和乐黛云、陈惇、徐京安、孙景尧、谢天振、严绍璗、孟华、曹顺庆等老友对我帮助的话，我就是有三头六臂，也迈不开闯进比较文学大门的这一步，克服不了种种困难和阻力，走不到今天。正是靠了良师益友的指导、理解、帮助、包容，自己才有幸得以追随前辈和同辈诸贤，摸爬滚打，直到今天。人非草木，孰能无情。每当自己反思20多年来，走的比较文学艰辛之路，真是百感交集，五内俱燃，心存感激，感激所有帮助过自己的良师益友。其中特别感激老友乐黛云。因为，将近30年来，对自己教学和普及比较文学的途路中所得她的理解、鼓舞、鞭策、帮助，可谓多矣。①

乐黛云先生对刘献彪教授的帮助与支持，绝不仅仅是在事业上，更在于她那霁月风光的品格和高瞻远瞩的学术眼光带给刘献彪的影响。对此，刘献彪教授曾把乐黛云先生比作一部著作，这部著作又分上下两卷，上卷是品德，下卷为赏才。

自从结识黛云以后，我就感到很幸运，自己也能遇上像她这样的好同志，心里就有一种自觉地向她学习的欲望，自觉地留意、观察她的言行，自觉地阅读她的文章和著作，自觉参加她带头组织各种学术活动，等等。这种自觉，不仅来源于认识上的需要，而且逐渐成为一种情感上的需要。因此几十年来，我一边学习乐黛云，一边走比较文学之路。

像我辈这样年逾古稀的知识分子，由于自己所受的教育和所处环境，做任何一件事情都要先确定"指导思想"，这已成为我们这类知识分子的思维模式。那么，我学习乐黛云确定了什么指导思想呢？我确定了两点：一点是学习乐黛云的做人做事、人格精神；再一点是学习乐黛云比较文学的思想、学问、眼光、姿态、胸怀、灵魂。在此种思想的指导下，我把乐黛云一分为二，即分为上、下两卷来读。上卷名为"乐黛云做人做事卷"，下卷名为"乐黛云比较文学卷"。两卷在手，根据自己的需要，结合中国比较文学发展现状，带着自己碰到的问题，边读边想，边想边读。或读其为人处世之所言所行，究其做人做事之人格精神，或读其为中国比较文学学科建设之论文、专著，究其比较文学之目的、眼光、灵魂、胸怀、姿态，读到高兴时或受益处或掩卷而思，拍手叫好，或照搬照抄，推而广之。我就是这样读乐黛云，

① 刘献彪：《共享乐黛云》，刘献彪、陆万胜、尹建民主编：《中国比较文学艰辛之路》，人民日报出版社2005年版，第218页。

享受乐黛云。古人说："蹉跎莫遣韶光老，人生唯有读书好。读书之乐何如，绿满窗前草不除。"又说："万金之富，不以易吾一日读书之乐也。"我读乐黛云，还真有那么点感觉。

我常想，大千世界，人之不同，有如其面，真是各有各的想法、活法。但是，有一点是共同的、无法改变的，那就是人人都在用自己的思想和行为写自己的历史，就这样日复一日，年复一年，有意无意，终于把自己写成了记载自己的一部书，而且为人间留下了自己这本书。这是事实，也是历史的客观存在。

每个人用自己的思想和行为完成的这部书，其内容和价值各有不同，影响与作用也不一样。如果把人间比喻成一部百科全书的话，那人人都是其中的词条。因此，从某种意义上说，人人都是一部书。人与人的关系也可以说是互读、互识、互补的关系，如果人类世界真正能变成书的世界，人们的关系变成书的关系，像有朋友赠给我书时题上"友谊如书"的话，社会上形成了读书的浩然正气，那该多美好啊！

话说回来，不管别人怎么想、怎么看，我始终把乐黛云当成一部中国比较文学奇书来读，自己就是读着乐黛云一步步走过来的。[①]

有感于乐黛云先生对自己的帮助，以及乐黛云先生在新时期中国比较文学发展道路上的重要地位，刘献彪教授原拟编写一本专门叙述乐黛云先生为中国比较文学事业所做贡献的书。当他把这一想法告知乐黛云先生后，乐先生赶紧复信予以谢绝。

献彪老友：

收到你的信，真叫我不知道说什么好！关于我的那本书如果要出来，绝对会引来骂声一片，骂你逢迎，骂我据天功为己有，何苦去找这样的麻烦？……请千万不要这样做……我想现在最好是撤销此书，集中精力做《编年史》和《中学十讲》。如果实在要编，可以用"中国比较文学的艰辛之路"当标题，多写几个人，包括你老兄……请一定参考以上意见，这些书工作量都很大，可尽量利用已有材料，如年鉴，王向远编的《20年》（《中国比较文学研究20年》）和《论文索引》（《中国比较文学论文索引》）。我最近完成了《20世纪学术文存·比较文学卷》和《20世纪中国人文学科学术研究史丛书·比较文学研究一百年》，给我一个电子邮件地址，我可把有关章节发给你参考。其实，你我已非年轻，这样的重压恐怕难以承受，三本中做一本即可，我意做好《编年史》就行。关于我的文章，虽有人已写，作了附录即

① 刘献彪：《共享乐黛云》，刘献彪、陆万胜、尹建民主编：《中国比较文学艰辛之路》，人民日报出版社2005年版，第220页。

可，请千万三思。

当今社会，人心浮躁，欺世盗名者有之；做了一点工作，尾巴就翘上天，生怕别人不知道者有之；一时在位，趋炎附势者众多，觉得自己古今无双者亦有之，这三者无不想树碑立传，勒石记功。像乐先生这样谦虚谨慎，不慕虚名者能有几人？这封回信，从某种意义上说，也成为《中国比较文学艰辛之路》这本书的出版契机。该书介绍了老一辈学者，如季羡林、钱锺书等在中国比较文学重建期所做出的贡献，也介绍了包括乐黛云先生、刘献彪教授等在比较文学事业中所付出的努力与取得的成就。在该书中，刘献彪教授写下了《共享乐黛云》一文，全面介绍了乐黛云先生在新时期中国比较文学发展道路上所做的贡献、对自己的帮助以及自己对乐黛云先生的感谢。

在 2007 年出版的《新时期比较文学的垦拓与建构》一书中，刘献彪教授再一次对乐黛云先生做出了极高的评价。他指出：

> 乐教授从事比较文学研究以来，无论是在学科理论，还是在学科建设上，都独树一帜，成就斐然，尤其是在中外文学关系史研究和跨文化背景下的比较文化和比较文学研究方面，提出了诸多独特而有益的见解。她用一种国际化的眼光、开放的胸怀，关注着国内外比较文学的发展，并且积极把中国的声音融入世界文化对话之中，促进了中外文化的交流，而且在她的带领下，拉起了一支比较文学队伍，为中国比较文学的复兴和健康发展做出了重大贡献。可以说，在中国比较文学的复兴历程中，她一直扮演着领导者的角色，她的学术道路浓缩并认证着中国比较文学经历的坎坷历程。
>
> 进入 21 世纪来，虽然乐教授身体上有诸多不适，但她仍然活跃于学界而乐此不疲，在许多国内外比较文学大会和培训班上，我们还不时见到她的身影。可以说，为了中国比较文学的发展，乐教授呕心沥血，而中国比较文学也在乐教授一辈人的带领之下，经过几代人的共同努力，正以生机勃勃的发展姿态呈现在世人面前。在此，我们向乐教授及其他老一辈学者表示深深的敬意。①

---

① 刘献彪、吴家荣、王福和主编：《新时期比较文学的垦拓与建构》，安徽大学出版社 2007 年版，第 47 页。

附　件

一、乐黛云写给刘献彪的部分信件

（一）

1999年3月29日收 [illegible]

献彪老友：

实在惭愧，答应的事拖到今天，但我终于在乱糟糟万事丛杂的状态下，草成此序，实在是你锲而不舍的人格感召的结果。

现将序寄给你，不妥处请修改。

八月成都见。

一切好

徐扬尚了无消息，他的近况如何？[illegible]——又及

乐黛云 3.25

献彪老友：

实在惭愧，答应的事拖到今天，但我终于在乱糟糟万事丛杂的状态下，草成此序，实在是你锲而不舍的人格感召的结果。

现将序寄给你，不妥处请修改。

八月成都见。

乐黛云

3.25

（二）

北京大学出版社便笺

献彪兄：

这次相见甚欢，今寄上提纲，供参考而已，希望教材能显出特色，多注意实践，不要太追求理论。

祝好

黛云

11.15

（三）

中国比较文学学会

CHINESE COMPARATIVE LITERATURE ASSOCIATION

ASSOCTATION CHINOISE DE LITTERATURE COMPAREE

献彪：

季先生的贺辞已写好，先发给你（这是先生亲笔）。真是天有不测风云，我从香港回来后，老汤发烧头疼，喉头急性发炎，几乎不能咽东西。我已通知济南方面不能出席10日的会，恐怕你的会也无法出席了。家里没有人，不能把他一个人留在家里，如果他好一些，或会10日坐飞机到济南再到潍坊，如果他病情无好转，我恐怕就不能出席了。实在对老友不起，奈何！？

黛云

5.8

（四）

献彪：

早听说你住院，心里一直惦记，现在能康复，回家就是最好的事！看你的信，字迹一如既往，不见有手抖、思绪不清的问题，令我十分宽慰。这大概都是你的贤内助细心调理所至，所以首先应该感激她。

福和、蜀贝他们的立意极好！这本书将是非常有特色的好书，闪耀着中国比较文学学者的独特风范和中国比较文学成长的一个历史阶段及其广泛性和深深植根于人民的群众性。

序，我一定会写的，我本月17日将去杭州过春节。因保姆回家，只好就食于他人。我会给福和电话，和他进一步商量。春节全家快乐。

乐

二、刘献彪写的关于乐黛云的文章

共享乐黛云
——纪念中国比较文学学会成立20周年
和会长乐黛云75岁生日有感(节选)

今年8月，在深圳举行中国比较文学第八届年会，其意义的确非同一般。不说别的，单以学会成立20岁生日和会长乐黛云教授75岁生日而言，就很值得关心、热爱比较文学的老友新朋和同仁们高高兴兴地庆贺一番。

一个是朝气蓬勃，20来岁的“学会”青年小伙，正是能打能拼、大有可为的好年纪；一位是退而不休，75岁的会长、老“小伙”，正是德高望重、炉火纯青的好时候，一老一少、两个“小伙”的生日，在深圳碰到一块，真是千载难逢。说句老实话，我本人一直希望能有这一天，盼望这一天早日到来，回到深圳再次与老友新朋相聚。我真的为这一天的到来而感到由衷的高兴乃至兴奋不已，甚至还想借此机会宣泄一下自己想说、要说的话。为什么呢？原因很简单，因为来之不易的新时期比较文学的重建历史和20年前中国比较文学学会的成立，我一直是一位跟着季羡林先生、杨周翰先生、乐黛云先生为建设中国比较文学高楼大厦而添砖加瓦的泥瓦匠。

……

黛云自己说：“她是追随前辈，走上比较文学之路，是偶然，也是必然。”

我与黛云稍微有点差别，我也追随前辈，但主要是学习同辈，特别是学习黛云，走比较文学之路，是偶然，也是自然。

所谓“偶然”，是因为当年偶然的机遇遇上了赵瑞蕻先生，我把自己学习比较文学写的第一篇文章交给他，请他指导。他很随和，没有架子，对我很热心，为我搞比较文学撑腰打气，建议我找季羡林先生帮忙。我按照他的建议办理，把文章寄给季先生。没有料到，寄出不久，很快收到季老给我的大函。

献彪同志：

手示和寄来的大作均已收到，你能在这样的情况下写出这样的文章，实在难能可贵。我现在住在外面开会，很少回家。一俟散会后，我将把大作给有关同志看一看，再看如何处理。

我自己对比较文学所知不多，成立北大比较文学研究会也不过是为大家跑龙套，给青年同志开辟道路而已。

即颂

暑安

季羡林

这就是当年享誉中外的学界泰斗，倡导中国比较文学复兴的开路先锋，对于素昧平生、一位普通师专教师的关怀和尊重，让我感动不已。十月上旬，我马上跑到北京，拜访季老，聆听季老对我的指导，他建议我去找黛云同志商量。当时，季老对我说："黛云同志研究现代文学也研究比较文学，乐于助人，你们是同行……"根据季老的介绍和建议，我立即跑到黛云家中。虽然我是头一次找黛云，过去不但没有见过面，甚至连她的大名我都不知道，但是由于季老介绍黛云为人做事坦诚率真、乐于助人等等，自己心里似乎有一种莫名其妙的与她志同道合的感觉。因此，一进她家门，我就像老友重逢一样，开门见山、一五一十把自己要给她说的话说个没完没了。她也像对待老朋友一样，没顾得上让我坐下，或者给我倒杯开水，只顾站在那里听我说个没完没了。我说完后，她表示帮忙，我表示感谢，就这样翻开了我学习黛云、走比较文学之路、近三十年的友好交往的历史。老实说，在自己近30年来比较文学的途路中，所得黛云的启发和鼓舞真是一言难尽。

……

在新时期中国比较文学历史上，乐黛云在我眼里，乐黛云就是乐黛云，乐黛云又不属于乐黛云。乐黛云属于比较文学。从某种意义上说，乐黛云的"比较文学之路"在客观上已越来越成为中国比较文学历史发展过程中的宝贵财富。这份资源和财富的创造，可谓中国比较文学的奇迹，也是世界比较文学的奇迹。我学习乐黛云，读乐黛云，敬佩乐黛云，还想传播乐黛云。甚至我还有个妄想：让中国的"圣人"也反思反思自己的"圣言"。例如孔圣人的"学而优则仕"，到20世纪至21世纪的乐黛云身上也就不灵了。谁都不能不承认乐黛云的学问，"优"的有目共睹。既然如此，为何她没有"仕"起来，"戴顶乌纱帽"呢？用季老的话来说，乐黛云"在中国，本来她也有很多机会，弄上一顶'乌纱帽'戴一戴，然而，她又偏偏选择了北大，一领青衿，十年冷板凳，一待就是一生"。黛云这种性格和骨气，不能不说独特，尤其在"当前的中国，我们所需要的正是这一点精神、这点骨气，我们中华民族所以屹立于世界民族之林的也正是这点精神，这点骨气，我们切不可等闲视之"。所以我希望更多青年人来读乐黛云，共享乐黛云。

下面，我以自己为例，举三个例子来说明自己共享乐黛云所得的好处。

一是我在中国比较文学学会成立以后，就想筹备一个以全国师专、教育学院、电大、函授大学等校为主的比较文学普及研究会。这件事情报告给黛云以后，一直得到她的支持。大约是1986年，在北京大学开过一次常务理事扩大会议，杨周翰先生主持这个会。当时把我、陈跃红、黄世坦“扩”进来参加这个会，在会议过程中，我曾向陈跃红同志表示邀他和我一块来筹备“中国比较文学普及研究会”，因为他当时还在贵州教育学院工作，和我同属“第三世界”。他立即表示同意我的设想并希望我来领头做这件事。后来跃红兄到北京大学深造，我也忙别的事，但对这件事情我总是耿耿于怀。直到90年代初在湖南张家界开年会时，我又一次向黛云谈及成立普及研究会的事，她再次表示全力支持，并要求我在会议结束后回到学校以后，先起草申请报告和研究会章程，送给总会讨论研究。后来这个报告和章程都在《中国比较文学通讯》上发表。1994年总会召开常务理事会，决定把“中国比较文学普及研究会”改为“中国比较文学教学研究会”。同时决定由陈惇、廖鸿钧和我来负责筹备。因为陈、廖二位均已经担着总会副会长的担子，加上教学、科研的任务，十分繁忙。他二位要求把筹备的具体担子落在我身上，我很高兴地承担起筹备任务，在筹备过程中，深得黛云的积极关怀和鼓舞。正是在黛云会长和总会的积极关怀、支持下，中国比较文学教学研究会于1995年在山东烟台隆重地举行成立大会和首届比较文学教学教材学术研讨会。教学研究会的成立为比较文学普及提供了组织保证。应该说，乐黛云的比较文学眼光、胸怀和积极支持是学会成立的关键所在。二是1988年我和她，还有杨周翰先生、彭定安先生、蔡恒先生、徐京安先生、王志量先生同时应邀到德国慕尼黑参加国际比较文学年会暨学术讨论会，因为自身主要从事比较文学教学和普及工作，在外语方面装备欠佳，颇有自卑之感。在专题讨论座谈会上，我发言后，黛云马上给我壮胆打气，向与会各国专家学者介绍我在中国高等师范院校从事比较文学教学和普及工作，克服种种困难，颇有成绩。她一边介绍，赵毅衡先生一边译成中文告诉我。在场的各国学者专家均以友好的目光注视着我，给我以莫大的鼓励。三是80年代中期，山东比较文学学会成立伊始，几位山东高校的老师着眼于师专和新成立的大学，深感编写一本旨在普及比较文学基础知识的教材很有必要。大家建议由我来主编这本教材，我也就当仁不让地挑起了这个担子。后来我向黛云报告此事，同时邀她写序，她听后非常高兴，在百忙之中写好了序。不仅如此，后来开审稿会时，她还在多处奔忙穿梭时，应我的邀请，从北京买了一张普通票，通宵达旦站在车上，赶到潍坊参加审稿会。一下车，风尘未洗就投入了紧张的审稿中，一审就是好几天。审完也没停下来休息，马上又匆匆赶到青岛比较文学讲习班讲课，累得头疼脑热也不顾。当时她这种为事业为友谊而奉献的精神，令我感动不已！

面对乐黛云比较文学之路和中国比较文学发展繁荣的现状，回顾自己普及比较文学走过的路途，心中真是感慨万端。历史让人们在磨难中收获，同时也留给人们许多惊心动魄、不忍卒睹的往事。而新世纪又以它的号角，火热的激情，号召人们到科学、文明、进步的学术长空中去遨游，这怎么能让一颗痴迷而又曾遭受压抑的心平静呢？

（此文原载于刘献彪、陆万胜、尹建民主编：《中国比较文学艰辛之路》，人民日报出版社 2005 年版。略有改动）

三、乐黛云为刘献彪著作写的前言和序言

《新时期中国比较文学编年史稿(1978～2004)》前言

中国比较文学是在中国破土而出的、20 世纪中国文学研究的一个分支，它既不是舶来之物，也不是古已有之，它的产生是与中国人振兴国家民族的愿望，更新和发展本民族文学的志向分不开的。它始于推介外国文学，特别是翻译外国小说，并在世界文学的语境下重新认识自己，以寻求发展新路，它的根基始终是根深叶茂的中国文学传统。20 世纪第一个十年，林纾、王国维、鲁迅的著作，都足以说明这一点。

中国比较文学自存在以来，就是和关切人类生活的人文精神联系在一起的。1985 年，由 36 所大学和研究机构共同发起的中国比较文学学会在深圳成立，国际比较文学学会主席佛克玛(Douwe Fokkema)、美国比较文学学会前会长艾德礼(Owen Aldridge)、国普林斯顿大学比较文学系主任厄尔·迈纳、法国巴黎第四大学比较文学教授雪弗列(Yves Chevrel)、美国杜克大学教授詹明信(Frederic Jemeson)等 14 名外国著名学者和多名港台著名学者都参加了大会。与此同时，我们还举办了由他们担任主讲、并由 200 余名国内青年教师参加的比较文学讲习班，为中国比较文学的全面复兴和发展奠定了基础。学术讨论会，按照当年季羡林、杨周翰、李赋宁等老教授所商定的七个专题进行，即“比较文学方法论”“比较文学与中国现代文学”“比较诗学与美学”“东方比较文学”“中国少数民族文学比较研究”“中西神话比较研究”“总体文学与科际整合”等，大会按照钱锺书先生提出的“讨论者大可以和而不同，不必同声一致”的原则进行，这个原则一直贯

彻到如今。

如果说比较文学发展的第一阶段主要在法国，第二阶段主要在美国，那么，在全球化的今天，它已无可置疑地进入了发展的第三阶段。这一阶段比较文学的根本特征是以维护和发扬多元化为旨归的、跨文化（非同一体系文化，即异质文化）的文学研究，它必须满足两个条件：一是跨文化，二是文学研究。中国比较文学是继法国、美国比较文学之后，在中国本地破土而出的、全球第三阶段的比较文学的集中体现，它的历史和现状充分满足了这两个条件。

比较文学的出现是一定社会和物质条件以及文学本身发展到一定阶段的产物。它作为一门独立学科的形成是1877年世界第一本比较文学杂志的出现（匈牙利）、1886年第一本比较文学专著的出版（英国）以及1897年第一个比较文学讲座的正式建立（法国）为标志的。经过数十年法国关于文学传播及其相互影响的研究和第二次世界大战后美国关于无直接关联的平行研究和跨学科研究，比较文学已有百年历史。但是，中国比较文学并不是这一历史的直接分支，它虽出现在同样的时代语境，受着世界比较文学的重大影响，有时甚至是塑形性影响，但却有着自己发生、发展的独特过程。

20世纪的一百年，是中国学术文化史从传统向现代转型、并在中外学术的冲突和融通中曲折地走向成熟和繁荣的一百年。在这一百年中，比较文学先是作为学术研究的一种观念和方法，后是作为一门相对独立的学科，在中国学术史上留下了自己深刻而独特的足迹。比较文学在20世纪中国的发生、发展和繁荣，首先是基于中国文学研究观念变革和方法更新的内在需要。这决定了20世纪中国比较文学的基本特点。学术史的研究表明，中国比较文学不是古已有之，也不是舶来之物，它是立足于本土文学发展的内在需要，在全球交往的语境下产生的、崭新的、有中国特色的人文现象。

20世纪伊始，清政府一方面是对改革派“横流天下”的“邪说暴行”实行清剿，一方面也不得不提出“旧学为本，新学为用”的口号，并于1901年下令废除八股，1905年废除科举并派五大臣出洋考察，1906年又宣布预备立宪，改革官制等。在这样的形势下，有头脑的中国人，无论赞同与否，都不可能不面对如何对待西方文化的问题，也不能不考虑如何延续并发扬光大中国悠久文化传统的问题。

在这样的形势下，西学东渐成为不可阻挡的时代潮流。在西学的冲击下，传统文人难以单靠汉语文学立身处世，于是，出国留学、学习外语便成为新的选择。连林纾那样的倾向保守的人士，尽管无法掌握外语，却与人合作，译出了三百多种外国小说，并在晚年哀叹“平生最大的遗憾是不通外文”。林纾的译作在读书人的面前展开了新异的文学世界，推动了中国人的文学观念由传统向现代的转变。从此，在中国人的阅读平台上，出现了与汉文学迥然不同的西洋文学，这就为中西文学之“比”提供了语境。清末民初不少学者，如林纾、黄遵宪、梁启超、苏曼殊、胡怀琛、侠人、黄人、徐念慈、王钟麟、周桂笙、孙毓修等，都对中外（外国主要是西方，也包含日本）文学发表了比较之论。当然，这些“比较”大都是为了对中西文学做出简单的价值判断，多半是浅层的、表面的比较，但它却是 20 世纪中国比较文学的最初形式。

比较文学当初在法国及欧洲是作为文学史研究的一个分支而产生的，它一开始就出现于课堂里，是一种纯学术现象、一种“学院现象”。而 20 世纪初，比较文学在中国，并不是作为一种单纯的学术现象，也不是在学院中产生，它与中国社会，与中国文学由传统向现代的转型密切相关，它首先是一种观念、一种眼光、一种视野，它的产生标志着中国文学封闭状态的终结，意味着中国文学开始自觉地融入世界文学之中，与外国文学开始平等对话。看不到这一点，就看不到比较文学在中国兴起的重大意义与价值。

这是第一点不同。这第一点不同决定了中国比较文学与欧洲比较文学的第二点不同，那就是法国及欧洲的比较文学强调用实证的方法描述欧洲各国文学之间的事实联系，而中国的比较文学一开始就具有强烈的中外（主要是中西）文学的对比意识或对照意识；欧洲比较文学要强调的是欧洲各国文学的联系性、相通性，而中国比较文学则在相通性之外，更强调强烈的差异性和对比性。从这一点看，初期欧洲比较文学的重心在“认同”，不在差异的“比较”，而初期中国比较文学的重心却在差异的“比较”而不在“认同”。

这种发生和发展的不同，意味着中国比较文学与西方比较文学之间的另一深刻的差异，那就是欧洲比较文学主要是在西方文化这一特定的、同质文化领域的文学内部进行的，它在很长一段历史时期都是一种区域性内部的比较文学；而中国比较文学一开始就是中西两种异质文化之间的比较文学，是在世界文学的大背景下发生的，它一开始就跨越了区域界限，具有更广阔的世界文学视野。诚然，欧洲人靠着新大陆的发现、奴隶贸易、资本的输出和殖民地的建立，在政治、军事、经济上比中国人更早具备了世界视野，但从文学史上看，当比较文学在 19 世纪后期的法国作为一门学科产生的时候，其基本宗旨是清理和研究欧洲内部各国文学之间的联系。

直到20世纪30年代时，梵·第根在其《比较文学论》中将法国的比较文学实践加以理论概括和总结的时候，他的视野仍然仅囿于欧洲文学之内。这种情况的出现有着多方面的原因：首先是法国学派将比较文学学科界定为文学关系史的研究，而这种研究只有在欧洲各国文学之间才能进行；超出欧洲之外，则因当时文学交流与传播的事实链条尚未形成，或正在形成中，还不能成为实证研究的对象。而且，从当时法国人及欧洲各国比较文学学者的语言装备来看，通晓欧洲之外的语言、并具备文学研究能力的学者，可以说是凤毛麟角，因而将研究视野扩展到欧洲文学之外，对他们来说即使有心，也是无力，况且他们所关注的主要是使其它文化变得跟他们自己的文化一样，如罗力耶在《比较文学史》一书中所追求的，那就使欧洲的比较文学更难成为以多元文化为基础的比较文学了。这种情形到了50年代，由于平行研究的蓬勃发展和某些非欧美血统的学者（特别是俄国、日本和印度的学者）的加入，为西方比较文学添加了更多世界性因素，开拓了新的学术空间，特别是增加了并无直接关联的、超越时空的主题学研究和跨学科研究。但由于西方中心论意识形态的局限和语言本身的限制，属于不同文化体系的异质文化之间的比较文学研究始终未能得到应有的发展。

中国比较文学在20世纪初发轫，20世纪后作为一种学科开始孕育，经历了漫长、曲折的过程。尽管由于时代和政治原因，中国大陆地区的比较文学在60至70年代处于一种沉潜状态，但台湾、香港地区的比较文学却在这一期间率先繁荣起来。1979年，改革开放后的大陆学术界，压抑了多年的学术热情和创造力像井喷一样迸发出来。比较文学作为一种最具开放性、先锋性的学科之一，得到了迅速的复兴和迅猛的发展。中国比较文学在此时的崛起，具有其重大历史意义。众所周知，20世纪80年代前后，世界逐步进入全球化时代。多元文化共存的要求与帝国文化霸权之间形成了尖锐对立，不同文化体系之间的人们急需相互理解、沟通和对话，文学的任务首先是研究人，作为跨文化文学研究的比较文学对促进不同文化之间的人的相互认识和理解有着独特的作用。

事实上，在全球资讯时代，人类所面临的问题仍然是历史上多次遭遇的共同问题：如生死爱欲问题，即个人身心内外的和谐生存问题；权力关系与身份认同问题，即人与人之间的和谐共处问题；人和外在环境的关系问题，即人与自然之间的和谐共存问题。追求这些方面的“和谐”是古今中外人类文化的共同目标，也是不同文化体系中的文学所共同追求的目的。深入了解不同文化中的文学对这些共同困惑的探索，坚持进行文学的交流互动，就有可能把人们从目前单向度的、贫乏而偏颇的全球主义意识形态中解救出来，形成以多元文化为基础的另一种全球化。因此，当代比较文学第三阶段的特征，首先是有关不同文化体系中，即异质文化之间，文学的“互识”“互补”和“互动”。

中国比较文学之所以能成为全球第三阶段比较文学的集中表现者，首先是由于中国作为发展中国家，它不可能成为帝国文化霸权的实行者，而将坚定地全力促进多元文化的发展。其次，中国具有悠久的文化历史，深厚的文化积淀，为异质文化间的文学研究提供了取之不尽，用之不竭的源泉。第三，长期以来，历史上中国和印度、日本、波斯等国已有过深远的文化交往。近百年来，中国人更是对外国文化和外国语言勤奋学习，不断积累（包括派送大批留学生和访问学者）使得中国人对外国的了解。这就使得中国比较文学有可能在异质文化之间的文学研究这一新的时代高度，置身于建构新的比较文学的精髓，对各国比较文学的派别和成果兼收并蓄。30 年代初，梵·第根的《比较文学论》、洛里哀的《比较文学史》都是在出版后不久就被名家翻译成中文的。到 20 世纪末，中国编译、翻译出版的外国的比较文学著作、论文集（包括俄国、日本、印度、韩国、巴西）已达数十种，对外国比较文学的评价分析文章数百篇，绝大多数的中国比较文学教材都有评介外国比较文学的专门章节。或许在世界上任何一个国家，也都没有像中国学者这样对介绍与借鉴外国的比较文学如此重视、如此热心的。最后，还应提到中国传统文化一向文史哲不分，琴棋书画、舞蹈、戏剧相通，为跨学科文学研究提供了全方位性的各种可能。

总之，可以说 20 世纪的中国比较文学既拥有深厚的历史基础又具有明显的世界性和前沿性。它接受了法国学派的传播与影响的实证研究，也受到了美国学派的平行研究与跨学科研究的影响，它既总结了前人的经验，又突破了法国比较文学与美国比较文学的欧洲中心、西方中心的狭隘性，使比较文学能真正致力于沟通东西方文学和学术文化，从各种不同角度，在各个不同领域将比较文学研究深入导向崭新的比较文学发展的第三阶段。

代表世界比较文学发展的第一阶段的法国文学，开创了以文献实证为特色的传播和影响研究。在这方面，中国有自己独特的研究历史。这不仅是简单的方法选择问题，而且也是研究的必需。举例来说，中国一千多年间持续不断的印度佛经及佛经文学的翻译，为中国比较文学学术研究留下了丰富的学术资源。在宗教信仰的束缚下，在宗教与文学的杂糅中，古人很难解释这段漫长而复杂的历史。到了 20 世纪 20 年代后，胡适、梁启超、许地山、陈寅恪、季羡林等将比较文学的实证研究方法引入中印文学关系史，在开辟了中外文学关系史研究的同时，显示了中国比较文学实证研究的得天独厚，也为中国的中外文学关系研究贡献了第一批学术成果。整个20世纪中国现代文学对外国文学的接受史，其范围之广，影响之深，对全世界来说，也是绝无仅有的。此外，中国文学在东亚的朝鲜、日本、越南诸国的长期的传播和影响，也给中外文学关系、东亚文学关系的实证研究展现了广阔的空间。因而，在20世纪中国比较文学中，实证的文学传播史、文学关系史的研究不但没有被放弃，反而是收获最为丰硕的领域。中国学者将中国学术的言必有据、追根溯源的考据传统，与比较文学的跨文化视野与方法结合起来，大大焕发了这一研究的生命力，在这个领域中出现的学术成果以其学风的扎实、立论的严谨和科学，而具有其难以磨灭的学术价值和长久的学术生命。

50年代后，代表世界比较文学发展第二阶段的美国比较文学，突破了法国学派将比较文学定位为文学关系史的学科藩篱，提倡无事实联系的平行研究和文学与其他学科之间的跨学科研究，取得了很大成绩。中国比较文学在这方面也有自己独到的收获。1904年王国维的《红楼梦评论》，1920年周作人的《文学上的俄国与中国》，20年代茅盾的中国神话和北欧神话研究，钟敬文的《中国印欧民间故事之类型》以及1935年尧子的《读西厢记与Romeo and Juliet（罗密欧与朱丽叶）》等为中国比较文学开创了平行研究的先河。后来，钱锺书的《中国诗与中国画》《读拉奥孔》《通感》《诗可以怨》以及杨周翰的《预言式的梦在〈埃涅阿斯记〉与〈红楼梦〉中的作用》以及《中西悼亡诗》等都是跨文化研究与跨学科研究的典范之作。70年代，以钱锺书《管锥编》为代表的多项式平行贯通的研究实践，更是别开生面的平行研究之楷模。当然，在发展中，有波折，有洄流，例如在平行研究中，人们有意识地在中外文学现象的平行比较中，寻求对中国文学及中国文化的新的理解和新的认识，并在平行比较中尝试为中国文学作进一步科学的定性和定位。但对于平行研究中的可比性问题，陈寅恪等前辈学者早就提出了质疑，随着80年代后，平行研究的兴起，也出现了一些“x比y”式的牵强附会的比附现象，在受到季羡林等先生的批评后，中国的平行研究才有了更好的发展。“跨学科的文学研究”也曾受到一些质疑，有人提出“它是文学与其他学科之间的关系研究，还是在文学研究的方法和视角上对其他学科的借鉴？”其实，这两者的结合与相互为用是显而易见的。也有人认为只有当“跨学科”同时也是“跨文化”时，才能视为比较文学等等。但“跨学科的文学研究”仍然在曲折中前进，1989年中国社会科学出版社出版的《超学科比较文学研究》一书初步展现了中国比较文学学者这方面的成绩，杨周翰教授在为这本书写的序中特别指出："我们需要一种'跨学科'(interdiciplinary)的研究视野，不仅要跨越国别和语言的界限，而且还要跨越学科的界限，在一个更为广阔的文化背景下来考察文学。"此外，还应提到世纪之初，王国维独辟蹊径，从另一个侧面进入了比较文学。他以外来思想方法烛照中国文学，以西洋的术语概念来解读和阐释《红楼梦》和以屈原为代表的中国诗歌以及宋元戏曲等中国作品，努力使外来思想观念与中国固有的文学作品相契合，虽然没有更多直接的比较，但与表层的直接比较相对而言，更具有跨文化的世界文学眼光，体现了一种"他山之石，可以攻玉"的内在的比较观念，因而更能够更深刻地切入比较文学的本体，并由此开中国比较文学的阐发研究之先河。以 A 文化的文学理论阐释 B 文化的文学作品，又以 B 文化的文学理论阐释 A 文化的文学作品，这样的双向阐发在中国的跨文化文学研究中占有很重要的地位，以至有些台湾学者提出阐发研究就是"中国学派"的特色。

总之，中国比较文学并非只是被动地接纳外来的学科理念，而是从自己的历史出发，在自己独特的研究中试图作出自己的判断；中国比较文学作为世界比较文学的第三个发展阶段，不是外来学派的一个分支，它发出了自己独特的声音，表现了自己独到的思考，显示了自己固有的特色，为世界比较文学做出了独一无二的贡献。

近年来，中国比较文学沿着上述发展路径，又开创了一些新的领域，特别表现在以下几方面：

第一，学科理论的新探索。中国比较文学学者结合中国比较文学实践，积极探索全球化时代跨越东西方文化研究的比较文学新观念和新理论，对比较文学的观念有所推进。例如，倡导"和而不同"的多元文化共存与互补观念，强调差异、互识互补、和谐相处并通过文学促进世界文化的多元共存，建立异质文化之间文学交流的基本理论，探索东西方文学对话的话语机制与方法等等。

第二，文学人类学新学科的建立。文学人类学是文学与人类学交叉研究的硕果，是"中西神话比较研究"的延伸，也是近 20 年来中国比较文学跨学科研究催生出的最具活力的一个新领域。自 1991 年至今，"中国文化的人类学破译"系列共 800 余万字相继出版，包括对《诗经》《楚辞》《老子》《庄子》《史记》《说文解字》《中庸》等上古经典的人类学现代诠释，特别是最近出版的第八种——《山海经的文化追寻》，在世界文化语境的参照下，对这部最神奇难解的上古经典作了极有创见的文学和文化解读。

第三，翻译作为一个独立学科的出现。中国是一个翻译大国，不仅有着两千多年的翻译历史，而且从事翻译工作的人数和翻译作品的数量在全世界都遥遥领先。据统计，20 世纪的最初 10 年，文学翻译作品占我国全部文学出版物的 4/5。今天，各类翻译作品也占到了我国全部出版物的将近 1/2。文学翻译不只是文字符号的转换，而且是文化观念的传递与重塑，翻译文学不可能脱离译者自己的文学再创造而存在，翻译家的责任不仅是有创造性地再现原意，而且还要在“无法交流处，创造交流的可能”，也就是在两种语言相切的地方，不仅传输外来语音而且发展本土语言。因此，译成中文的翻译作品应是中国文学的一个不可或缺的重要组成部分，翻译文学史应该是中国文学史的一个重要分支，这已成为中国比较文学界的共识。

第四，海外华人文学与流散文学（Diaspora）的相遇。近年来过去的华人文学研究不仅包容了海外作者用华文写的作品，而且包容了海外华人及其后裔用不同语言写的文学作品。这种研究的重点在于观察和分析不同文化相遇、碰撞和融合的文学现象，并进一步以这些作品为核心展开异国文化的对话和不同文化的相互诠释。近几年来，这种研究迅速汇入世界性的以漂泊流浪的作家作品为主体的“流散文学”的探讨。这方面的学者不仅致力于引进西方的流散写作理论，而且通过总结中国流散写作的理论和实践，直接与国际学术界进行有效的对话。中国在全世界的移民为数众多，历史悠久，这种研究必将为未来的世界文学史的重写做出不可替代的贡献。

第五，关于文学关系的清理。钱锺书先生早就指出：“从历史上看，各国发展比较文学，最先完成的工作之一都是清理本国文学和外国文学的相互关系，研究本国作家与外国作家的相互影响。”近年来，关于中外文学关系研究的最大进展是将 20 世纪中国文学和世界文学作为一个整体来进行探讨，全面研究 20 世纪中国作家所体现的中国传统文化继承与西方文化影响的互动。即将出版的 15 卷《中国现代作家在古今中西文化坐标上》大型丛书就是一个明显的例证。“中国文学在国外”的研究也有了长足的进展，10 卷本的《外国作家与中国文化丛书》无疑是 20 世纪一部重大的学术成果。季羡林教授认为，由于中国、印度、波斯、日本、朝鲜和其他阿拉伯国家历史悠久的积累，形成了与西方不同的庞大而深邃的、独立的文学理论体系，可惜从事文学理论研究的人往往“知西而不知东”，这是很大的遗憾。近年来，关于东方比较文学的研究有了新的可喜的进展。

第六，关于教学教材建设，尤其是中国比较文学教学研究会成立以来做了许多实实在在的工作。目前中国绝大部分大学都已开设了比较文学课程，设有博士点和硕士点的大学已达50余所，比较文学在许多师范大学受到特别关注，全国高校的比较文学系已在首都师范大学、四川大学创立，他们的毕业生逐年把比较文学所贯穿的人文精神和国际精神带到了中学。潍坊学院还出版了《中国比较文学教学与研究》等刊物，倡导比较文学走向中学，编写中学比较文学教材。全国中外文的比较文学刊物已出版8种，北京大学和上海师大还建立了大型国际性比较文学网站和数据库。目前，中国国际比较文学学会会员已达100余人，各地的省级比较文学都有自己的活动，最红火的是四川、上海、江苏、广东和山东，另外陕西、贵州、湖南、吉林的地方学会也都承办过全国的比较文学年会。中国比较文学学会所属的中国比较文学教学研究会、文学人类学会、传记文学研究会、后现代研究中心等也都在积极开展工作。中国比较文学教学研究会主办的全国比较文学教学研讨会于2004年8月15日在威海召开。

第七，关于东方地区文学的研究。近年来，这方面有了新的可喜成绩，1996年、1998年相继出版了《东方文论选》（曹顺庆编）、《中国中外比较文论史·上古篇》（曹顺庆著）涵盖了上述各个东方民族的重要文学理论；《东方文学交流史》（孟昭毅著）分章论述了中国和东北亚、东南亚、西亚和南亚各地区的文学关系；北京大学严绍璗教授以中日韩三国文学为基础，开辟了文学发生学的新视野，取得了重要成绩。刚刚出版的《东亚文学导论》从中日韩文学复杂的多边关系出发，整体地研究了东亚文学所隐含的多样性和相似性，是引导学生关注东方文学的一部好教材。

第八，关于文学形象学研究的新进展。对中国比较文学来说，文学形象学也是一个新兴的领域。在多次国际学术会议中，北京大学都主持了有关中西文学性互看互识的讨论。2000年由北京大学主办的“多元之美”世纪比较文学大会特别突出了文学形象学的主题；特别值得一提的是刚出版的8卷本《中国形象：西方的学说与传说》（周宁编著）。这部巨著相当全面地汇集了有史以来西方人对中国的看法，以及他们所塑造的各色中国形象，为形象学的进一步研究打下了坚实的基础。

此外，比较诗学、跨文化生态文学研究，以及中国少数民族文学比较研究等也都创造了可观的成绩。当然，以上所说的都只能是挂一漏万，难以概括全局。

比较文学在中国的兴起，使中国学术文化发生了一系列变化。这主要表现为研究视野的扩大，新的研究对象的发现和文学观念与方法的更新等。在以文学理论、文学批评、文学史为主体的文学研究方面更是如此。诸如《现代学术视野中的中华古代文论》《中国现代文学接受史》《中国古代文学接受史》《多种文学·多种文学理论·多种文学史》《中国翻译文学史》，特别是8卷本的《中国形象：西方的学术与传说》等都是这一论点的实证。

总之，中国比较文学作为全球性比较文学第三阶段，它的基本精神是促进不同民族文化之间的理解和平等对话；它既反对“霸权主义”，又反对“文化原教旨主义”，始终高举人文精神的旗帜，为实现跨文化和跨学科沟通，维护多元文化，建设一个多极均衡的世界而共同努力。展望未来，我们对中国比较文学和世界比较文学的前景抱有美好的期待。我们对20世纪100年的比较文学学术史的总结和书写，就是要通过对有关方面的传统学术遗产的梳理、盘点和评说，进一步激活我国固有的学术传统，同时使新世纪的比较文学从过去100年的传统中获取足够的营养和应有的启示，以获得健康的发展。

毋庸讳言，人类正在经历一个前所未有、也很难预测其前景的新时期，在全球“一体化”的阴影下，促进文化的多元发展，加强人与人之间的理解与宽容，开通和拓宽各种沟通的途径，也许是拯救人类文明的唯一希望。奠基于中国文化传统的中国比较文学，作为世界跨文化与跨学科文学研究的第三阶段，必将在削减帝国文化霸权，改善后现代主义所造成的离散、孤立、绝缘状态等方面起到独特的重要作用。

（此文原载于刘献彪、陆万胜、葛桂录、任洪国：《新时期中国比较文学编年史稿（1978～2004）》，中国档案出版社2005年版）

序

乐黛云

在山东省比较文学学会成立大会上，几位来自师范专科学校的老师根据他们近来开设比较文学课程的经验和反映提出在师专开设这一课程十分必要。他们认为帮助全国师专培养出来的中学语文老师突破传统的封闭的语文教学而代之以具有国际眼光和现代意识的、新鲜活泼的语文教学，这对于建设我国精神文明，培养即将成为二十一世纪建设骨干的青年一代具有重要的深远意义，而师专的比较文学这门课在这方面可以起很好的推动作用。事实上，一些高瞻远瞩的师专领导同志早已注意到这个问题。例如本书主编刘献彪同志所在的渭南师专已成立了比较文学研究室，刘献彪同志自己不但出了好几本比较文学著作，而且还担任了这方面的重点科研项目。淮阴师专的肖兵同志也得到了学校领导多方面的支持，今年十月应邀赴美参加比较文学中美双边讨论会。他关于比较神话的研究已经引起国际学者的重视。

这些事实和师专的同志们的意见引起了与会者的极大兴趣。当时，大家都感到要把比较文学这一课程落实，使之在全国各地师专得到进一步发展，关键在于要有充分资料，更重要的是要有一本更广泛、更深入、更适合师专教学特点的比较文学教材。根据几位师专老师的倡议，一个教材编写小组很快组织起来，在刘献彪同志严格学术雷厉风行的作风影响下，不到一年时间这本教材终于编成了。

这本教材集中了大量有关比较文学的资料，汇集了较新的比较文学研究成果。这一学科的各个重要方面都可以从这里找到必要的参考。特别值得提到的是这本书提供了深入浅出的论述和大量实例。初学者通过这部教材不但可以扩大自己的文学视野，了解比较文学的基本方法，而且可以增强对中、西文学的基本知识和分析能力。比较文学这门课程能否在我国的文学教学中生根、开花结果，在很大程度上取决于它是否能被全国近千所师专的文学教师所接受和推广，我相信这本教材必能为此作出特殊贡献而载入中国比较文学发展史册。

一九八七年十月十五日

于深圳

《比较文学简明教程》序

在山东省比较文学学会成立大会上，几位来自师范专科学校的老师根据他们近年来开设比较文学课程的经验和反映提出在师专开设这一课程十分必要。他们认为帮助全国师专培养出来的中学语文教师突破传统的封闭的语文教学而代之以具有国际眼光和现代意识的、新鲜活泼的语文教学，这对于建设我国精神文明，培养即将成为21世纪建设骨干的青年一代具有重要战略意义，而师专的比较文学这门课在这方面可以起很好的推动作用。事实上，一些高瞻远瞩的师专领导同志早已注意到这个问题，例如本书主编刘献彪同志所在的昌潍师专已成立了比较文学研究室，刘献彪同志自己不但出了好几本比较文学著作，而且还担任了这方面的重点科研项目。淮阴师专的萧兵同志也得到了学校领导多方面的支持，今年十月应邀赴美参加比较文学中美双边讨论会，他关于比较神话的研究已经引起国际学者的重视。

这些事实和师专的同志们的意见引起了与会者的极大兴趣。当时，大家深感要提高比较文学这一课程的质量，使之在全国各地师专得到进一步发展，关键在于要有充分资料，更重要的是要有一本更广泛、更深入、更适合师专教学特点的比较文学教材。根据几位师专老师的倡议，一个教材编写小组很快组织起来，在刘献彪同志严格要求、雷厉风行的作风影响下，不到一年时间这本教材终于编成了。

这本教材集中了大量有关比较文学的资料，汇集了较新的比较文学研究成果。这一学科的各个重要方面都可以从这里找到必要的参考，特别值得提到的是这本书提供了深入浅出的论述和大量实例。初学者通过这部教材不仅可以扩大自己的文学视野，了解比较文学的基本方法，而且可以增强对中、西文学的基本知识和分析能力。比较文学这门课程能否在我国的文学教学中生根、开花、结果，在很大程度上取决于它是否能被全国近千所师专的文学教师所接受和推广。我相信这本教材必能为此做出特殊贡献而载入中国的比较文学发展史册。

一九八七年十月十五日于深圳

《刘献彪与新时期比较文学》序言

我始终以为学科犹如光谱，由浅入深，由弱至强，形成完整的系列。在比较文学研究圈内，一小部分人认为比较文学是"精英文学"，只有极少数人才能涉足。我却认为比较文学不仅是一门重要学科，而且是一种生活原则、一种人生态度，它不仅是少数人进入"高层次研究"的一种"精英文化"，而且也应该普及大多数人。这是一种新的人文精神，提供一种新的思维方式，培养全新的人生态度。因此，除少数专家、学者研究外，还应普及大众，使其有益于人类的和平共处、相互理解、互相尊重，实现共同发展。

20 世纪 90 年代初期，对于比较文学能否进入中学，曾经有过一番争论。刘献彪和其他一些同志认为，在中学用比较文学的理论原则引导学生欣赏中外作品，在培养学生人文素质、创新思维，塑造新型人才和推动语文教学改革中，将会发挥不可替代的重要作用。宁波市柴桥中学语文老师王明芳 1990 年在《中国比较文学》上发表了《比较文学在中学语文教学中的可行性初探》，指出以国际的眼光、开放的思维和胸怀，来学习和审视中国及世界的文学、文化和历史，对于中学语文教学十分重要，可以为塑造具有跨民族、跨语言、跨学科、跨文化的符合时代需要的高素质综合人才打下必要的基础。中学老师的认可对于比较文学界是极大的鼓舞。于是出现了由刘献彪、陆万胜联合刘蜀贝、黄燕尤、葛桂录等撰写的《中学比较文学十讲》。这是我国第一本中学比较文学教材。对于《中学比较文学十讲》一书，著名美学和文艺学学者、当今山东比较文学会会长曾繁仁教授这样评价："其意义不同于一般，从比较文学来说，可以使这一新兴学科走到青年之中，焕发从未有过的青春，增加无限的活力。可以这样说，这样做的结果必然迎来比较文学的第二个春天。而从中学语文教学来说，则会极大推动语文教学的改造，使其获得与时俱进的动力。最重要的是使语文教学进一步强化了比较的维度和世界的视野，有利于广大中学生从比较的全新视角把握中国传统文化和世界文化，从而更好地提高自己的文化素质，因此，这是一个有利于素质教育的带有战略意义的好事。"他的评价已经得到了历史的验证。

30 多年来，潍坊一直是中国比较文学发展历程中的一个重要根据地。早在 20 世纪 70 年代，当潍坊学院还只是昌潍师专[①]的时候，以刘献彪教授为首的一批"有志者"就不遗余力地在潍坊开辟比较文学这门新兴学科，并

① 昌潍师专于 2000 年 3 月与潍坊高等专科学校合并，组建为潍坊学院。

以此作为自己的毕生事业。20 世纪 80 年代中期，献彪一连推出《中学外国文学知识》《鲁迅与中日文化交流》《比较文学及其在中国的兴起》《中国翻译文学史稿》《简明比较文学教程》以及著名的“三册”即《比较文学自学手册》《外国文学手册》《中国现代文学手册》等 8 部学术著作和工具书，在编书过程中培养了众多青年才俊，为比较文学的普及做出了卓越贡献。还在比较文学界不少人坚持比较文学不可能走进师专时，他就在昌潍师专创建了全国师专系统第一个比较文学研究室，2000 年，他在原师专升级建立的潍坊学院创建了比较文学研究所。2004 年，他又在全国市级社会科学院系统（潍坊市社会科学院）创建了第一个应用比较文学研究所。从 1995 年到 2004 年的 10 年之中，他先后筹备主持召开了“中国比较文学教学研究会成立大会及首届比较文学教学教材学术研讨会”“新世纪比较文学学科建设学术研讨会”“全国首届比较文学普及学术研讨会”和“全国比较文学与世界文学教学教材学术研讨会”。当时，资金极为短缺，人气不足，缺乏有力的学术支撑，其困难可想而知！但献彪最终走出了一条属于自己的路。尽管途中百般受挫，挨批挨整，但他矢志不移，孜孜以求，坚持不懈地为播撒比较文学的火种而默默耕耘。

时日飞逝，30 余年过去了，我所认识的身强力壮的献彪竟也已年届 80！然而他的热情和真诚犹在，如他自己所说：“我乃比较文学界之泥瓦匠，牛老车破！唯所存者，比较文学之心也。我这颗比较文学之心，如有特殊之处，就在于永远燃烧。所谓‘永远燃烧’者，即天晴烧之，下雨烧之，倒霉亦烧之。总而言之，我心之内，经常燃烧着比较文学这把火。”至今，这把“生命之火”不仅依然如旧，而且“火光冲天”。他的伙伴们特别赞扬他那种甘于平凡，勇于让后人踩着自己的肩膀攀登高峰的甘为人梯精神。他们这样评价他：“与刘献彪接触后，我们都会留有这样一种深刻的印象：无论什么阶层的人，他都不排拒；无论什么身份的人，他都不低看；无论什么年龄的人，他都有求必应。比他身份高的人，他敬仰；比他身份低的人，他呵护；比他年长的人，他尊敬；比他年轻的人，他提携；在‘唯学历论’的今日，即便一名没有学历、没有接受过正规比较文学教育的工人找上门来，他也毫不嫌弃，而是倾其所能，热情帮助。他从不与人交恶，从不与人争锋，只要有益于中国比较文学的发展，他都会放弃一切，倾尽全力，低调做人，高调做事。他是新时期中国比较文学领域的‘无党派人士’，是团结、和谐、合作、乐于助人的楷模。”著名诗人王耀东有着更为形象的描述，他说：他是沦落在鸡窝里的一只鹰，却没有像鸡一样生活，一旦条件成熟，他就展开奋飞的翅膀，搏击文化风云，鹏程万里，辉煌天下。却没有忘记他出自潍坊学院，他起步于自己脚下，创造成于自己脚下，辉煌成于自己脚下。除了不认同王耀东把潍坊学院形容为“鸡窝”外，我认为这段话生动地概括了献彪的学术生涯，展示了献彪的品德和人格魅力，值得品味。

建民、福和、家荣、蜀贝、燕尤他们的立意极好！这本书将是非常有特色的书，彰显着中国比较文学学者的独特风范，体现了中国比较文学成长的一个历史阶段及其广泛性和深深植根于人民的群众性。

2012年元宵节于北大朗润园

（此文原载于尹建民、王福和、吴家荣主编：《刘献彪与新时期比较文学》，安徽大学出版社2012年版）

第六章

治学先导：刘献彪与田仲济、王瑶的交往

刘献彪教授是新时期中国比较文学的开拓者之一，为中国比较文学特别是比较文学教学和学科史研究做出了重要贡献，其著作严谨缜密，史料翔实而准确。然而为一般人所不知的是，刘献彪教授之所以能在比较文学领域开拓出一片拥有自己特色的天地，正得益于他最初在中国现代文学研究领域内所养成的扎实的学术素养。追本溯源，在此方面给予刘献彪教授最大影响的，当属两位中国现当代文学研究的开拓者——田仲济和王瑶。

第一节　言传身教：刘献彪与田仲济

田仲济（1907～2002），是中国现当代文学的开创者之一，也是一位成绩卓著的教育家。1907年，出生于山东潍县（今潍坊市）。1931年，毕业于上海中国公学政治经济系。曾任重庆中国乡村建设学院讲师、上海音乐学院教授。中华人民共和国成立后，历任山东师范学院教授，山东师范大学教授、副校长，中国现代文学研究会第一至四届副会长，山东省文联第四届副主席。中国民主同盟盟员。著有《新型文艺教程》《中国抗战文艺史》《文学评论集》等。其中，《中国抗战文艺史》是我国第一部现代文学的断代史，于1947年由上海现代出版社出版，出版后很快引起了国外学者的关注。1949年，日本评论出版社出版了该书的日译本，以后在香港也出版过多种版本。《中国抗战文艺史》不仅具有学术价值，而且具有珍贵的资料价值。

田仲济不仅学富五车、学贯中西，治学态度科学、严谨，在学术上有着自己独特的建树和贡献，而且作为优秀的教育家，他非常重视人才培养和学科建设。他视学科建设如自己的生命，对待中国现代文学的学科建设尤其如此。自中华人民共和国成立，直到他不幸去世，他都一直关注高校的学科建设，尤其是中国现代文学的学科建设和发展。从学科观念到教学、教材建设，从图书资料到学术机构、团体队伍建设，从学术交流到人才培养，田仲济都投入了极大的精力，做出了无可代替的贡献。田仲济最早倡议并建立了全国现代文学研究会和山东中国现代文学学会，为中国现代文学的学科建设以及培养高层次学术人才做出了不可磨灭的贡献。

一、治学态度和方法的影响

刘献彪是田仲济所带的第一届中国现代文学史研究生，可谓嫡传开门弟子。田仲济先生不仅是刘献彪专业上的良师，而且是教育、培养、关怀、帮助他的益友。

刘献彪跟随田仲济并与他交往近半个世纪，大体上可分为三个阶段：第一阶段为拜田仲济为师的研究生阶段，即 1955 年至 1957 年；第二阶段为与田仲济同在一个教研室的同事阶段，即 1957 年至 1960 年；第三阶段为刘献彪本人调离山东师院后，与田仲济亦师亦友的阶段，即 1960 年至 2002 年。

从入山师研究班到毕业留校任教，再到出走山师，从与田仲济朝夕相处，到书信往来，刘献彪感受最深的是：田先生是一位颇具个性、自强不息、严于律己、自尊尊人，为中国现代文学的学科建设和人才培养做出了独特、重大贡献的学者、教授。刘献彪与田仲济之间也建立了一种超出寻常的密切关系。

20 世纪 50 年代中期（1955 年），刘献彪从湖南师范学院中文系毕业，当时毕业生的工作和未来发展基本都得服从组织安排。此时，教育部委托山东师范学院的田仲济教授、武汉大学的刘绶松教授培养中国现代文学研究生，学制为 3 年，口号是“向副博士进军”。湖南师范学院中文系领导决定让刘献彪报考田仲济先生的研究生，这对当时的刘献彪来说可谓意义重大，也直接决定了他今后的命运。刘献彪在兴奋之余努力准备，最后也如愿以偿地被田仲济录取为开门弟子。那时（1955 年秋）与刘献彪同时师从田先生的还有北京师范大学中文系毕业的苗可同志、钟兴邦同志、安伯封同志、王若麟同志、何纯基同志、任秀兰同志，西安师范学院中文系毕业的张永延同志以及湖南师范学院毕业的汪振尚同志。①

田仲济第一年主讲中国现代文学史，第二年指导论文。针对每一个学生的情况，他还制订了具体的学习计划，开出了阅读书目和参考书目。田仲济给新入校的研究生讲的第一课就是有关做人和做学问的关系，他在授课过程中列举了许多中外古今文学史上的事例，从正、反两个方面反复说明做一个正直的、诚实的人的重要性，并鼓励每一个学生在为人师表和学业文章方面都要取得成绩。他培养研究生的方式，除了注重打好知识基础外，尤其强调向社会学习，培

① 参见刘献彪：《学者、教授、良师、益友——悼念吾师田仲济先生》，田桦、洪承编：《田仲济纪念文集》，山东画报出版社 2003 年版，第 315 页。

养学生动脑思考和用手写作的能力。[①]

研究生入校第二年，田仲济总是带着研究生外出访问知名作家和学者，访问归来后，马上布置研究生整理出访记录。1958年5月18日至6月6日，按照教育部关于提高师资，培训研究生（进修教师）的要求，田仲济"带山东师范学院中国现代文学研究生和高师教师进修班的学生进京，访问了当时'作协'的茅盾、夏衍、叶圣陶、郭小川，'剧协'的田汉、阳翰笙、孟超，文学研究所的郑振铎、何其芳、何家槐、蔡仪、毛星，《文艺报》主编张光年、陈笑雨，《人民文学》的主编张天翼、陈白尘等，人民文学出版社的负责人王任叔、楼适夷，《诗刊》主编臧克家，曲艺研究会的负责人赵树理、陶钝，人民教育出版社的负责人吴伯箫、张毕来，中央戏剧学院李伯钊等作家，还有北京大学俄语系主任曹靖华，西语系朱光潜，中语系杨晦、吴组缃等教授30余人。访谈内容涉猎面相当广，包括文坛现状、作家作品的评价、文学界关注的热点问题、现代文学史有关史实等方面，如文学研究会、太阳社、左联等重要社团活动的史料、史实，当年苏区文艺活动的情况，以及叶圣陶谈自己受外国文学的影响，赵树理谈自己与农民的关系，田汉、阳翰笙、陈白尘谈现代戏剧的发展和对话剧的认识，还有臧克家讲析闻一多诗的技巧和继承关系，吴组缃分析茅盾的小说，杨晦谈曹禺的戏剧，王任叔、楼适夷谈巴金、蒋光慈、郁达夫等的创作，学者朱光潜、蔡仪谈美学问题，张毕来谈了文学上的厚古薄今问题，等等"[②]。1959年，刘献彪曾在田仲济先生的带领下，先后到南京大学、上海作协拜访唐弢先生、陈瘦竹先生。[③]

田仲济先生的这种不拘书斋、务实求真的治学方式深深影响了刘献彪。刘献彪从事学术研究最突出的特点就是走出学校，广泛开展学术交往和学术探讨，采百家之长为己所用，这既是克服身处昌潍师专闭塞、落后状况而不得不采用的方式，也是一种践行兼收并蓄治学理念的自觉意识。特别是从中国现代文学转向比较文学后，刘献彪就始终把交游作为成就学问的重要途径。

刘献彪的交游范围非常广，上至学术大师、知名学者，下至乡村中学教员、厂矿工人，不论地位高低、贫富贵贱，只要是问学治学之人，他都愿与之交往，畅谈治学之道。他交往的方式也是多种多样，有直接登门求教，参加学术会议或

---

① 参见刘献彪：《学者、教授、良师、益友——悼念吾师田仲济先生》，田桦、洪承编：《田仲济纪念文集》，山东画报出版社2003年版，第316页。

② 曹然：《田仲济年谱》，《现代中文学刊》2017年第4期。

③ 参见尹建民、王福和、吴家荣主编：《刘献彪与新时期比较文学》，安徽大学出版社2012年版，第207页。

者趁外出查阅资料间隙“见缝插针”地上门拜访，不能当面请教的，也往往寄信请求释疑或者求助。刘献彪已经把学术交往看作自己从事学术研究，获取学术资源的重要途径。刘献彪追随季羡林、钱锺书、戈宝权、杨周翰、李赋宁、赵瑞蕻、朱维之等前辈学者的脚步，开始步入比较文学殿堂，同时还曾得到范存忠、朱光潜、贾植芳、施蛰存、吴富恒等前辈学者的关怀和指导。带着对他们的敬佩之情和尊崇之心，刘献彪或登门拜访，或亲聆耳提面命的教诲，并在思想上、学术上深受教益。在他的后半生，他与同辈学者，如乐黛云、严绍璗、孟华、陈惇、卢康华、徐京安、饶芃子、陈守成、庹修宏、孙景尧、谢天振、张汉良、刘介民、刘蜀贝等在中国比较文学的田园里共同播种、耕耘，同时又得到比他小许多的学者，如曹顺庆、陈跃红、王向远、吴家荣、王福和、葛桂录的支持，他的晚辈及学生，如刘焕勤、宋法棠、朱德发、朱惠东、林治广、徐临星、姜悦亭、郑金兰、孟宪波、刘效武、赵世欣等也对他的比较文学事业给予了大力支持。另外，他还得到了领导们的信任和关照，如教育部高教司付克司长、潍坊市委书记齐乃贵、潍坊市社联主席赵文禄、潍坊市人大常委会主任李惠信、潍坊市文化局局长王振民、昌潍师专及潍坊学院历任领导都对他的事业给予了鼎力支持。在他后半生的学术之路上，与他交往密切的学人不下百人，他们之间或登门拜师访友、求序请教，或书信往来、借书赠著，或合作论学、商榷交流，这些交往都是以比较文学为媒，也都构成了刘献彪学术生涯的重要组成部分。由于他的成就、他的热情，在某个时段，潍坊也因比较文学而成为全国比较文学活动的一个“根据地”“聚焦点”“联络中心”，全国比较文学学者也曾几度汇聚潍坊。毫不夸张地说，刘献彪又是新时期比较文学界的杰出的社会活动家。[①]

当然，刘献彪并不是王瑶先生所批评的那种“社会活动家”，王瑶先生所抨击的知识分子，是指在取得一定学术成就和学术地位后，就吃老本，不再做学问了，转而到处开会、演说、发言、表态，最大限度地博取名声，取得政治、经济好处的社会活动家。而刘献彪则恰恰相反，他把社会活动作为开阔眼界，获取学术前沿动向的重要途径，他始终把学术研究作为自己的生命支撑，甚至重病在床，仍然笔耕不止，而且念念不忘了解当前的学界动向，关心和挂念学科的发展。

二、刘献彪与田仲济交往二三事

田仲济先生对学生、同事和晚辈的关爱是众所周知的，对这一点刘献彪感

① 参见尹建民、王福和、吴家荣主编：《刘献彪与新时期比较文学》，安徽大学出版社 2012 年版，第 10 页。

受尤深。1957年，由于国家需要，刘献彪和同学提早一年毕业，毕业后他选择留校任教。读研究生期间，刘献彪曾担任班长，任教期间又与田先生一个教研室，二人接触比较多，自然也就比较熟悉。当时，刘献彪和许毓峰先生、薛绥之先生一块讲现代文学史，刘献彪分讲抗战时期这一段文学史。田先生得知后，不但把他的专著《中国抗战文艺史》借给刘献彪参考，而且把他珍藏的《抗战文艺》借给刘献彪参阅。据说当年只有两部最完整的《抗战文艺》，其中一部在老舍先生手中，另一部则由田先生珍藏。田先生对待学生的爱护由此可见一斑，他对刘献彪特殊的关心也使刘献彪至今难忘。

虽然刘献彪因工作关系调离了山东师范学院，但是田仲济先生仍然非常关心刘献彪的学习和工作，在给他的信件中仍不忘悉心教诲。其中有的是前辈对后辈的绵绵鼓励："来信及著作均收到，大致看了一下，感到这样做，至少路子是比过去来说对了。"但更多的是老师对学生的谆谆教导，字里行间流露出来的是浓浓的殷切希望。

在20世纪80年代中期，刘献彪在编写《中国现代文学手册》过程中，也获得了田先生的帮助。那时，刘献彪有感于中国现代文学研究应与其他学科，例如外国文学、翻译文学、比较文学、古代文学等结合起来研究，这样才能有所拓展。随后刘献彪开始跨进其他学科，但却因此招致了一些非议和误解，有人认为刘献彪"不务正业""追名逐利"，等等。这种议论传到田先生耳中，他不仅理解刘献彪为什么这样做，而且也支持刘献彪这样做，在为刘献彪主编的《中国现代文学手册》序言中他说："在编写《外国文学手册》时，刘献彪同志就托人转告我，他转而搞外国文学并非不务正业，而是为研究中国现代文学做些资料收集和准备工作，他感到这于己于人都是有益的，也是必要的。那时，虽然我已耳闻他的情况，但并没有感觉到不对，即使真的转而治外国文学，也无可非议。"田仲济先生还举例说："在50年代研究生班之后，我们曾办过一期进修班，学生都是各校来的教师，其中两人后来改教文艺理论和外国文学了。我觉得这种专业的转换无论是由于个人兴趣或工作需要，都是可以的，也是正常的。"同时，田仲济也认为刘献彪的这种做法是可取的："何况，中国新文学的产生与发展是受过西方文学的严重影响的。整理编印翻译文学资料大有益于中国新文学的研究，这意见早在30年代蔡元培先生就说过了。倘没有抗日战争的发生，我们的翻译文学大系也就会出来了。所以，刘献彪同志的看法，他从事的工作，我是认为不坏的。"不仅如此，田先生还对刘献彪的工作给予了很高评价："编者的处理和选择是极为严肃和认真的，是认真地要求做到'全'，做到'准确'的。""这本手册编者的小心谨慎、严肃认真的态度是可贵的，是编好这本手册应持的态度，他希望为学习现代文学者提供一本可靠的参考书，不是首先考虑赚不赚钱。这种态度应该说是值得赞扬的，持这种态度编撰出来的手册，对读者是负责的，是有用的。”每当想起这些事情，刘献彪总是思潮翻涌，心情难以平静。

20 世纪 90 年代中期，田先生托杨洪承同志捎给刘献彪一封亲笔信。因为年事已高，加之身体状况不好，字迹歪斜难辨，但内容却有五六页之多，主旨是谈中国现代文学的学科建设和成立山东中国现代文学学会诸问题。[①] 刘献彪拜读后，万分感动，因为他深知以先生当时的年龄和身体状况，能写出五六页纸的长信该是多么困难，如果没有一种视学科建设如生命的感情，是不可能给自己亲笔写信的。事实上，田仲济因为身体欠佳，视力特别不好，那时已经很少写信了，然而出于对中国现代文学的特殊情感，以至他不能自已。这封千钧重信透露出田仲济先生对刘献彪给予了深切的期望和希冀。

三、刘献彪对田仲济的感恩与思念

近半个世纪以来，刘献彪从田仲济先生那里得到的教诲和帮助数不胜数！“或听他讲课、指导论文，或跟随他走南闯北，参加各种学术会议，拜访学界名流，或参与他主持的科研项目，窗前纸边，循循善诱；或请他为拙著撰写序言，审阅书稿，指点迷津，或围坐餐桌，相叙其间，倾吐心事；或书信往还，字里行间，教我做人、做事、做学问。”[②]后来刘献彪之所以能在比较文学领域闯出自己的一番天地，使小小的潍坊成为全国比较文学研究特别是学科史研究和普及教育领域的重镇，田仲济先生可谓功不可没，这也是刘献彪时时对田仲济先生充满敬爱与感恩之心的原因。2001 年初夏，听说田先生卧病千佛山医院，刘献彪立即赶到医院去探望先生，等他走到床边时，田先生正在酣睡，刘献彪不忍把他唤醒，于是就静静地坐在床边等待。当田先生的二女儿田森唤醒他，并告知刘献彪来探望时，田先生那种兴奋、激动、亲切之情不禁让刘献彪泪下。那天，他们师徒两人谈了很多，但令刘献彪万万没有料到的是，这竟是他与田先生的最后一次叙谈。

田仲济先生于 2002 年 1 月 14 日在济南不幸病逝，享年 95 岁。这一不幸消

---

① 参见刘献彪：《学者、教授、良师、益友——悼念吾师田仲济先生》，田桦、洪承编：《田仲济纪念文集》，山东画报出版社 2003 年版，第 318 页。

② 刘献彪：《学者、教授、良师、益友——悼念吾师田仲济先生》，田桦、洪承编：《田仲济纪念文集》，山东画报出版社 2003 年版，第 320 页。

息传出后，学界、文化界、教育界各方人士以及田先生的亲朋好友、弟子学生，莫不为之伤悲。田仲济先生逝世后，刘献彪长时间处于一种欲哭无泪、欲说不能的状态，“从到济南参加先生的追悼会回到家中后，我就多次伏案想写下对先生的哀思和追忆，一次次开头，又一次次搁笔，终不能成篇。我真不知道这是因为什么，也说不清到底是为了什么”[①]。刘献彪感到自田先生离去以后，自己作为先生一手培养起来的学生，如今也已年逾古稀，心里不免五味杂陈。田仲济先生的远行，在刘献彪心中引起了超出生离死别的悲痛和悲哀，这种悲痛和悲哀积聚在刘献彪心中，压在刘献彪心头，像影子一样久而挥之不去，但对这种悲痛和悲哀，刘献彪却不知该从何说起。他在悼念田先生的文章中说：“现在我只有从一个老学生的角度，说两点我与先生相随、相处、相交过程中自己的亲历和感受，并以此来悼念和安慰吾师仲济先生的在天之灵。……如今先生已离我而去，但先生之思想、精神、人格和学问，将永远活在我心中，永远鞭策、激励我前行。”[②]

田仲济坚持不懈地毕其一生致力于学科建设，这是他学术追求、学科观念、文化良知和思想人格的一种再现，他的品格和风范也永远值得我们学习。

第二节　教无常师：刘献彪与王瑶

刘献彪虽然不是王瑶先生的正式弟子，但其学术成长之路受王瑶先生的教益和影响颇多。

王瑶(1914～1989)，字昭深，山西平遥人，是中国著名的文学史家、教育家。他不仅是中国中古文学研究的开拓者，也是现代文学研究的奠基人之一。他具有深厚的古典文学和现代文学的修养，形成了“学贯古今”的学术个性，为“清华学派”的建立与发展做出了独特的贡献。

王瑶于1943年考入清华大学文学院中国语言文学部，师从朱自清。1946年受聘为清华大学中文系教师。1948年完成的《中古文学史论》，成为其中古文学研究的代表作，不仅史料丰富，还为研究方法的现代化开辟了一条新路。

---

① 刘献彪：《学者、教授、良师、益友——悼念吾师田仲济先生》，田桦、洪承编：《田仲济纪念文集》，山东画报出版社2003年版，第315页。

② 刘献彪：《学者、教授、良师、益友——悼念吾师田仲济先生》，田桦、洪承编：《田仲济纪念文集》，山东画报出版社2003年版，第316页、第320页。

1949年后，王瑶服从组织调配，开始了新文学史的研究和教学，开始写作《中国新文学史稿》，这部著作后来成为其现代文学研究的代表作。《中国新文学史稿》实现了现代文学研究与传统文学研究的分离，其体系与模式影响深远，标志着现代文学研究和教学基本格局的建立，在国际上享有很高的声誉。此外，王瑶还是自1949年以来大陆鲁迅研究领域的重要代表人物，其《鲁迅作品论集》被学术界公认为鲁迅研究的权威性著作，该著作也显示了时代学术水平，其学术研究与时代先进思潮有着密切的联系。

1978年，王瑶招收了“文化大革命”后的首届研究生，共录取7人。此后，历任北京大学学术委员会委员、中国现代文学研究会会长与《中国现代文学研究丛刊》主编等职。1989年11月13日，在上海病逝，享年75岁。有《王瑶文集》（七卷本）与《王瑶全集》（八卷本）行世。

因出色的教学活动、学术研究和思想深度，王瑶成为“北大精神”的象征和代表之一。

一、刘献彪拜访王瑶

“文化大革命”结束后，刘献彪中断了近20年的学术生涯终于迎来了新的转机，随之而来的改革开放春风也使他重新进入学术研究领域。虽已年近50岁，但刘献彪仍然满怀激情，对未来满怀憧憬，并积极步入了人生新的征程。但刘献彪当时处在相对比较闭塞的潍坊，在那个变化剧烈的年代，潍坊的信息往往比较滞后，想了解学界的新动向比较困难。于是，刘献彪毅然决定外出拜师访友，开阔视野，而他去得最多的地方是北京，王瑶则是他较早拜访的一位。

一开始，刘献彪仍立足于自己的专业中国现代文学，这个时期中国现代文学的发展也进入了一个崭新时期，人们突破了过去的政治视角和单一的社会视野，开始从艺术、美学等角度重新思考中国现代文学，新的视角带来了很多新的问题，比如：中国现代文学史作为一门独立的学科，它的研究、过去的情形怎样？现在又有什么新的发展？它是一门怎样的学问？它的特性与任务是什么？[1] 这不仅是刘献彪苦苦思索的问题，也是全国现代文学学者们努力探讨和要解决的

① 参见刘献彪：《中国现代文学史研究的检讨——读有关中国现代文学史著作的札记》，《学习与探索》1981年第3期。

问题。从提高现代文学研究与教学水平的角度来说，这项工作也是必须的，即需要对现代文学史做一番研究。然而，过去对这些问题的注意和研究都很不够，讨论和研究这些问题的文章可以说为数寥寥。

王瑶也在思索着同样的问题，当时学界百废待兴，王瑶先生的时间也很紧张。1979 年 5 月，王瑶在北京大学孙玉石、乐黛云，华中师院的黄曼君，鲁迅研究室的王得后 4 位同志的协助下，详细校改《中国新文学史稿》，准备融入新的研究成果后重新出版。10 月 30 日至 11 月 16 日，王瑶参加了中国文艺工作者第四次代表大会和中国作协第三次代表大会，被选为作协理事会理事并担任理论批评委员会委员。11 月 14 日，由茅盾、周扬等联合发起的鲁迅研究学会正式成立，王瑶先生任学会理事。由中国现代文学研究会、北京出版社合编的《中国现代文学研究丛刊》在北京创刊，该刊物由王瑶先生任主编。12 月 6 日到 15 日，王瑶先生在参加中国现代文学史资料汇编工作会议时，被选为编委。1980 年元旦，有感于过去岁月虚掷，万事待发，王瑶先生遂作诗一首以表心意：

叹老磋卑非我事，桑榆映照亦成霞。
十年浩劫晷虚掷，四化宏图景可夸。
佳音频传前途好，险阻宁畏道路赊。
所期黾勉竭庸驽，不做空头文学家。

就在这一时期，具体来说是 1980 年 1 月，刘献彪赴京拜访各位专家学者，试图解开心中关于中国现代文学研究的疑惑，他第一个拜访的就是王瑶先生。由于刘献彪现在的身体因素，笔者无法求证两人当时见面的情况，因而两人具体的谈话内容现在也不得而知。但可以肯定的是，王瑶被刘献彪的诚意所打动，因为王瑶不仅接待了他，而且还热心地给他写了一封引荐信，“兹有山东省昌潍师专刘献彪同志，前来向你请教有关现代文学史的问题”，将他引荐给严家炎。严家炎是著名的中国现代文学史研究专家，当时正和学者唐弢撰写《中国现代文学史》，对于中国现代文学史方面的问题很有研究。可能王瑶当时确实非常忙，短时间内也无法完全解答刘献彪的疑惑，另外他可能还认为严家炎对此更有发言权，所以才引荐刘献彪去向严家炎请教。不管怎样，王瑶都尽了自己的努力去帮助刘献彪。

令王瑶没想到的是，自己的这一热心举动引发了后来一系列的连锁事件。由于王瑶的引荐，刘献彪才能见到严家炎，接着结识孙俊然，然后才能从严家炎处得到姚雪垠的住所地址，最终得以上门拜访。所以，和王瑶的见面对于刘献彪来说具有重要意义。正因如此，在后来的日记中，刘献彪才对王瑶诚心诚意地表达谢意。当然，从王瑶引荐刘献彪去找严家炎，以及后来欣然为刘献彪题写书名来看，刘献彪应该在王瑶心目中留下了比较好的印象。

二、珍贵的记录本

刘献彪和王瑶再次见面是1980年7月12日在包头召开的全国现代文学首届学术讨论会上。

1980年7月12日，中国现代文学研究会首届学术讨论会在内蒙古自治区包头市顺利举行。来自全国各高等学校和科研机构的200多名代表参加了这次会议。这次会议的中心议题是：在中国现代文学领域里如何真正贯彻"百花齐放，百家争鸣""实事求是"的科学精神，恢复中国现代文学史的本来面目，提高现代文学教学和研究水平。与会代表就中国现代文学史的性质、范围、任务以及多年来在教学与科研中存在的极"左"倾向，发表了很好的意见。此外，与会代表还向大会提交了80多篇学术论文，大家就其中某些具有突破意义的问题，展开了热烈的讨论。王瑶先生作了题为"关于中国现代文学研究中的几个问题"的发言，对中国现代文学的学科性质与任务提出了自己的看法，做了十分有益的探讨。

刘献彪参加了这次大会，并记录下王瑶及其他与会学者的发言，其中对王瑶的发言记录得尤为详细、认真（见图6-1）。

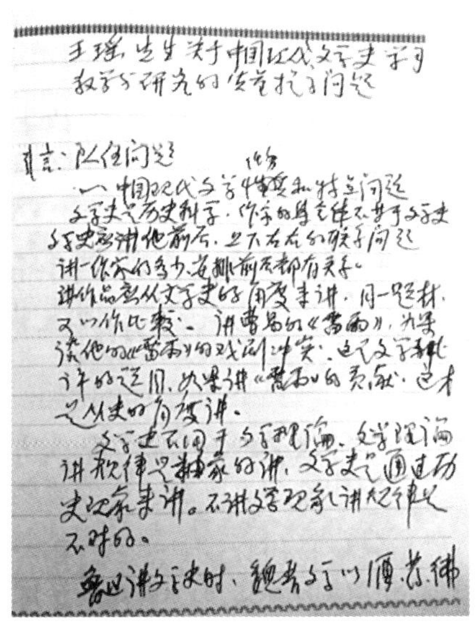
王瑶先生关于中国现代文学史教学与研究的几个问题

一、中国现代文学性质和特点问题
文学史是历史科学。作家的传记体不等于文学史
文学史要讲他前后，上下左右的联系问题
讲一作家的多少，安排前后都有关系。
讲作品要从文学史的角度来讲。同一题材，又可作比较。讲曹禺的《雷雨》，如果谈他的《雷雨》的戏剧冲突，这是文学批评的运用。如果讲《雷雨》的贡献，这才是从史的角度讲。
文学史不同于文学概论、文学理论讲规律是抽象的讲，文学史是通过历史现象来讲。不讲文学现象讲规律是不对的。

图6-1　刘献彪听王瑶会议发言所做的笔记

王瑶在发言中认为，文学史既是一门文艺科学，也是一门历史科学，它是以文学领域的历史发展为对象的学科，因此一部文学史既要体现作为反映人民生活的文学的特点，也要体现作为历史科学，即作为从发展过程来考察的学科的特点。文学史家要真实地反映历史面貌，要总结经验，探讨规律，还必须在丰富复杂的文学现象中概括出特点。王瑶认为，文学史有自己的独特性，文学史是一门历史科学，但它不同于艺术史、宗教史、哲学史等历史科学，文学史作为一门文艺科学，也不同于文艺理论和文学批评。作为历史科学的文学史，要讲文学的历史发展过程，讲重要文学现象的上下左右的联系，讲文学发展的规律性。

王瑶强调，文学史虽然要以作家的成

果作为重要研究对象，但必须把作品放在历史过程中来考察，不能只分析作品的思想性、艺术性，还要探讨它的历史地位和贡献。文学史不仅要评价作品，还要写出这个作品在文学史上出现的历史背景、上下左右的联系。它给文学史增添了些什么，做出了什么样的贡献，对后来的文学发展有什么样的影响。每一个作家都有他的思想发展过程和创作道路，也有和他同时代的人、和写同一题材或体裁的人互相比较的问题，只有这样才能使人感到作家作品是在一定的历史条件下出现的，才能看到作家用他们的劳动如何丰富了文学史。

王瑶着重指出，文学史不但不同于文学批评，也不同于文艺理论。虽然文学史和文艺理论都要探讨和研究文艺发展的规律，但文艺理论所探讨的文艺属于一般的普遍规律，不同于文学史所要研究的特定的历史范畴。文学史必须分析具体丰富的文学历史现象，它的规律是渗透到现象中的，而不是用抽象的概念形式体现的；因此必须找出最能充分反映本质的现象，从文学现象的具体面貌来体现文学的发展规律。

所以，王瑶强调，文学史应该探讨文学的规律性因素。文学史要求通过对大量文学现象的研究，抓住那些最能体现这一时期文学特征的典型现象，从中体现规律性的东西。另外，文学史的研究工作不能只看文学作品，视野还必须扩大，除政治、经济形势外，还必须注意社会思潮与文化思想战线的各种现象，注意到历史的连贯性和文学发展的规律性。因此，必须通过对大量文学现象的考察和研究，掌握能够体现一定历史时期文学面貌的典型现象，深入分析和探讨它同各种文学现象之间的联系、彼此之间的消长过程，然后才可能揭示历史发展的客观面貌，才能看出流变，显示全貌，最后才能比较准确地评价作家作品的贡献。

王瑶还对现代文学史编写工作中议论比较多的三个问题做了探讨，其一是范围和线索，其二是文艺运动与作家作品在书中的比重，其三是评价作家作品的标准。对此，刘献彪都做了比较详细的笔记。

王瑶关于研究方法的发言对刘献彪此后的学术研究影响较大。王瑶指出，就研究方法说，对于作品采取的结构主义分析方法和对作家进行比较文学的论证方式，由于过去很少运用，因而引起了一些人的新奇感。就运用这种方法所得出的具体结果来说，只要符合作家作品的实际，就应该受到尊重；如对作品的形式和语言进行技术和结构上的分析，有时可以对作品的特色得出符合实际的论述。但从它作为一种方法论角度来看，这种把人的思维看成是先验性结构，不重视作家的艺术创造，而只对作品做静态的结构分析的研究，是不可能对文学这一历史性现象做出实事求是的科学结论。王瑶还对在中国开始出现的比较文学谈了自己的看法。王瑶并不排斥比较文学，他认为，这种比较对作家的艺术风格、作品构思方式和创作过程特点的分析，是有益的。但是王瑶着重指出了比较文学的缺陷，国外有的研究者往往超越了这个范围，他们忽略了不同时代和不同民族的特点而试图找出某种共同的特征，这样就常常不免求同存异，抽象地看问题；而"异"恰恰是本质的，是不能忽视的。因此，虽然在某些方面这种比较是有益的，但在另外许多方面又是论证不充分的，不能认为它是一种普遍适用的、最先进的方法。所以，我们当然要学习和借鉴别人的长处，但绝不能像"邯郸学步"那样，为了追求新奇而放弃了根本的原则。①

这个记录本刘献彪一直珍藏到今天。对比刘献彪的笔记和王瑶先生后来发表的发言稿，发现两者的要点几乎完全一致，由此可见刘献彪对王瑶发言的感触之深，也能想象王瑶发言对他此后的影响之大。为此刘献彪专门写了《要讲文学历史的发展过程——读王瑶〈关于中国现代文学研究中的几个问题〉有感》一文。在其他文章中，他也对这次谈话给予了很高的评价："发言中许多宝贵的、科学的见解对与会者启发很大。我认为，研究这门学科本身的问题，提出了科学的见解并将在今后现代文学研究与教学中产生巨大影响，见之于文字记载的应该从王瑶先生的发言开始。"②

三、王瑶为刘献彪题写书名

除了当面向王瑶请教外，刘献彪在平常也经常以通信的方式与王瑶保持联系，有了困惑或者学术成果时也会向王瑶先生汇报，听取他的意见。《中国现代文学手册》一书完稿之后，刘献彪立即将其寄给王瑶先生，听取他对此书的意见。

当时，很多学者看重的是中国现代文学研究的前沿问题，但对于基础性知识的收集、甄别和整理重视不够。《中国现代文学手册》就是由刘献彪主编的一部中国现代文学工具书，全书分8个部分：中国现代重要作家生平著作年表、中国现代文学作品介绍、中国现代文学史家介绍、中国现代文学史论著、名词解释、台港现代文学研究及现代文学发展概况、国外中国现代文学研究概况、中国现代文学史大事年表。手册所用的资料截至1983年9月底，很多条目都是编者亲自向当事人或者作者请教修正而成，史实准确可靠，是中国现代文学研究扎实的材料依托。

刘献彪主编《中国现代文学手册》花费了大量的心血和精力，书稿甫一完

① 以上据刘献彪记录本，并参考王瑶：《关于中国现代文学研究工作的随想——在中国现代文学研究会学术讨论会上的发言》，《中国现代文学丛刊》1980年第4期。

② 刘献彪：《中国现代文学史研究的检讨——读有关中国现代文学史著作的札记》，《学习与探索》1981年第3期。

成，即给王瑶先生寄去，请他多提宝贵意见。当时，王瑶正要去法国，没有时间阅读，但他怕刘献彪着急，立即给刘献彪回信解释（见图 6-2）：

献彪同志：

您好！今日中午收得来函并惠赠之《中国现代文学手册》一部，不胜感谢。我今天下午即去巴黎，俟回京后当仔细拜读，藉聆教益。特此先行致谢。

王瑶之为人谦和真诚，由此可见一斑。

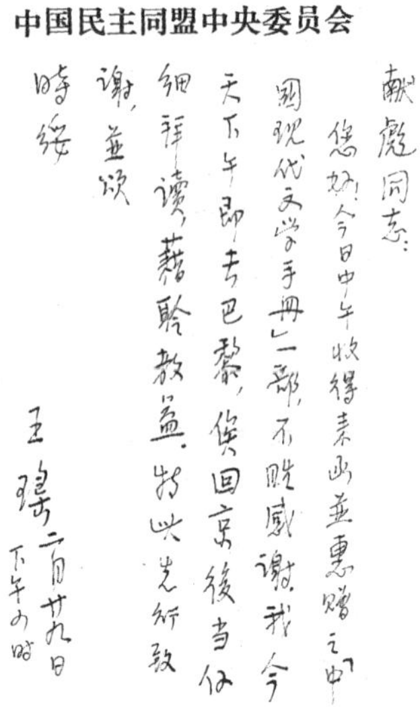
中国民主同盟中央委员会
献彪同志：
您好！今日中午收得来函并惠赠之《中国现代文学手册》一部，不胜感谢。我今天下午即去巴黎，俟回京后当仔细拜读，藉聆教益。特此先行致谢，並颂
时绥
王瑶 二月廿九日 下午四时

图 6-2　王瑶写给刘献彪的信(1)

刘献彪不仅请王瑶先生审阅《中国现代文学手册》，而且希望先生能为手册题写书名。其时，王瑶先生已经很少给人题字了，但是他还是答应了刘献彪的请求，而且写了横竖各一幅（见图 6-3）：

献彪同志：

来函奉悉。兹遵嘱书就《中国现代文学手册》书名横、竖各一幅，随函附上，请审正。字迹大小仿《外国文学手册》例。本拟亦仿此例，不再签名盖章，比较妥适。惟前书尊意坚嘱盖章，故只将竖写一幅盖上，以其不在封面也，横写书则略去。如您同意，则竖写书亦可略去，只在书末注明即可，请酌。我素不谙书法，字迹猥劣不堪入目，如能不用最好，惟谬承台命，不敢藏拙，勉力塞责而已，乞谅。

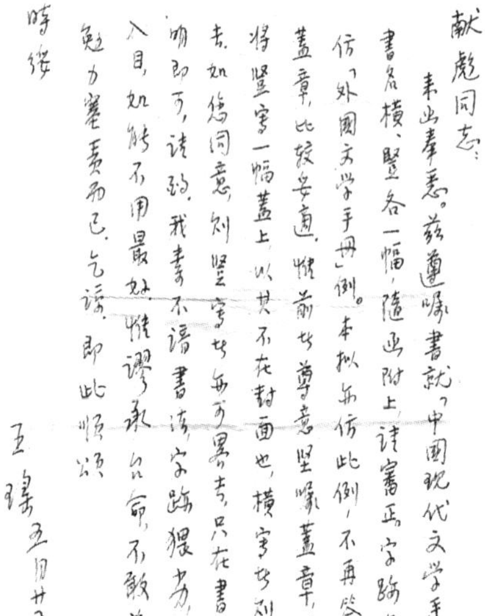
献彪同志：
来函奉悉。兹遵嘱书就《中国现代文学手册》书名横、竖各一幅，随函附上，请审正。字迹大小仿《外国文学手册》例。本拟亦仿此例，不再签名盖章，比较妥适。惟前书尊意坚嘱盖章，故只将竖写一幅盖上，以其不在封面也，横写书则略去。如您同意，则竖写书亦可略去，只在书末注明即可，请酌。我素不谙书法，字迹猥劣不堪入目，如能不用最好，惟谬承台命，不敢藏拙，勉力塞责而已，乞谅。即此顺颂
时绥
王瑶 五月廿五日

图 6-3　王瑶写给刘献彪的信(2)

字里行间显现的是王瑶先生的谦逊与虚心，他不厌其烦地写了两幅字，而且连具体细节都替别人考虑了，可见他为人是多么和善、热心。王瑶先生为人处世并非无原则，他的很多朋友弟子在文章里追忆往事时，都会谈到王瑶先生的坦诚和直爽。他不喜欢的事情不会

去做，他不喜欢的人也不屑迎合。正因如此，王瑶先生和刘献彪之间的交往经历，更显现了王瑶先生对刘献彪的看重。

20世纪70年代末，刘献彪重新踏上学术研究之路，有感于现代文学教学与研究存在很多问题，已步入庸俗社会学的死胡同，因而准备从中跳出来。又因为众多因缘际会，于是他从现代文学转向了比较文学，开始迈入一个崭新的学术领域。但刘献彪的学术转型并不是抛弃传统，而是拓展学术视野，另辟学术蹊径，毕竟人文社科研究在精神旨趣和学理上是相通的。比较文学既有自己的专业范围，又是一门涉及诸多学科专业知识的融汇性学科，刘献彪原先从事的中国现代文学研究，可以作为国别文学、中国文学断代史研究纳入比较文学的视野之中，而由此形成的学术积淀和学术识见也成为他学术转向的“批判性”的基础。[①] 从这个角度来看，田仲济、王瑶等前辈学者广阔的学术视野、宽容的治学心态为刘献彪从事比较文学研究提供了良好的学术理念，打下了扎实的知识基础。

① 参见尹建民、王福和、吴家荣主编：《刘献彪与新时期比较文学》，安徽大学出版社2012年版，第3页。

附　件

一、田仲济写给刘献彪的信件

献彪同志：

来信及著作材料，大致看了一下，感到这样做，至少路子是比过去走对了。下点功夫，多读点书，有所获益，总能有所得点东西。写作对你是第一个序幕，只是评介等等，不能批评及批评的。中国现代文学史编写中序幕之纪念。我曾参加那年实际我只参加了二十天的讨论，提了些意见，其中有四章在我未改动，反用原精神了，有的是原了，无法改，有的是材料不凑手，自然也有能够有改还以能言欠当的。就是不是这样，我也参加了了，你还是可以批评的，为什么不可以呢？只要能虚心，批评的不一定全是，只应以商量口气出之，不要以裁判的口气出之。

《现代文学研究丛刊》我只担任了一个副主编的名义，实际未出什么力量，也无力可出。相隔过远

第　　页

价值也是原因之一。这并不影响你的主要的去稿。

我现在手中工作放不下，大概得三月份才可告一段落，这段时间是无暇顾及其他的，因此，寄来的文章也就难以仔细拜读。我是希望你这样写下去的，要踏踏实实，越踏实越好。不要求急成。厦大庄钟庆同志，近二十年写了一本茅盾评传，现在才拿出来，《文学评论丛刊》第四期选发了一篇，其他各章可能会分别在其他刊物上陆续刊登。我觉，这才是真正的治学的态度。

其他后谈 祝

新年好！

仲济

元月廿日

第　　页

献彪同志：

来信及著作均收到，大致看了一下，感到这样做，至少路子是比过去来说对了。下点工夫，多读点书，有所获然后再写点东西。写得对不对是另一个问题，是允许争鸣，允许批评反批评的。《中国现代文学史》编写中问题很多，我署名的那本实际我只参加了二十天的讨论，提了些意见，其中有四章左右未改动，原因自然种种，有的是病了，无法改，有的是材料不凑手，自然也可能有的还以自己意见为是。就是不是这样，我也参加写了，你还是可以批评的，为什么不可以呢？也要自己安心，批评的不一定全是，是应以商量口气书之，不要以裁判的口气书之。

《现代文学研究丛刊》我只担任了一个副主编的名义，实际未出什么力量，也无力可出，相距过远，自然也是原因之一。是严家炎同志主要的在搞。

我现在手中工作放不下，大概到三月份才可告一段落，这期间是无暇及其他的，因此寄来的文章也就难以仔细拜读。我是希望你这样写下去的，要踏踏实实，越踏实越好，不要求急成。厦大庄钟庆同志，近二十年写了一本《茅盾评传》，现在才拿出来，《文学评论丛刊》第四期发了一篇，其他各章可独立地将在其他刊物上陆续刊登。我觉，这才是真正治学的态度。

其他后谈。祝

新年好！

田仲济

元月五日

二、田仲济为刘献彪主编著作写的序言

《中国现代文学手册》序言

在编写《外国文学手册》时，刘献彪同志就托人转告我，他转而搞外国文学并非不务正业，而是为深入地研究中国现代文学做些资料搜集和准备工作，他感到这于己于人都是有益的，也是必要的。那时，虽然我已耳闻他的情况，但并没有感觉到有什么不对，即使真的转而治外国文学，也无可非议。在50年代研究生班之后，我们曾办过一期进修班，学生都是各校来的教师，其中两人后来改教文艺理论和外国文学了。我觉得这种专业的转换无论是由于个人兴趣或工作需要，都是可以的，也是正常的。何况，中国新文学的产生与发展是受过西方文学的严重影响的。整理编印翻译文学资料大有益于中国新文学的研究，这意见早在30年代蔡元培先生就说过了。倘没有抗日战争的发生，我们的翻译文学大系也许会出来了。所以，刘献

彪同志的看法，他从事的工作，我是认为不坏的。

去年冬，《外国文学手册》由北京出版社印出了，精装一巨册，朴素大方，承刘献彪同志送了我一册，并告诉我，他们编写的《中国现代文学手册》，已约定由中国文联出版公司出版，这自然是很好的消息。

这本《中国现代文学手册》是字典、辞书性质的工具书。这类书主要的要求应是内容“全”，解注的文字“恰当、准确”。“手册”是不是完全达到了这些标准呢？我只能说编者的处理和选择是极为严肃和认真的，是认真地要求做到“全”，做到“准确”的。

《辞海》是国家十分重视的一部辞书。第一次修订动员了几百位学者专家。1962 年出版试行本 16 册，1965 年出版了《辞海・未定稿》，1972 年出版了合订本，公开发行。1979 年又经修订出版了现在的三卷本。我们今天仍不能说现有的《辞海》已十全十美了。据说鲁迅先生除相信《康熙字典》以外，不相信一切字典和辞书。近十年来，我们动员了华东六省一市的力量编撰《汉语大辞典》，在编撰过程中查对了各种各样辞书的条目，发现《康熙字典》的错讹竟有一千处左右。世界上没有完美的东西，这话看来是有道理的。

现代文学虽仅仅有 30 年的历史，但却是纷纭复杂的 30 年，文学的发展变化不能不受政治、经济、社会生活的发展变化的影响。尽管时隔不久，可有的事情的真面目我们还不能说已完全弄清楚了，对许多事件和人物的评价仍有变化。例如郁达夫，过去认为他是颓废消极的作家，今天却已成为烈士，事实证明，他不是消极的作家。对新月派、现代评论派、现代派等，过去完全持否定态度，今天评论界已有了新的认识，认为对它们一概否定是片面的，连“第三种人”也是这样。胡适，就文学史来说，特别是“五四”文学革命时期以及“五四”以后他对章回小说的评点，是不能一笔抹杀的。

对这些问题，今天个个都论述得恰如其分，我看无论何人来做，都难以一蹴而就。

我觉得，这本手册编者的小心谨慎、严肃认真的态度是可贵的，是编好这本手册应持的态度，他希望为学习现代文学者提供一本可靠的参考书，不是首先考虑赚不赚钱。这种态度应该说是值得赞扬的，持这种态度编撰出来的手册，对读者是负责的，是有用的。这是我这篇小文中应该说明的。

田仲济

1985 年 9 月 20 日于泉城

（此文原载于刘献彪主编：《中国现代文学手册》，中国文联出版公司 1987 年版）

三、刘献彪写的纪念田仲济的文章

学者、教授、良师、益友
——悼念吾师田仲济先生

吾师仲济先生，2002年1月14日6时55分，于济南溘然仙逝，享年95岁。此一不幸消息传出后，学界、文化界、教育界各方面人士和田先生亲朋好友、弟子学生，莫不为之动容，深深地为齐鲁大地、中国大地又失去了一位老学者、老教授、老教育家、老战士而悲痛。

我是田先生第一届中国现代文学史研究生，即所谓的开门弟子，跟随先生并与他交往近半个世纪。先生不仅是我专业上的导师，而且是教育我，培养、关怀、帮助我的良师益友。近半个世纪来，我与先生的相处大体可以分为三个阶段：第一阶段是拜先生为师的研究生阶段（1955年至1957年，山东师院中文系）。第二阶段是与先生同在一个教研室的同事阶段（1957年至1960年，山东师院中文系）。第三阶段是我本人调离山东师院后，与先生亦师亦友的阶段（1960年至2002年）。

先生逝世后，我除了非常非常悲痛外，还长时间处在一种欲哭无泪、欲说不能的状态中。从到济南参加先生的追悼会回到家中后，我就多次伏案想写下对先生的哀思和追忆，一次次开头，又一次次搁笔，终不能成篇。我真不知道这是因为什么，也说不清到底是为了什么。我只是感到田先生离我而去，走出人世以后，自己作为先生一手培养起来，如今已年逾古稀的老学生，心里很不是滋味。古话说："黯然销魂者，唯别而已矣。"人生在世，生离死别，谁也逃不脱。以自己这种年龄而论，这道理是懂得的，这经历也是有过的。然而吾师田先生的远行，在我心中却引起了超出生离死别的悲痛和悲哀，它积聚在我心中，压在我心头，像影子一样久而挥之不去。这种悲痛和悲哀我真不知该从何说起。现在我只有从一个老学生的角度，说两点我与先生相随、相处、相交过程中自己的亲历和感受，并以此来悼念和安慰吾师仲济先生的在天之灵。

学者、教授的风范

从我入学山师研究班到毕业留校中文系执教和走出山师后的交往中，从与田先生朝夕相处，受先生耳提面命、耳濡目染中，最深切的感受是：田先生是一位颇具个性、自强不息、严于律己、自尊尊人，为中国现代文学学科建设和人才培养做出了独特的重大的贡献的学者、教授。

20世纪50年代中期(1955年),我毕业于湖南师范学院中文系。那时的我们,一切都得服从组织安排。当时教育部委托山东师范学院田仲济教授、武汉大学刘经松教授培养中国现代文学研究生,学制三年,口号是“向副博士进军”。领导决定让我报考田仲济先生的研究生。这对当时的我来说,无疑是喜出望外之事。结果如愿以偿。那时(1955年秋)与我同时师从田先生的还有北京师范大学中文系毕业的苗可同志、钟兴邦同志、安伯封同志、王若麟同志、何纯基同志、任秀兰同志,西安师范学院中文系毕业的张永延同志以及湖南师范学院毕业的汪振尚同志共计9人。第一年田先生给我们主讲中国现代文学史,第二年指导我们写论文。由于工作需要,我们提早一年毕业。我留校任教。由于读研究生期间我担任班长,任教期间又与田先生一个教研室,接触比较多,自然也就比较熟悉。

和历史上一切著名的学者、教授一样,田先生不仅学富五车、学贯中西,治学态度科学、严谨,而且在学术上有着自己独特的建树和贡献。早在40年代,先生以蓝海的笔名出版了中国第一部现代文学断代史《中国抗战文艺史》。它的出版,不仅具有学术价值,而且具有珍贵的资料价值,出版后即很快引起了国外学者的关注。1949年日本评论出版社出版了波多野太郎的日译本,以后在香港也出版过多种盗版本,在异国他乡产生了广泛的影响。这本书的价值还在于它率先以辩证唯物主义和历史唯物主义的观点、方法,对于抗战文艺史料和史实所做出的科学结论。1949年后,他在指导研究生和担任现代文学史教学的同时,成立了中国现代文学研究室,撰写了《鲁迅在现实主义道路上的发展》《文学研究会的现实主义思想》《王统照小说的现实主义精神》《〈在延安文艺座谈会上的讲话〉对中国社会主义、现实主义发展的意义》等论文。这些论文,观点颇多创新。同山东大学孙昌熙教授共同主编了《中国现代文学史》和《中国现代小说史》。前者是“文化大革命”后我国出版的第一本现代文学史,纠正了过去现代文学编写中存在的“左”的和形而上学的倾向,实事求是地恢复了历史本来面目。后者是1949年后最早问世的一本现代小说史。在现代报告文学研究上也有他的贡献,60年代他撰写的论文《报告特写发展的一个轮廓》,最早提出了中国报告文学的产生应在“五四”时期的论断。

大凡真正的、杰出的学者、教授,总是在学科建设上有自己独树一帜的建树,总是视学科建设如自己的生命一样重要。田先生对待中国现代文学学科建设也是如此。1949年以后,直到他走出人世,他一直关注学科建设,尤其是中国现代文学学科建设。从学科观念、思想、理论到教学、教材建设,从图书资料到学术机构、团体队伍建设,从学术交流到人才培养等方方面面，先生都投入了极大的精力，做出了无可代替的贡献。在这里，我要告诉大家一件只有我和杨洪承同志、许临星同志等少数人才知道的令我非常感动且终生难忘的事情。记得上个世纪 90 年代中期，田先生托杨洪承同志捎给我一封他的亲笔信。因为年事已高，加之身体状况不好，字迹歪斜难辨，却有五六页之多，主旨是谈现代文学的学科建设和成立山东中国现代文学学会诸问题。我拜读后万分感动。我深知先生当时的年龄和身体，写出五六页纸的长信，该是多么困难。如果没有一种视学科建设如自己的生命一样重要的感情，是不可能给我亲笔写信的。事实上，多年来先生因为身体欠佳，视力特别不好，那时已经很少写信了。然而由于先生对中国现代文学关注的特别感情，他以至不能自已。因为像田先生这样杰出的学者、教授，自觉地、坚持不断地毕其一生致力于学科建设，实质上是他的学术追求、学科观念、文化良知和思想人格的一种再现。田仲济先生这种学者、教授的品格和风范永远值得我们学习。

自强不息、爱憎分明的精神

田先生自强不息、爱憎分明的精神从他的杂文中可以看得很清楚。这是大家有目共睹的。从我和他接触中，他对人对事的态度上，这种精神表现得尤为突出。我走出山师以后，接触先生的机会相对就少了，但每当我到济南看望他或参加现代文学会议和他接触时，每当看到先生自己行动不便时，总想扶他一下，然而不管是登山或下海，他都坚持自己独立行动。这虽然是生活小事，但在这些小事上，却反映出先生自强不息的个性来。

田先生不仅爱其所爱，也憎其所憎。这在他的杂文中也表现得非常突出。田先生对待我们学生，既关心又爱护。我所得先生之爱可谓多矣。记得 1957 年研究班毕业后，我留校和许毓峰先生（已故）、薛绥之先生（已故）一块讲现代文学史课。我分讲抗战时期这一段文学史。田先生得知后，不但把他的专著《中国抗战文艺史》借我参考，而且把他珍藏的《抗战文艺》借我参阅。《抗战文艺》现在已有影印本，不足为奇。可在当年，据说只有两部最完整的，一部在老舍先生手中，一部由田先生珍藏。在 80 年代中期，我和同志们一起编写《中国现代文学手册》，也深得田先生的帮助。那时，我有感于中国现代文学研究应与其他学科结合起来研究，例如外国文学、翻译文学、比较文学、古代文学等等，才能有所拓展。我开始跨进其他学科，但因此却招致一些非议和误解。如有人认为我“不务正业”“追名逐利”等等。这种议论传到田先生耳中，田先生不仅理解我为什么这样做，而且也支持我这样做。在他为我主编的《中国现代文学手册》写的序言中说：

“在编写《外国文学手册》时，刘献彪同志就托人转告我，他转而搞外国文学并非不务正业，而是为研究中国现代文学做些资料收集和准备工作，他感到这于己于人都是有益的，也是必要的。那时，虽然我已耳闻他的情况，但并没有感觉到不对，即使真的转而治外国文学，也无可非议。在50年代研究生班之后，我们曾办过一期进修班，学生都是各校来的教师，其中两人后来改教文艺理论和外国文学了。我觉得这种专业的转换无论是由于个人兴趣或工作需要，都是可以的，也是正常的。何况，中国新文学的产生与发展是受过西方文学的严重影响的。整理编印翻译文学资料大有益于中国新文学的研究，这意见早在30年代蔡元培先生就说过了。倘没有抗日战争的发生，我们的翻译文学大系也就会出来了。所以，刘献彪同志的看法，他从事的工作，我是认为不坏的。”每当我想起这些事情，总是思潮翻涌，心情难以平静。

我，作为先生的一个不合格的弟子，近半个世纪以来，所得先生的教诲和帮助可谓多矣！或听他讲课、指导论文；或跟随他走南闯北参加各种学术会议，拜访学界名流；或参与他主持的科研项目，窗前纸边，循循善诱；或请他为拙著撰写序言，审阅书稿，指点迷津；或围坐餐桌，相叙其间，倾吐心事；或书信往还，字里行间，教我做人、做事、做学问。直到2001年初夏，先生卧病千佛山医院，我赶到先生床边看望时，正值先生酣睡梦中，我不忍把他唤醒，静静地坐在床边等待。当先生的二女儿田森唤醒他告知我来探望时，先生那种兴奋、激动、亲切之情，让我不禁泪下。我们谈了很多，我万万没有料到，这竟是我和先生最后一次叙谈。如今先生已离我而去，但先生之思想、精神、人格和学问将永远活在我心中，永远鞭策、激励我前行。

呜呼！不肖弟子仅以此慰藉先生在天之灵。

（此文原载于田桦、洪承编：《田仲济纪念文集》，山东画报出版社2003年版。略有改动）

第七章

志同道合：刘献彪与陈惇、孙景尧、曹顺庆的交往

刘献彪先生在治学道路上有许多良师益友，这些珍贵的友谊是他最为感念的财富。他曾经说："比较文学在我心中是良师益友，是神仙圣道。我喜欢她，崇拜她，执着地追求她。她的事业、胸怀、姿态，尤其是人文情怀、人文精神正是我孜孜以求的学问和理想。我的比较文学情结，实质上是'灵魂叩问'情结，是修炼灵魂之路。"[①]刘献彪口中的"良师益友"对他的影响不仅表现在优秀的文化传统、人格精神、优秀品德等方面，具体来说，更是指陈惇、孙景尧、曹顺庆等学界同仁对他的影响和帮助。

第一节　风雨兼程：刘献彪与陈惇

陈惇先生是我国著名的比较文学学者，为新时期中国比较文学的复兴以及比较文学与世界文学的学科建设和发展做出了重要贡献，被誉为"确立比较文学教学体系，建造连接中西文学的桥梁"[②]。

陈惇，1934年生于浙江湖州，1956年毕业于北京师范大学中文系，同年留校，任教于外国文学教研室。曾任北京师范大学中文系副主任、比较文学教研室主任，现为北京师范大学文学院比较文学与世界文学所教授、国际比较文学协会会员，兼任中国比较文学教学研究会会长、中国比较文学学会常务理事、中国少数民族比较文学研究会顾问、北京市比较文学研究会顾问等职。曾作为中国学者代表多次参加国际比较文学协会年会。1992年起，陈惇先生获国家特殊津贴。陈先生长期从事西方古典文学的教学和研究，对莎士比亚、莫里哀、歌德等作家有深入的研

① 尹建民、王福和、吴家荣主编：《刘献彪与新时期比较文学》，北京师范大学出版社2012年版，第33页。

② 黄巧乐：《确立比较文学教学体系，建造连接中西文学的桥梁——记陈惇与刘象愚先生》，《中国比较文学》1990年第4期。

究，写有《莎士比亚和他的戏剧》《莫里哀和他的喜剧》《跨越与会通》等著作及论文，另著有论文集《陈惇自选集》等。主编了《西方文学史》《外国文学名著精解》《外国文学史纲要》《外国文学》《外国文学作品选》等，参编《欧洲文学史》《外国文学史》《外国文学简编》等全国通用教材。

20 世纪 80 年代以来，陈惇先生主攻比较文学，与人合写、主编多种有关比较文学原理的著作，如《比较文学概论》《比较文学》《比较世界文学史》等全国性比较文学学科理论教材，发表了大量关于比较文学学科理论的学术论文。其主编的多种教材先后获国家级和省部级奖项。1989 年，《比较文学概论》获“全国首届比较文学图书评奖活动教材二等奖”（一等奖空缺）；1992 年，《比较文学概论》获“教育部第二届普通高等学校优秀教材全国优秀奖”；1998 年，《比较文学》获“北京市第五届哲学社会科学优秀成果二等奖”；2000 年，《比较文学》修订版被评为“北京师范大学 2000 年优秀教育教学成果一等奖”；2002 年，《比较文学》修订版获“教育部 2002 年全国普通高等学校优秀教材二等奖”。

陈惇先生早年研究现代文学，后加入外国文学的教学和科研队伍，而后又“自讨苦吃”地走上了比较文学的拓荒之路，也正是这种扎实的学术功底和全面的学术素养，使陈惇先生具有研究比较文学的全局性意识和眼光。作为一个比较文学研究者，应该熟悉至少两种以上的语言，同时要有坚实的理论素养和跨越语言、文学、民族和文化的综合性思维，这些要求对于成长在相对封闭的历史观景中的学者们就更加难得。陈惇先生以其敏而求实的学术风范、不畏艰辛的奋斗精神，辛勤耕耘、默默奉献，把比较文学从一个文学研究的可能性探索一步步建设成一门独立的学科，建立了完善的比较文学教学体系，修建了连接中西文学的桥梁，无愧为中国比较文学复兴的“黄埔一代”！

作为中国比较文学学科体系的建构者，陈惇先生与刘献彪有着深厚的学术友谊，他们互相信任，互相激励，在发展中国比较文学学科理论和教学实践的过程中结下了深厚的友谊，是开创中国比较文学复兴之路的好战友、好伙伴。

刘献彪先生从事比较文学研究的一个突出特点就是以比较文学为媒，广泛开展学术交往。自 20 世纪 80 年代起，中国比较文学开始了复兴之路，在国内学界聚集了一批学术旨趣相投并已取得相当成就的比较文学学者，其中有不少是与刘献彪志同道合的师友。在与他们的交往中，刘献彪兼收并蓄，广采博纳，不断激发自身的学术潜力，并与他们合力提高对比较文学的认识和研究水平。无论是参加国内外学术会议，还是访学，查找、搜集学术资料，每到一处，刘献彪都不忘拜师访友，他与陈惇先生的学术友谊就是这样开始的。1991 年 8 月 15 日，刘献彪出席在东京举行的国际比较文学学会第十三届大会暨国际研讨会，会上他宣读了论文《论严复的翻译》。陈惇先生也参加了这次会议，在这次会议中，陈、刘二位先生就比较文学的学科理论、教学研究和学科普及等问题进行了交流，加深了友谊。

1992年10月21日，刘献彪先生参加在济南召开的全球比较文学学术讨论会，其间与到会的乐黛云、陈惇、孙景尧、徐京安、曹顺庆等先生进一步交流比较文学学会以及教学研究会的筹备事宜。1994年，刘献彪先生接受中国比较文学学会以及乐黛云先生的委托，与陈惇、廖鸿均先生共同筹建中国比较文学教学研究会。这期间，陈先生和刘先生通过书信和电话等手段，对中国比较文学教学研究会的筹办和创建，共同倾注了大量心血和精力。在1995年1月31日陈惇写给刘献彪的书信中曾提到，关于教学研究会11月会议的筹备情况，他已经向乐黛云先生汇报了，相关的材料也转寄了，乐黛云先生表示同意，并且嘱咐一定要认真准备。陈惇先生对刘献彪积极筹建中国比较文学教学研究会的事情给予了非常大的鼓励和支持，他在信中写道："你为学会做出了贡献，大家都会记住你的功劳。……让大家早做准备，争取把会开得更好一些。……如有材料请寄一份给我，我可转交教委社科处。早请示，早邀请，这更主动些！如要邀请国外学者，更要抓紧！"[①]这是1995年1月31日春节期间的一封信，从中可以看到，陈惇先生对于中国比较文学教学研究会的成立满怀期望、支持、关怀和鼓励。1995年11月25日至30日，在烟台举办的中国比较文学教学研究会成立大会暨首届比较文学教学教材学术研讨会上，刘献彪做了题为《关于比较文学的历史现状和前景展望的报告》，以丰富的资料评述了我国比较文学教学发展的历史，分析了现状，并对前景做了科学的展望。会议期间还专门安排了有关教材编写的座谈会，会议决定供大专、师院、电大学生用的《比较文学教程》由刘献彪负责。大会通过了中国比较文学教学研究会的章程，并民主选举了中国比较文学教学研究会首届理事会，陈惇先生作为会长，副会长有刘献彪、谢天振、陈跃红、孟昭毅，秘书为徐扬尚，秘书处设在昌潍师专。由此，中国比较文学教学研究会正式成立，也开创了中国比较文学教学研究的新时期。

1997年5月20日至30日，由刘献彪和刘介民主编的《比较文学教程》的审稿会在山东省潍坊市东郊宾馆召开。会议前，刘献彪写信请陈惇先生前来审阅、指正。在1997年5月7日回给刘献彪的信中，陈惇写道："审稿会我是一定争取参加的，不为别的，只为表示支持，以壮声势。"[②]这种互帮互助的学术友谊，

① 信件内容见本章附件。

② 信件内容见本章附件。

正体现了陈、刘二位先生对中国比较文学学科发展、学术研究以及教学研究的热情和希冀。在这次会议上，除陈惇先生之外，孙景尧、林秀清、卢康华、周发祥、葛桂录等先生也纷纷到场，他们就会议的主题“关于与比较文学教程有关的基本问题”展开了热烈的学术讨论。会后，陈惇先生为《比较文学教程》作序，陈惇在序中说道：“1999 年，正值世纪之交，又是中国比较文学复兴的 20 周年纪念之时，刘献彪教授、刘介民教授主编的《比较文学教程》……真是合乎时宜，适应需要。”[①]此外，他还高度评价了刘献彪的比较文学教学理念：“历史已经向我们提出了重大的任务，我们除了需要提高自觉性之外，更需要在思想上、理论上、知识上、队伍上做好充分的准备。中国比较文学复兴虽然已有 20 年，而且已经取得了举世瞩目的成就，但是它毕竟还年轻，还不够成熟……我们需要努力充实自己，加强各方面的工作。在这些工作中，学科建设和各种教学应该占有极其重要的地位，因为这是我们培养学术队伍，提高理论水平，在各方面充实自己的一个具有战略意义的途径，它应该成为我们今后工作的重点之一。”[②]在中国比较文学学科发展，尤其是教学理论和实践研究的发展方面，陈惇和刘献彪等老一辈先生以其饱满的热忱，兢兢业业、辛勤耕耘、居功至伟。

2001 年 5 月 10 日到 14 日，由中国比较文学教学研究会、全国少数民族比较文学研究会、中国青年出版社联合主办，潍坊学院承办的 21 世纪比较文学学科建设学术研讨会暨《比较文学教程》首发式在山东潍坊召开，来自全国各高校科研机构 60 余位比较文学专家学者，以及山东省教育厅，潍坊市委、市政府，潍坊学院的有关领导也参加了会议，中国比较文学学会名誉会长季羡林先生、会长乐黛云先生也发来了贺信。这次会议以“新时期比较文学学科建设的使命及发展走向”为主题，具体探讨了新世纪比较文学学科的时代定位与走向、新世纪比较文学教学研究与教材建设等议题。陈惇、刘献彪、孙景尧、周发祥、孟昭毅等专家学者到会并发言。代表们一致认为，面对 21 世纪的曙光，结合中国传统文化精神，对来自西方的比较文学进行解构与重构，建立比较文学理论体系与教学体系，促进比较文学理论与实践的相结合，沟通大众，走向中学，普及比较文学学科精神，是比较文学学科建设的当务之急。这些比较文学学科建设和教学的理论研究者，一直致力于探讨比较文学教学研究的新形式和新实践，2002 年 11 月，由中国比较文学教学研究会、高等师范院校、外国文学教学研究会主办，山东省教育厅教研室承办的全国首届比较文学普及学术研究会在山东临朐

---

① 见本章附录二。

② 见本章附录二。

召开。在此次会议上，时任中国比较文学教学研究会会长的陈惇先生以及外国文学教学研究会会长袁伟信先生、天津师范大学文学院院长孟昭毅先生和太原师范中文系刘蜀贝教授、潍坊学院的刘献彪以及与会专家学者们，又进一步研究了比较文学的教育教学，尤其是比较文学普及教学方面的问题。

中国比较文学教学的普及化，是刘献彪先生一直以来关注的重要问题。他认为，比较文学好比一座摩天大厦，不仅需要富丽堂皇的装饰，更需要基础性的推广和普及。他曾多次把自己比喻为"为建设中国比较文学高楼大厦而添砖加瓦的'泥瓦匠'"[①]，他是这样说的，也是这样做的。具体来说，就是将基层的师专、学院与全国的重点院校，如北大、北师大、复旦等的比较文学研究连线，让大家接受、承认基层比较文学的存在与价值，共享比较文学。他所主编的《比较文学教程》等，面向的主要对象是师专、学院乃至中学。这些比较文学教学普及工作，得到了季羡林、杨周翰、乐黛云、孙景尧、陈惇等先生的支持和鼓励。早在1995年11月的中国比较文学教学研究会上，大家就围绕比较文学教学的重要性以及今后如何展开这项工作等问题，进行了热烈而富有成效的讨论，并且重点落实了教材的编写工作。那次会议决定根据不同的对象编写三本教材，由刘献彪教授负责主编一本阐明比较文学基本原理的教材，要求简明扼要，还要体现90年代的特色，不重复80年代教材已有的水平。这样的教材编起来难度非常大，关于关于这一点陈惇先生也深有体会。而刘献彪先生发挥了坚持不懈的精神，发动了十多位工作在比较文学教学第一线的有经验的老师，反复切磋，共同努力，历时三年有余，最终完成了《比较文学教程》。

陈惇先生曾在给刘献彪的信中说："有好几部比较文学的新教材出版。这些教材与往年出版的教材不同，它们脱开了国外的模式，有新的体会、新的观点，说明我们的比较文学学科已经走过了学术阶段，成长阶段而走上了成熟的阶段，这是十分可喜的大好事。还有，我们已经培养了一批又一批的研究生，他们开始活跃于全国各学校。一代新人已经成长起来，他们是真正的科班出身，不像我们这批老家伙那样半路出家，底气不足，有这样一批新生代的努力，中国比较文学必将蒸蒸日上！这次会议可以说是一次交流、一次小结、一次前瞻、一次加油，大家共同努力把比较文学教学推向新阶段！"[②]在参加中国比较文学教学研究会第二届年会暨全国学术讨论会时，陈惇先生做了年会工作报告，总结

---

① 尹建民、王福和、吴家荣主编：《刘献彪与新时期比较文学》，安徽大学出版社2012年版，第39页。

② 信件内容见本章附件。

了教学研究会成立8年来的工作，其中着重提到的几点：第一，向教育部提交了关于加强比较文学教学的建议书，提出了关于加强比较文学教学的三点意见；第二，组织人力编写了三本教材，其中两本(《比较文学》，陈惇、孙景尧、谢天振主编；《比较文学教程》，刘献彪、刘介民主编)已经完成，投入使用，并分别获得"2001年北京市哲学社会科学优秀成果二等奖"和"2002年山东省教育科学优秀成果三等奖"；第三，编辑《中国比较文学教学研究会的通讯录》和筹备出版一本正式的比较文学刊物《中国比较文学教学研究》，此刊于2003年正式出版了第一期；最后，也是最重要的一点，就是在中学推广和普及比较文学，促进中学语文教学的改革。关于最后一点也是刘献彪先生一直在致力推进的。在这次会议上，围绕比较文学教学与学科建设、高校比较文学学术规范化及其他热点、高校比较文学教材建设及评价、比较文学在中学普及的必要性和可能性等问题，乐黛云、曹顺庆、谢天振、孙景尧、刘献彪、张汉良、孟昭毅、高旭东、杨乃乔、陈跃红、葛桂录、黄燕尤等与会代表都做了相关的发言。2004年4月28日，作为潍坊市社会科学普及周系列活动的一项重要内容，潍坊市比较文学论坛在市级机关综合办公大楼成功举办，刘献彪先生做了题为《比较文学在新时期的应用和发展》的主题报告，会上还举行了潍坊市社会科学院应用比较文学研究所成立的挂牌仪式。研究所聘任乐黛云、陈惇、孟昭毅为名誉所长，刘献彪为所长，该所也是全国第一家专门研究应用比较文学以及进行文学、文化学术交流的学术机构。前辈、同行的大力支持和鼓励，使刘献彪有更大的自信去实现自己的学术理想。

陈、刘二位先生的友谊与中国比较文学学科建设和教学研究的发展相伴，几十年来风雨兼程。在中国比较文学复兴的道路上，他们结下了如战友般深厚的学术友谊。正是有了他们的鼓励和推动，刘献彪在中国比较文学学科的建立和发展、中国比较文学的教学普及和提升等方面，才能够立足高校，面向大众，步步发展。2006年12月，刘献彪先生参与编写了由乐黛云、陈惇先生任主编的《中外比较文学名著导读》；陈惇先生又为刘献彪的《刘献彪与新时期比较文学》一书作序。两位先生的学术友谊随着时间的推移不仅没有淡化，反而历久弥坚，他们为中国比较文学的学科发展，以及中国比较文学教学的发展做出了卓越的贡献，而他们这一代学者的友谊故事，也深深镌刻在中国比较文学学科建设的光辉道路上，成为一种楷模和典范，照耀着后世学者的为人、治学之路。

第二节 互助互信：刘献彪与孙景尧

孙景尧，1943 年生于中国上海嘉定，1966 年毕业于复旦大学中文系，1993 年在美国斯坦福大学任比较文学博士后研究员。国家教学名师，上海师范大学人文学院原教授、比较文学与世界文学原博士生导师和学科带头人，中国比较文学学会原副会长兼学术委员会主任。生前，还受聘为北京大学比较文学与比较文化研究所兼职教授、复旦大学文艺美学研究中心兼职教授和中国社会科学院比较文学研究中心学术顾问等。上海师范大学国家重点学科比较文学与世界文学专业原负责人。2012 年 7 月 10 日，孙景尧先生在上海逝世，享年 70 岁。

孙景尧先生在学术研究上严谨认真，出版著译 18 种，并在国内外发表论文 40 多篇。孙先生积极投身于中国比较文学学科建设、学术研究和发展，他既是国内第一本比较文学学科理论著作——《比较文学导论》的作者之一（与卢康华合著），又是国内最早开设这门课的教师之一，还是获国家级优秀教材的《比较文学》一书的主编。他在比较文学方面的主要科研成果有：《简明比较文学》《沟通——访美讲学论中西比较文学》和《比较文学》（主编之一）、《中国百科大辞典》（负责比较文学、外国文学及其文论部分）、《西方服饰大全》（译著）、《新概念、新方法、新探索》（译著）及 6 册《文贝》英文版（主编）。其中，《中国百科大辞典》《比较文学导论》《简明比较文学》和《比较文学》，分获国家级图书奖和省、直辖市的社科研究优秀著作二等奖和三等奖。此外，孙先生还先后主持完成了国家新闻出版总署、国家教委、上海市与江苏省的 7 个科研项目。他主持的其他科研项目还有：国家社科基金项目《翻译文学在中国文学史上的地位与作用》，上海市属项目《国人接受入华基督教史论》《比较文学批评史》《比较文学与世界文学研究生原著研读》。

自 1985 年起，孙景尧先生筹备和主持了第一届、第二届、第三届、第五届、第六届、第七届、第八届等全国比较文学学会年会暨国际学术讨论会。1997 年，还负责举办了第三世界视野中的比较文学及其意识体系国际学术研讨会等。2004 年、2005 年，还组织了全国比较文学高峰论坛学术会。他还多次应邀赴美、法等国参加第二届中美双边比较文学学者研讨会、国际比较文学学会年会等重要国际学术会议。

虽然在比较文学的学术研究和学科领域有着突出贡献，但孙景尧先生最热爱的还是他的“三尺讲台”。他始终以身为一名教师而自豪：“传承前辈为我们留下的高尚师德，用自己严谨的治学态度、精益求精的钻研精神去影响学生；要用自己渊博的学识、精湛的讲课艺术去引导学生；要以育人为本、以生为本理念去热爱学生：一切为了学生，为了一切学生。”

“仁厚堪作范，学高自名师”[①]，孙景尧先生的弟子刘耘华曾经在追忆先生的文章中这样描述他的为人与治学，“先生秉性仁厚，治学严谨，是难得的良师益友”[②]。作为新时期中国比较文学最重要的开创者和奠基人之一，孙景尧先生在比较文学学科建设和理论发展等方面居功至伟，他的贡献和成就一定会被历史所铭记。

孙景尧先生与刘献彪先生相识很早，是互助互信的至交好友。作为比较文学教学研究方面的大家，孙景尧先生对刘献彪在普及比较文学教学方面的执着精神十分钦佩，也对刘献彪及其领导的潍坊学院中文系的比较文学教学研究评价很高。孙景尧先生认为，在教学研究方面，潍坊学院的比较文学研究是一个名扬天下的“风筝”。20 世纪 80 年代中期，山东比较文学学会成立以后，山东高校的老师们开始编写比较文学的基础教材。1987 年 7 月 11 日至 15 日，由刘献彪主编的《简明比较文学教程》的书稿审定会在潍坊举行。其间，乐黛云、陈惇、孙景尧等专家学者都参与了会议，孙景尧更是给予了极大的支持。在 1987 年 6 月 30 日写给刘献彪的信中，孙景尧这样说道：“近年来，兄在比较文学教研中可谓硕果累累，做了大量令人瞩目的实事，弟深为之鼓舞，可叹。……手头工作与文债颇重，但……我将于 11 日赶到潍坊。”[③]到 11 日时，孙景尧千里迢迢赶赴潍坊，会同其他专家学者对《简明比较文学教程》各章的内容进行了认真、充分的讨论。之后，孙、刘二位先生便经常就比较文学教学学科研究，尤其是教材、教研实践等方面的问题，相互探讨、学习。1997 年 5 月 25 日至 30 日，由刘献彪、刘介民主编的《比较文学教程》的审稿会在山东省潍坊东郊宾馆召开，孙先生也参加了这次审稿会。

孙、刘二位先生的友谊不仅表现在对各自学术的支持方面，还更深刻地表现在他们对比较文学学科理论以及教学实践的探讨上，这种探讨贯穿在彼此的学术思维和学术理想中。从 20 世纪 80 年代中期始，孙、刘二位先生一起合作、出席了国内外各大比较文学会议，共同探讨了比较文学学科的时代定位与走

① 刘耘华：《仁厚堪作范，学高自名师——追忆孙景尧先生的为人与治学》，《外国文学研究》2012 年第 4 期。

② 刘耘华：《仁厚堪作范，学高自名师——追忆孙景尧先生的为人与治学》，《外国文学研究》2012 年第 4 期。

③ 信件内容见本章附件。

向、比较文学教学研究和教材建设等问题，由此也结下了深厚的友谊。可以说，刘献彪先生与孙景尧先生亦师亦友，同舟共济，共同为推动中国比较文学，尤其是比较文学的学科建设、教学实践和教学研究，作出了巨大的贡献。2001 年 5 月 10 日到 14 日，21 世纪比较文学学科建设学术研讨会暨《比较文学教程》首发式在山东潍坊召开，孙景尧先生出席并发言。在筹备山东省比较文学学会第十四届年会暨全国高校比较文学与世界文学教学教材学术研讨会的过程中，刘献彪邀请了当时国内外著名的专家学者，其中也包括孙景尧先生。对于这次会议，孙先生抱有极大的热情，给予了非常大的鼓励，但是由于访学安排无法脱身，所以没能参加这次会议。对此，孙先生深感遗憾，在 2004 年 6 月 26 日写给刘献彪的信中说："真想立即就到威海，以尽犬马之劳！……自从 5 月下旬接到威海会议通知，我就一直在调整暑假的时间安排。我极想参加这次盛会，也极想向您、向繁仁、向诸学长请教与交流，以不错失学习良机。但……就现实来看，威海会议我肯定来不了……我想能否这样：一、我想请美国威廉·玛丽大学的简小滨教授(他已入美国籍，是我在美国指导过的博士生，也是天津会议的代表之一)前来赴会，给会议带来一些美国学界的新信息。……二、我给老兄寄来我的书面发言，由兄代劳；书面发言，我会在 7 月下旬寄出，或请简教授带来。"[①] 而后又一再致以歉意。从这些情真意切的信件当中可以看出，孙、刘二位老先生的学术友谊是非常真挚而又饱含深情的。孙景尧对于刘献彪及其团队所倡议的学术活动、筹办的会议、出版的书籍以及刘献彪的学术思想都非常支持、鼓励和赞同，并为其奔走相助。可以说，没有这批比较文学开拓者和复兴者的深厚友谊，也就没有中国比较文学学科复兴以及教学实践的发展和壮大。

刘献彪曾经总结了 100 多年来中国比较文学发展形成的三种派别，这三种派别之间既有共同之处，也有不同之处。基于这些派别以及不同派别领军学者追求的侧重点不同，刘献彪又将其分为三派：第一派关注时代的发展需要，自觉承担比较文学的使命，代表人物有梁启超、鲁迅、郑振铎、许地山、季羡林、乐黛云、陈惇等，在新时期以乐黛云为代表；第二派追随学术研究的需要，从学问出发，追求比较文学的学术尊严，代表人物有王国维、陈寅恪、闻一多、梁实秋、钱锺书、杨周翰、卢康华、孙景尧、曹顺庆、杨乃乔等，新时期以孙景尧最为突出；第三派就是重视比较文学资源，翻译介绍外国作品和学术论著，且多为学贯中西的专家学者们，主要有林纾、戈宝权、方平、许钧、谢天振等，新时期以谢天振为

① 信件内容见本章附件。

主要代表。[①] 对于这些在中国比较文学发展中形成的流派及其领军人物，刘献彪曾经坦然地说："各派的优良传统我都敬佩学习和接受。"[②]他认为，从梁启超、鲁迅到季羡林、乐黛云、陈惇、孙景尧、曹顺庆等，一批又一批的中国比较文学学人都在用比较文学启蒙大众，富国强民，期盼人类友好，用这种学科精神塑造世界公民，希望比较文学成为世界人民沟通对话，尊重理解的桥梁。

第三节　互赞互识：刘献彪与曹顺庆

曹顺庆，比较文学专家，现任四川大学文学与新闻学院学术院长、教授、博士生导师。教育部"长江学者奖励计划"特聘教授（比较文学），国家级重点学科比较文学与世界文学学科带头人，教育部跨世纪优秀人才，霍英东教师基金获得者，做出突出贡献的中国博士学位获得者，享受政府特殊津贴专家，四川省学术带头人，中国比较文学学会副会长，中国古代文学理论学会副会长，中国中外文论学会副会长，四川省比较文学学会会长，美国康乃尔大学、哈佛大学、香港中文大学访问学者，台湾南华大学、佛光大学、淡江大学客座教授，国家社科基金评委，教育部本科教学评估工作专家委员会委员，教育部教学指导委员会中文学科副主任委员。2018 年 3 月当选为欧洲科学与艺术院院士。

曹顺庆，1954 年 2 月生于贵阳，1980 年毕业于复旦大学，同年考入四川大学，师从杨明照先生攻读硕士、博士，1987 年获博士学位。曹顺庆的学术研究起步于中国古典诗学，他在研究过程中发现，如果将中西文论有意识地加以对照解读，那么不仅会得出许多让人耳目一新的结论，而且还会给人以一种豁然开朗的感觉。他的导师杨明照先生曾鼓励他，在研究中"可以尝试着走走中西比较的路子"[③]，钱锺书先生也写信勉励他，要抱定宗旨，坚持走一条创新性的学术

① 参见尹建民、王福和、吴家荣主编：《刘献彪与新时期比较文学》，安徽大学出版社 2012 年版，第 39 页。

② 参见尹建民、王福和、吴家荣主编：《刘献彪与新时期比较文学》，安徽大学出版社 2012 年版，第 39 页。

③ 曹顺庆：《我的学术之路》，《当代外语研究》2016 年第 4 期。

道路。在老一辈学者的热情鼓励以及自身夙兴夜寐的不懈努力下，曹顺庆在比较文学研究领域逐渐开拓出一条康庄大道。

20 世纪 80 年代初，比较文学在大陆刚刚复兴，季羡林、杨周翰、贾植芳、朱维之等老一辈学者一方面大声疾呼要建立有中国特色的比较文学学派，但另一方面中国大陆的比较文学学科理论建设却相对贫弱与滞后。相对而言，港台地区则是中国比较文学研究的前沿阵地，他们对未来中国比较文学发展之路的构划是，援引西方理论来阐发中国传统文学，并在此过程中建构起中国比较文学学派的特色，即“援用西方文学理论与方法并加以考验、调整以用之于中国文学的研究，是比较文学中的中国派”①。但曹顺庆却清醒地洞察到这种构划背后的弊端和危机，1995 年、1996 年，他在国内顶尖的核心期刊上分别发表《21 世纪中国文化发展战略与重建中国文论话语》《文论失语症与文化病态》等重要文章，大胆提出了轰动全国学界的两大学术观点，一是中国文论的“失语症”，二是中国比较文学学派“跨异质文化”观。他针砭时弊、发人深省地指出，中国学界如果丢弃了自己的民族学术话语，一味借鉴和模仿西方话语，必将导致中国的学术研究在文化族群上无依无靠，并且会让中国人很难在世界学术领域中发出自己的声音，因为一旦离开了西方文论话语，中国人就几乎没办法说话。同时，他也高屋建瓴地指出，“中国学派”的基本特征应以“跨异质文化”为主。因为异质文化相遇时会产生激烈地碰撞、对话、互识、互证、互补，并进一步催生出新的文论话语。如果中国学派以“跨异质文化”为特征，那么中国学界的比较文学研究将能有效地突破法学派与美国学派的桎梏，成为真正具有世界性眼光和胸怀的学术研究。曹顺庆提出的跨异质文化研究观，突破了法国学派与美国学派二元对立的思维模式，拓宽了异质文化间文学比较研究的路径，改变了西方话语一家独白的局面，标志着比较文学第三阶段——“中国学派”的真正到来。

曹顺庆创建的理论，有力地奠定了他在当代中国比较文学界的坚实地位。在 30 多年的学术生涯中，他相继出版了《中西比较诗学》《中外比较文论史》《比较文学史》《中国文化与文论》《两汉文论译注》《东方文论选》《比较文学新开拓》《中国古代文论话语》《中外文学跨文化比较》《比较文学论》《比较文学学科理论研究》《世界文学发展比较史》《比较文学学》《比较文学教程》《中华文化》等 20 多部著作，发表论文上百篇。目前，他已成为当代中国比较文学界重要的领军人物之一。

曹顺庆教授和刘献彪的学术友谊是伴随着中国比较文学的学科发展而建立的。早在中国比较文学学会最初成立的 20 世纪 80 年代，曹顺庆就已与刘献彪相识、相知，他们共同出席并参与了国内外许多重要的学术会议，也共同参与

① 古添洪、陈慧桦：《比较文学的垦拓在台湾·序》，(台北)东大图书股份有限公司 1976 年版，第 2 页。

了许多著作的编写和整理。除了学术上的经验交流、思想碰撞之外，二人也经常通过电话、信件的方式交流思想，交流情感。学术上的互赞互识更是二人友谊的常态。

1995 年，曹顺庆在《中国比较文学》上发表了《比较文学中国学派基本理论特征及其方法论体系初探》一文。稍后，刘献彪发文对曹顺庆论文的意义予以深入阐发，他说，这篇文章的发表“无疑宣告了比较文学中国学派走向成熟。……不仅对中国比较文学建设和走向有现实意义，而且对比较文学跨世纪发展也将产生不可估量的影响”①。2005 年，刘献彪主编的《中国比较文学艰辛之路》出版，曹顺庆亲自为其作序，他在序中指出，中国比较文学学者已将比较文学推向了以亚洲为主导的东西方文学比较的第三阶段，开始发出自己的声音，正在形成自己的学科理论，推动了世界比较文学发展与成长，而“献彪先生见证了中国比较文学学科建设与发展，更是亲身参与了中国比较文学学科建设与发展。他亲历学科发展的风雨历程，洞悉学者创建的冷暖甘苦，体味中国比较文学的生命脉动”②。这种惺惺相惜的学术友谊在 30 多年的风雨同行中凝聚成了一种血浓于水的牵挂和情怀。由曹顺庆主编的国家一级学会会刊《中外文化与文论》于 2009 年创刊，从第一期开始，该杂志每年必向刘献彪赠刊，而刘献彪也每期必读，此种习惯至今已保持近 10 年。

2018 年 3 月 4 日，曹顺庆教授当选为欧洲科学与艺术院院士。其间，他收到潍坊学院的邀请，询问他是否有时间来潍探望生病的刘献彪，曹顺庆当即回复“我回国就到”，同时立刻订购前往潍坊的机票。在海外获得盛誉后，曹顺庆一回国，各知名高校的邀请函便如雪片式地飞来。但在众多安排中，曹顺庆义无反顾地把到潍坊看望刘献彪作为自己载誉归国交流的重要一站。

2018 年 3 月 26 日，曹顺庆风尘仆仆地来到刘献彪生活和工作近乎半生的潍坊学院。一到潍坊，他立刻关心地询问刘献彪的身体状况，并善意地推辞了校方为他特意安排的接待行程，执意要把看望刘献彪以及与潍坊学院的师生进行深入的学术交流作为此次行程安排的主要任务。

潍坊学院对曹顺庆教授的此次到访也极为感谢，潍坊学院校长冯滨鲁代表潍坊学院向曹顺庆颁发了特聘教授证书。26 日上午，曹顺庆教授为潍坊学院的学生作了题为“比较文学前沿问题”的高端学术报告(见图 7-1)，报告紧扣“什么

---

① 刘献彪：《比较文学中国学派与比较文学跨世纪发展》，中国中外文艺理论学会、四川联合大学中文系·汉语言文学研究所主办：《中外文化与文论 2》，四川大学出版社 1996 年版，第 137～138 页。

② 曹顺庆：《序》，刘献彪、陆万胜、尹建民主编：《中国比较文学艰辛之路》，人民日报出版社 2005 年版，第 2 页。

图 7-1　曹顺庆为潍坊学院本科生作学术报告

是比较文学”这个原点性问题，娓娓地阐述了他对比较文学变异学的缘起、内涵、必要性和重要性等内容的形象思考。次日下午，他又与潍坊学院比较文学与世界文学重点学科的团队成员进行了深入的交流，从学科建设的构划方向、学术研究的能力提升到学科队伍的人才培养，每个问题他都谈得很深很细，宛如面对的不是一群刚刚认识的人，而是在与自己的学生、自己的同事进行深入的交流和倾谈。或许他想以这种独特的方式替因病卧床的刘献彪教授为学生们再上一堂课，再与同事们进行一次畅谈吧。

3 月 27 日，曹顺庆在病房与刘献彪会面。对于此次会面，刘献彪更是期待已久，虽然他此刻的病情并不适合会友，甚至连开口说话也较为困难，但他却早早地服下药，想以最好的状态来接待久未见面的老友。二人一见面，彼此都十分激动，刘献彪紧紧地握住曹顺庆的手久久不放，话语含混不清但却一遍遍重复着：“曹顺庆是中国比较文学的希望和领路人！”曹顺庆抚慰着刘献彪枯瘦的身体，亲切地表述自己以及乐黛云、陈惇等老先生对刘献彪的关怀和慰问，同时也代表中国比较文学学会对刘献彪一生的成绩予以了高度评价：“刘献彪对中国比较文学的复兴和发展起到了十分关键的作用，对中国比较文学学科理论和教学普及做出了重要贡献。”字字有声，句句铿锵。临别之际，两人依依不舍，平时连站立都尚且困难的刘献彪，那大以一种惊人的毅力挪行到门口，久久看着曹顺庆的背影，直至他乘电梯离去……

对于潍坊之行，曹顺庆感慨良多。他一方面感叹于刘献彪一生扎根基层高校，在比较文学学科领域内倾情付出、砥砺而行，另一方面又感叹于潍坊学院这块并不肥沃的学术园地对一门人文学科始终如一。他说，自古成功贵在坚持，或许正是因为这种无私、无畏的付出和执着才铸就了刘献彪这个人和潍坊学院这座学校吧。

附　件

一、陈惇写给刘献彪的信

（一）

中国比较文学学会

CHINESE COMPARATIVE LITERATURE ASSOCIATION

献彪同志：

首先向你祝贺新春快乐！

关于教学研究会成立大会和首届学术讨论会的报告，已经收到。教学研究会是我们学会一个很重要的分会，它关系到我们的事业的后继培养和后继新人的根本利益。你为分会的成立做出了重要贡献，谨此表示深深的谢意！

我们同意你的报告，并请你代我们向烟台大学的领导及同志们表示感谢。届时我们争取到会。

预祝大会开得圆满成功！

乐黛云
陈惇
1995年1月30日

献彪同志：

首先向你祝贺新春快乐！

关于教学研究会成立大会和首届学术讨论会的报告，已经收到。教学研究会是我们学会一个很重要的分会，它关系到我们的事业的队伍培养和后继有人的根本利益。你为分会的成立做出了重要贡献，谨此表示深深的谢意！

我们同意你的报告，并请你代我们向烟台大学的领导及同志们表示感谢，届时我们力争到会。

预祝大会开得圆满成功！

乐黛云、陈惇

1995年1月30日

（二）

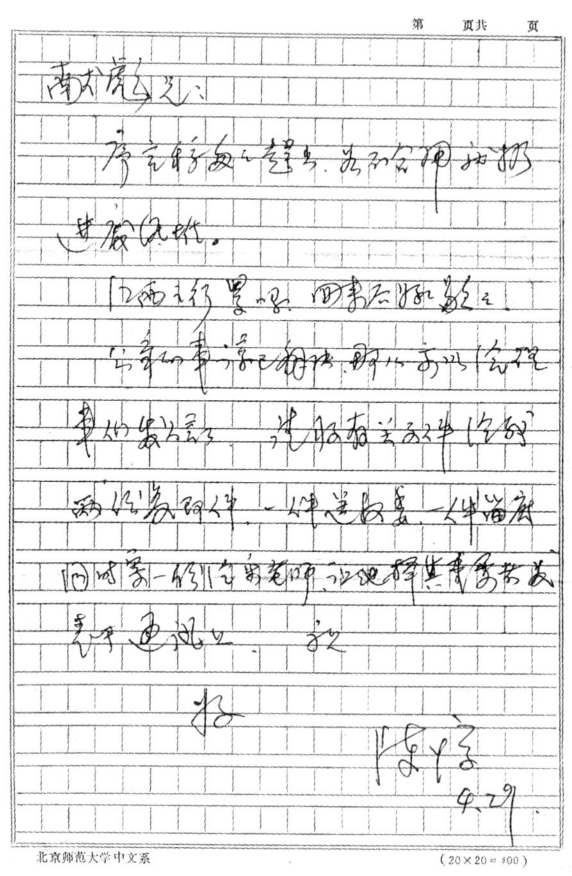

献彪兄：

序言较匆匆赶出，为不合用就扔进废纸堆。

江西之行累吗？回来后好生歇歇。

公章的事得以解决，那么可以给理事们发信了。请将有关文件给我两份复印件，一件送教委，一件留底。同时寄一份给乐老师，让她择其重要者发表于通讯上。

祝好。

陈惇

4.29

（三）

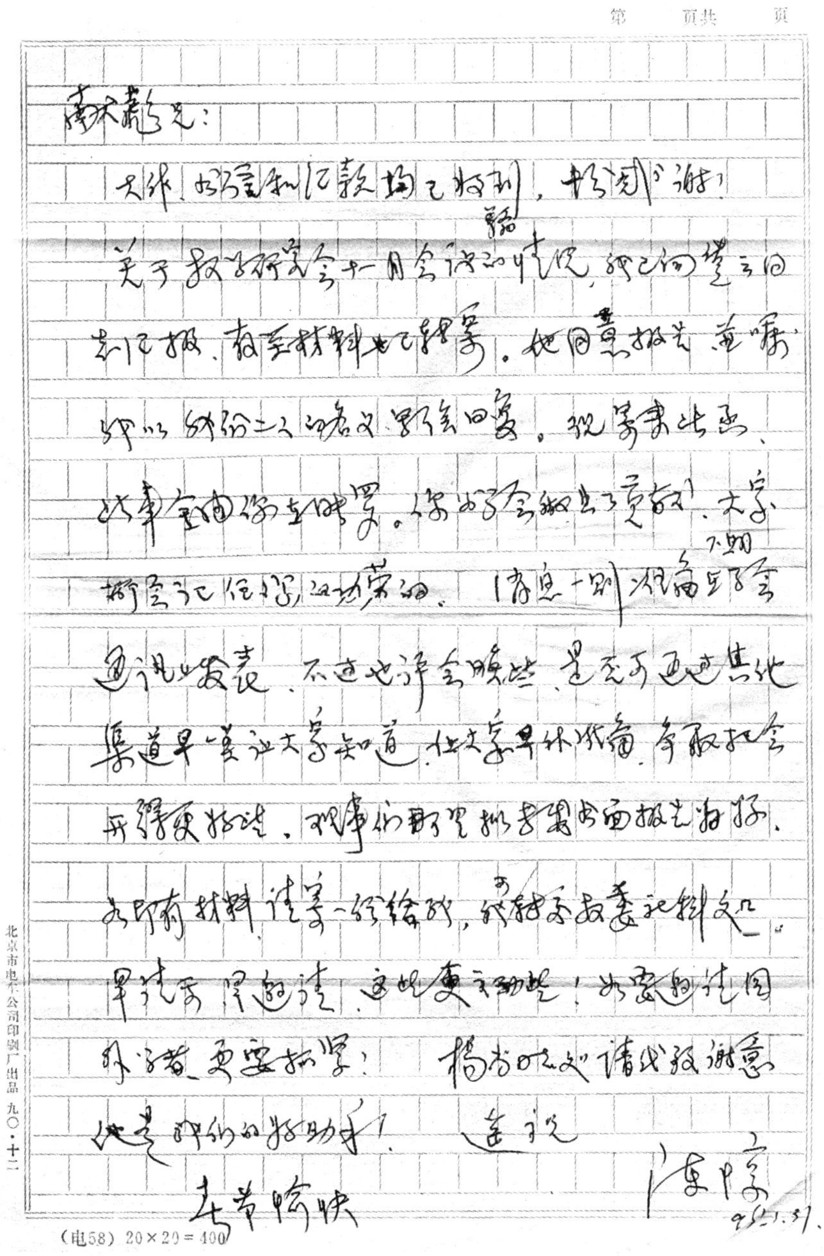

第　　页共　　页

献彪兄：

大作《外国文学和比较文学》均已收到，非常感谢！

关于教学研究会十一月会议的情况，我已向[illegible]汇报，有关材料也已转寄。[illegible]

[illegible]

[illegible]

[illegible]，[illegible]发表。不过[illegible]，是否可通过其他渠道[illegible]让大家知道，[illegible]

[illegible]

如有材料请寄一份给我，[illegible]

[illegible]

[illegible]请代我致谢意

也感谢你们的帮助！　并祝

春节愉快

陈惇

9[illegible]1.31

北京市电车公司印刷厂出品 九〇·十二

（电58）20×20＝400

献彪兄：

大作、书信和汇款均已收到，十分感谢！

关于教学研究会十一月会议的筹备情况，我已向黛云同志汇报，有关材料也已转寄。她同意报告，并嘱我以我们二人的名义写信回复。现寄来此函，此事全由你去张罗。你为学会做出了贡献，大家都会记住你的功劳的。消息一则准备在下期在学会通讯上发表，不过也许会晚些。是否可通过其他渠道早一点让大家知道。让大家早做准备，争取把会开得更好些。理事们那里拟专发书面报告为好，如有材料请寄一份给我，我可转交教委社科处。早请示，早邀请，这样更主动些！如要邀请国外学者，更要抓紧！扬尚同志处请代致谢意，他是我们的好助手！

遥祝春节愉快。

陈惇

1995.1.31

（四）

北京师范大学

献彪兄：

本来我兴冲冲地准备参加南京的盛会，不料崴了脚，骨折，行动不便，没法参加会议了，失去一个向大家学习、与老朋友相聚的好机会，心里很懊恼！可是也没办法，谁让这脚不争气呢！今年的流年不利，先是破了手，后崴了脚，还要躺它数月之久，在关键时刻它坏了事，你们寄来的有意思的材料很[illegible]，[illegible]，不能报效！

大会安排的数学问题国家会议，很重要！这几年比较好的数学有长足的进展，各方面像也是这样，比较文学的课堂[illegible]，持续不断。另外，还有好几部比较文学的新教材出版。这些教材与往年出版的教材不同，有新的体系，新的观点，说明我们的比较它们脱开了国外的模式。

校部地址：北京（88）新街口外大街北太平庄
电　话：中继线66.8451

北京师范大学

比较文学研究已经走过了多学科研究、跨学科研究的历程。这是一件可喜的大好事。还有，我们已经培养了一批又一批的研究生，他们开始活跃于全国各个学校。新一代新人已经成长起来。他们是本科班出身，不像我们这批老人家那样半路出家，底气不足。有这样一批新生代的努力，中国比较文学必将兴旺起来！

这次会议的口号是：一次盛会、一次加油，大家共同努力，把比较文学推向新阶段！

事先，我提到了一些同志们，让他们作了发言的准备，有季羡林、乐黛云、方汉文、杨乃乔、孟昭毅、梁工、王福和（浙江工业大学）、王向远（北师大）等。

校部地址：北京（80）新街口外大街北太平庄
电　　话：中继线66.8451

北京师范大学

发言，他们一定会有精彩的发言！

关于明年的教学研究会的年会，请你主持一下，与[illegible]同志一起、[illegible]、谢天振、孟昭毅、陈跃红、[illegible]（[illegible]）先研究一下，主要是

① 会议的主题是什么，要想解决什么问题，可以[illegible]会议衔接起来，要务实一些。

② 理事会的改选问题。

③ 95—03年的工作报告。

还有你们觉得应该商量的问题。

有劳老兄了！ 向所有的老朋友问好。

祝大家身体健康！

陈惇
2003.8.11.

校部地址：北京（80）新街口外大街北太平庄
电　　话：中继线66.8451

献彪兄：

本来我兴冲冲地做好准备参加南京的盛会，不料崴了脚，骨折，行动不便，没法参加会议了。失去了一个向大家学习、与老朋友相聚的好机会，心里十分懊恼！可是也没办法，谁让这脚不争气呢！今年我流年不利，先是破了手，后崴了脚，连电脑也欺负我，在关键时刻它坏了，所存进的材料统统卡壳，可能报废！

大会安排的教学问题圆桌会议，很重要！这几年比较文学教学有长足的进展，如多处博士点的建立，等等，好消息不断。另外，有好几部比较文学的新教材出版。这些教材与往年出版的教材不同，它们脱开了国外的模式，有新的体会、新的观点，说明我们的比较文学学科已经走过了学术阶段、成长阶段而走上了成熟的阶段，这是十分可喜的大好事。还有，我们已经培养了一批又一批的研究生，他们开始活跃于全国各学校。一代新人已经成长起来，他们是真正的科班出身，不像我们这批老家伙那样半路出家，底气不足，有这样一批新生代的努力，中国比较文学必将蒸蒸日上！这次会议可以说是一次交流、一次小结、一次前瞻、一次加油，大家共同努力把比较文学教学推向新阶段！

事先，我据自己的了解，与一些同志联系，请他们做了发言的准备，有曹顺庆、方汉文、杨乃乔、孟昭毅、梁工、王福和（浙江工业大学）、王向远（北师大）等。他们一定会有精彩的发言！

关于明年的教学研究会的年会，请你支持一下，与黄燕尤同志一起会集孙景尧、谢天振、孟昭毅、陈跃红等同志（我想得不全）研究一下，主要是：

1. 会议的中心是什么，要想解决什么问题，可以与这次圆桌会议衔接起来，更务实一些。

2. 理事会的改选问题。

3. 1995～2003 年的工作报告。

还有你们觉得应该商量的问题。

有劳老兄了！向所有的老朋友、新朋友问好！

祝大家身体健康！

陈惇

2002.8.11

（五）

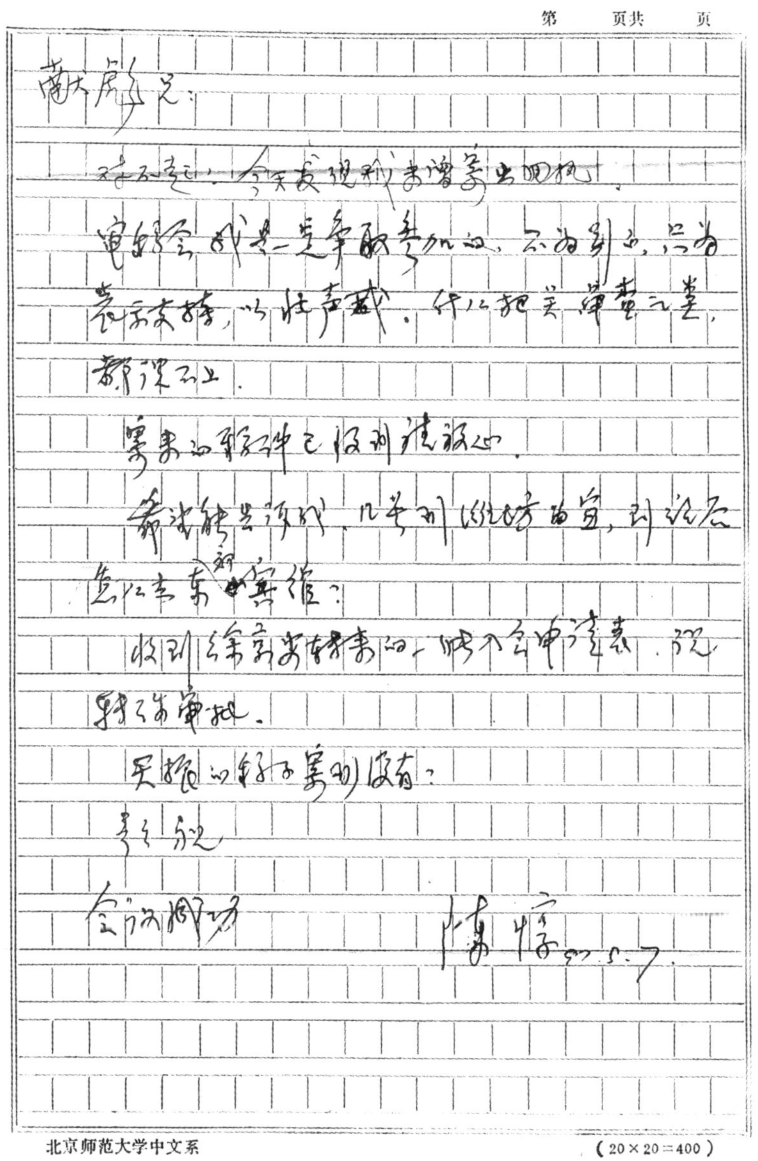

第　　页共　　页

献彪兄：

~~对不起！今天[illegible]我来[illegible]出回执。~~

宣传会我是一定争取参加的，不为别的，只为表示支持，以壮声威。什么把关、审查之类，都谈不上。

寄来的稿件已收到请放心。

希望能告诉我，几号到[illegible]的宾馆，到时怎么去东郊宾馆？

收到[illegible]来函，他不会申请表，说[illegible]审批。

[illegible]的稿子寄到没有？

专此

[illegible]

陈惇 97.5.7.

北京师范大学中文系　　（20×20＝400）

献彪兄：

对不起，今天发现我未曾寄出回执。

审稿会我是一定争取参加的，不为别的，只为表示支持，以壮声势。什么把关、审查之类，都谈不上。

寄来的稿件已收到，请放心。

希望能告诉我，几号到潍坊为宜，到潍后怎么去东郊宾馆？

收到徐京安转来的入会申请表，说转你审批。

天振的稿子寄到没有？

预祝

会议成功

陈惇

97.5.7

二、陈惇为刘献彪主编著作写的序言

《比较文学教程》序

1999年，正值世纪之交，又是中国比较文学复兴的20周年纪念之时，刘献彪教授、刘介民教授主编的《比较文学教程》即将出版。这真是合乎时宜，适应需要。

人们常说，世纪之交往往是人类历史发展的转折时期。为什么呢？这是多次重复的历史事实给人的启示，只是一种直觉式的经验，讲不出多少道理。或者说，人们还没有能够悟到其中的道理。今天我们又面临着世纪之交，而且是千年之交，果然，又到了一个人类文化发展的转折关头。人类经过了复杂多变的20世纪，如今随着殖民体系的土崩瓦解、两大阵营的对峙和冷战的结束，以及整个世界格局的根本改变，一个多元文化相互交流、平等对话、共生共存的时代已经开始。几个世纪以来的西方文化占据世界文化主导地位的局面已被打破，东方文化正在从边缘地位向中心转移，东西方文化文学的平等交流已经成为共同的需要，而且比历史上任何时候都迫切地提到了一个重要的地位。和平与发展、交流与沟通，已经成为人们的普遍愿望。这并不是说世界上不存在矛盾；相反，矛盾依然存在，弄得不好还会激化，但是整个时代的大气候已经不同于过去的冷战时期。对于各种矛盾和冲突，人们希望通过商谈、交流、沟通的方式寻求解决的途径，避免悲剧性、灾难性的结果。在这样的时代，比较文学将要发挥更大的作用，因为比较文学的宗旨就在于促进各民族的文化与文学的交流，以实现共同的繁荣和“世界文学”的远大目标。这个宗旨符合多元文化时代的需要，体现了时代精神。所以我们相信，在未来的21世纪，比较文学必将得到更大的发展。那时，异质异源的东西方文化将成为比较文学的主要活动舞台，东西方文学比较研究将占有最重要的地位，东方的文化和文学、中国的文化和文学，将对人类的文化和文学的发展发挥更大的作用。

历史已经向我们提出重大的任务，我们除了需要提高自觉性之外，更需要在思想上、理论上、知识上、队伍上做好充分的准备。中国比较文学复兴虽然已有20年，而且已经取得了举世瞩目的成就，但是它毕竟还年轻，还不够成熟，为了在世界性的文化大转型之中发挥作用，我们需要努力充实自己，加强各方面的工作。在这些工作中，学科建设和各种教学应该占有极其重要的地位，因为这是我们培养学术队伍，提高理论水平，在各方面充实自己的一个具有战略意义的途径，它应该成为我们今后工作的重点之一。编写教材当然是其中的一项重要工作。

另外，从我国比较文学教学的发展来看，1998年，教育部关于学科目录的新规定将对比较文学的教学有很大的促进作用。按照新的学科目录，比较文学和世界文学并列为中国语言文学类的二级学科。这就是说，它已经成为高校中文系的几个基本学科之一。我们是否可以做这样的预料：当新目录付诸实行时，许多学校将开设比较文学课程，我国的高等学校中，很可能再一次像80年代中期那样，出现一个比较文学的热潮。那时，将大量需要比较文学的教材和比较文学的师资，这是比较文学发展的大好时机。为了迎接这个高潮的到来，我们需要有所准备，编教材当然又是其中的一项重要工作。

我们现行的教材都是80年代所编。那时，比较文学在中国大地上刚刚复兴，我们的学科还处于从国外引进和学习补课的阶段。现在，我们已经走过20年的历程，学科有了一定的发展。在这样的时刻，是不是有可能编出一些水平比那时高一点的，能够反映中国学者观点，具有中国特色的教材呢？这是现实的需要，也是大家的期望。我们相信，只要努力，现在应该有条件来实现这样的目标。

刘献彪教授主编的《比较文学教程》正是适应这样的现实需要而编写的教材。如前所说，它合乎时宜，适应需要。刘教授多年来致力于比较文学教学，最可贵的是，他有一种比较文学教学工作者的自觉性和坚韧不拔的精神。他深深地认识到比较文学教学对于学科发展的重要性，因此，辛勤地耕耘在这块土地上。不管他的工作中还有多少不足之处，这种精神总是可贵的。我们今后加强比较文学教学，很需要这样的精神！他主编的这本新教材是他对比较文学教学的又一个贡献。

1995年11月，中国比较文学教学研究会成立大会在烟台召开。会上，大家就比较文学教学的重要性以及今后如何开展这项工作，进行了热烈的富有成效的讨论，并在这基础上，重点落实了教材编写工作。那次会上决定，根据不同的对象编写三本教材。刘教授负责主编一本阐明比较文学基本原理的教材，要求简明扼要，还要求体现90年代的特色，不重复80年代教材已有的水平。这样的教材编起来难度较大，不可能一蹴而就。为了编写好这本教材，刘教授又发挥了他的坚持不懈的精神，发动了工作在比较文学教学第一线有经验的10多位老师，反复切磋，共同努力。历时数载，终于完成了书稿，这是值得庆贺的事。在这里，我们要向刘教授和全体撰稿老师道一声辛苦，说一句心里话：谢谢！

我参与了草拟体系、修改框架的工作和部分初稿的讨论会，了解了本书的一些情况。我觉得，作者们本着要保持科学性、要有新意、要简明扼要、要有中国特点的方向，进行了有益的探索，取得了积极的成果。本书全面地阐明了比较文学的基本原理，又吸收了近年来学科理论发展的一些新的研究成果，力求在阐述的科学性和材料的准确性的基础上，提出一些自己的看法，因此它既保持了学科的稳定性，又有了新意和新面貌。书中的例证很多取自中国文学，全书还特地开辟了中国少数民族文学比较研究和中各种文学形式比较研究的章节，使教材能结合中国实际，显得有特色。总之，作为一本比较文学的入门教材，它是值得推荐的。

（此文原载于刘献彪、刘介民主编：《比较文学教程》，中国青年出版社2001年版）

《刘献彪与新时期比较文学》序二

新时期中国比较文学自发韧以来，已经走过30几个年头，如今它已经从幼苗成长为枝叶繁茂的大树，而且以其雄伟的姿态屹立于世界学术之林。这30多年间，它经历过各种艰难，走过许多不平坦的道路，但是它始终大踏步地前进，取得了举世瞩目的业绩。30多年的经历呈现出一片壮观的景象，老少三辈的学者共同努力，把一颗已经被遗忘的幼树重新扶植起来，又不断用自己的汗水把它浇灌，为之付出辛勤的劳动，这才赢得了今天的辉煌。令人颇为感慨的是，有一批志士把它作为自己的终身事业，不顾别人的轻蔑，不怕艰难，无怨无悔地埋头苦干，表现出崇高的献身精神。他们是中国比较文学事业的脊梁，他们的所作所为、他们的献身精神，使这30多年的历程在扎扎实实的成果之上更呈现出一种耀眼的令人赞叹的精神光彩。刘献彪教授就是这样的志士之一，他为比较文学所做的贡献已经成为学术界的佳话，他的献身精神是早已受到人们赞扬的。

很多比较文学学者都是理想主义者，他们把比较文学看作人类文学走向光辉未来——世界文学的康庄大道，是各国人民消除隔阂、相互了解、增进友谊的良方，他们以这样一种远见卓识来看待比较文学，抱着一种世界主义的胸怀和美好目的来开展学术活动。献彪是这支队伍中的一员。他本是研究中国现代文学的，也曾搞过外国文学，但是，当比较文学在中国大地复兴，他因内心那种拥抱世界的胸怀立刻与这门学科心心相印，仿佛是久违的良师益友得到重逢，从此结下不解之缘。在他看来，比较文学的目标就是自己的理想，献身比较文学将使自己的生命获得意义，从此，他把比较文学当作自己愿意为之奋斗终生的事业。作为一名教师，他尤其认识到比较文学对培养年轻一代的意义：在社会主义新时期，在改革开放的年代，比较文学所特有的那种全球眼光和开放意识，那种新人文主义精神，正是新人必备的素质，他由此更加坚定了为比较文学献身的决心。于是，他几十年如一日，不懈地耕耘在比较文学的土地上。他言必谈比较文学，行不离比较文学，只要是为比较文学效力，他不辞辛劳，就像是着了魔的情痴。在新时期中国比较文学的发展过程中，涉猎过这一学科的人不少，但是有知难而退的，有兴趣转移的，有被其他东西所吸引而放弃的，皆因从事这门学科的难度往往使人却步。因此，坚持需要勇气，需要毅力，需要不懈的意志，需要有足以抵御各种压力的承受能力，而这一切的动力又只能源于理想。献彪做到了这一切，他为比较文学而献身的精神，真正体现了理想的伟力。

说到献彪为比较文学所做的贡献，我们不能不提到他的一句“口头禅”，那就是“普及比较文学”。中国学术界，曾经有过“比较文学是精英学科”的说法，对此还曾有过争议。在我看来，这种说法有它正确的一面，因为从学科的难度，从它的研究成果的价值，以及它对从事这一学科的人员的要求等方面来讲，比较文学确实可以称得上“精英学科”。但是，这只是对比较文学认识的一个方面。当我们考虑到为什么要研究比较文学、如何实现比较文学的目的和价值以及如何发展比较文学的时候，也就是在谈到比较文学的社会意义和发展实践的时候，那就不能就学科谈学科，必然要涉及比较文学如何走向社会、走向教学，如何让它产生应有的社会效益等问题，也必然要考虑如何处理好普及与提高的关系等问题。如果关起门来搞比较文学，不顾它的社会作用，不顾它的发展基础和发展前景，只在精英的圈子里搞比较文学，把它禁锢在狭小的范围里，那无疑是不利于发展比较文学的，更严重地说，那是会导致比较文学处于萎缩、衰亡的危机的。献彪独具慧眼，看到了这一点，看到了比较文学对社会教育和培养新人的意义，看到了发展比较文学要从基层做起，同时根据自己的条件，提出“普及比较文学”的建议。为此他还身体力行，探索“普及比较文学”的道路。他以昌潍师专为起点打开局面，进而提倡比较文学进入中学语文教学，倡议成立应用比较文学研究所等等。在这个过程中，不断有人对此提出异议，甚至是嘲笑，但是，献彪对自己选定的方向坚定不移，持之以恒。我们不能说他的一系列做法都是无懈可击的，“普及比较文学”的提法是否恰当也可以商榷，但是这样的探索方向是对头的，况且探索总会有弯路，探索总是要付出代价，可贵的是坚持，只要方向对头，那总是在向着成功的未来前进。献彪对“普及比较文学”的倡议和探索，同样体现着他为比较文学献身的精神，从某种意义上说，那是更集中地体现了他的献身精神。

献彪为我们比较文学界树立了一个榜样。我敬重他的献身精神，也相信他将激励着许许多多的后继者为比较文学而献身，把中国比较文学推向光辉的未来。建民、福和、家荣、蜀贝、燕尤、红梅都是献彪的战友，有的还是他的学生，他们最了解献彪，最尊敬献彪，他们编写的《刘献彪与新时期比较文学》详尽地记载了献彪为中国比较文学事业所做的贡献，具体地展现了他的献身精神，它将有效地发挥“刘献彪”这个榜样的力量！

2012年6月1日于加拿大

（此文原载于尹建民、王福和、吴家荣主编：《刘献彪与新时期比较文学》，安徽大学出版社2012年版）

三、孙景尧写给刘献彪的信

（一）

上海师范大学
SHANGHAI NORMAL UNIVERSITY
1954

献彪兄：夏安！

现在是8月1日中午11点，刚与您通了电话。昨晚改定的稿子，现寄上，请是到[illegible]会议的[illegible]发言稿。

在高校中，将C.L.定位为方法论实践课，我是一直这么做的。我很想知道，大家对此有何看法或意见？也很想知道，别的先生是如何组织C.L.课的教学的？烦请兄了解后将信息告之！

祝这次会议成功！祝各位身体健康，事业发达！也祝我们的学科共同发达，与日俱进！

孙景尧手
8.1.

献彪兄：

夏安。

现在是8月1日中午11点，刚与您通了电话。昨晚改定的稿子，现寄上，算是列席会议的缺席发言罢。

在高校中，将C.L.定位在方法论实践课，我是一直这么做的。我很想知道，大家对此有何看法或意见？也很想知道，别的先生是如何组织C.L.课的教学的？烦请兄能将信息告之！

祝这次会议成功！祝各位身体健康，事业发达！也祝我们的学科兴旺发达，与日俱进！

孙景尧上于

8.1

（二）

中国比较文学学会

CHINESE COMPARATIVE LITERATURE ASSOCIATION

ASSOCTATION CHINOISE DE LITTERATURE COMPAREE

献彪兄大鉴：

大札与大作，均已奉悉。您我都是"一家人"——比较文学这一大家庭的一员，您又长我许多，确是良师益友。兄已退休，有了一个自由身，想干什么就干什么。但我还是个"打工仔"，有时候还不得不做些既不想干、但又非得干的差使（事）。好在这学期又轮为本科生讲授比较文学了，这是我很愿意打的工。

办班一事，去年11月我已打报告给了教育部师范司，至今未见下文。现已请陈惇教授去催了，希望尽快下达文件。

新学期开始，事很多。信就写到这里，有事再电话联系，我家电话是：

大著脱稿，拱手贺喜，我很愿当第一个读者，又及。

顺

安

景尧 2.22.

献彪兄大鉴：

大札与大作，均已奉悉。您我都是“一家人”——比较文学这一大家庭的一员，您又长我许多，确是良师益友。兄已退休，有了一个自由身，想干什么就干什么。但我还是个“打工仔”，有时候还不得不做些自己不想干、但又非得干的差使(事)。好在这学期又能为本科生讲授比较文学了，这是我很愿意打的工。

办班一事，去年11月我已打报告给了教育部师范司，至今未见下文。现已请陈惇教授去催了，希望尽快下达文件。

新学期开始，事很多。信就写到这里，有事再电话联系，我家电话是：××××××。

大著脱稿，合手贺喜，我很愿当第一个读者，又及。

颂

安

景尧于2.22

（三）

A CHINESE JOURNAL OF COMPARATIVE LITERATURE

COWRIE

Lijiang Publishing House
Guilin City, Guangxi
People's Republic of China

献彪兄：

奉接大札，为之庆贺：

近年来，兄在比较文学教研中，可谓硕果累累，做了大量令世人瞩目的实事，弟深为之鼓舞，可叹，《手册》与广西出的两册尊著，我仅在贾老家得以一读，不知尚能购得否？

好，余言面谈。我来前再电告仁兄。扰劳了，谢谢！

祝

成功

愚弟景尧于

87.6.30

献彪兄：

奉接大札，为之庆贺：

近年来，兄在比较文学教研中可谓硕果累累，做了大量令世人瞩目的实事，弟深为之鼓舞，可叹。《手册》与广西出的两册尊著，我仅在贾老家得以一读，不知尚能购得否？

……

好，余言面谈。我来前再电告仁兄。扰劳了，谢谢！

祝成功。

愚弟景尧于

87.6.30

（四）

上海师范大学
SHANGHAI NORMAL UNIVERSITY

献彪兄，台鉴：

大札奉悉。真想立即就到威海，以尽犬马之劳，因为就是这十来天，我有自由支配的时间。

自从五月下旬接到威海会议通知，我就一直在调整暑假的时间安排。我极想参加这次盛会，也极想向您、向繁仁、向诸学长请教与交流，以不错失学习良机。但事实是，三月前已定下了赴粤、赴欧的事，其中最糟糕的是，赴欧的时间我无法决定。上个月底，还告知我可在7月30日启程，这样在欧半个月，我还能有时间赶来威海。但前天，外事部门又通知我，推迟到8月5日启程，并说还可能会推迟5个工作日。也就是说，威海会议期间，我人还在欧洲。因此，就现实来看，威海会议我肯定来不了了，而且回老家探望老父母（病了）的安排，也只能推迟

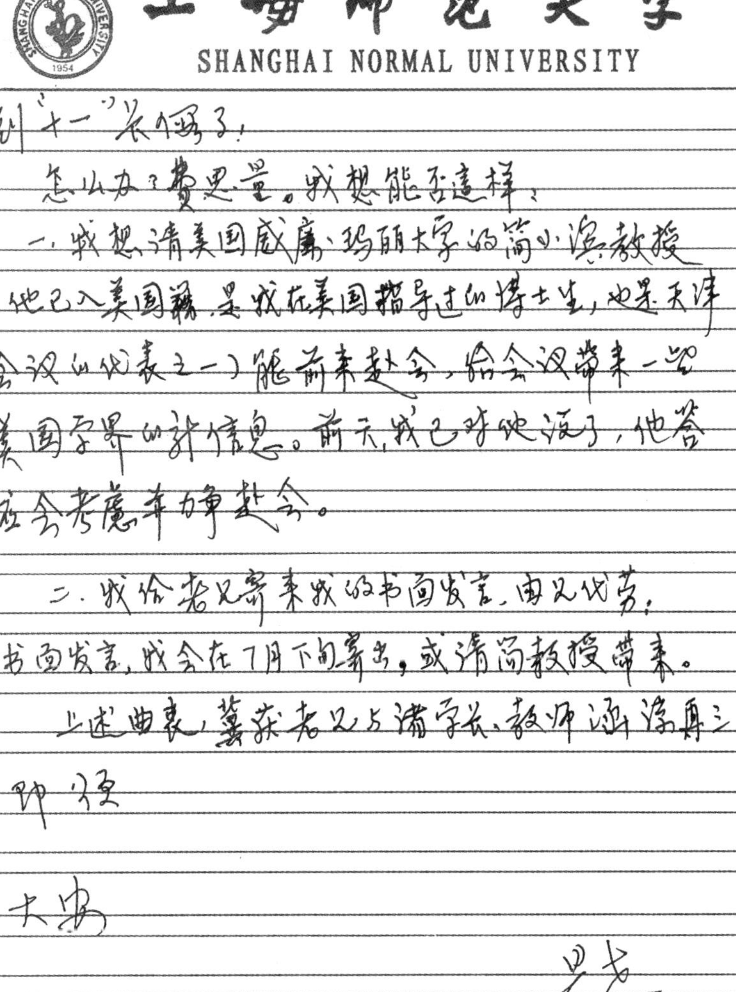

上海师范大学
SHANGHAI NORMAL UNIVERSITY
1954

到"十一"长假了！

怎么办？费思量。我想能否这样：

一、我想请美国威廉·玛丽大学的简小滨教授（他已入美国籍，是我在美国指导过的博士生，也是天津会议的代表之一）能前来赴会，给会议带来一些美国学界的新信息。前天，我已对他说了，他答应会考虑并争取赴会。

二、我给老兄寄来我的书面发言，由兄代劳；书面发言，我会在7月下旬寄出，或请简教授带来。

上述由衷，冀获老兄与诸学长、教师原谅再三！

即颂

大安

景尧

6.26.

献彪兄，台鉴：

大札奉悉。真想立即就到威海，以尽犬马之劳！因为就是这十来天，我有自由支配的时间。

自从五月下旬接到威海会议通知，我就一直在调整暑假的时间安排。我极想参加这次盛会，也极想向您、向繁仁、向诸学长请教与交流，以不错失学习良机。但事实是，三月前，已定下了赴粤、赴欧的事，其中最糟糕的是，赴欧的时间，我无法决定。上个月底，还告知我可在7月30日启程，这样在欧半个月，我还能有时间赶来威海。但前天，外事部门又通知我，推迟到8月5日启程，并说还可能会推迟5个工作日。也就是说，威海会议期间，我人还在欧洲。因此，就现实来看，威海会议我肯定来不了，而且回贵州探望岳父母（病了）的安排，也只能推迟到“十一”长假了！

怎么办？费思量。我想能否这样：

一、我想请美国威廉·玛丽大学的简小滨教授（他已入美国籍，是我在美国指导过的博士生，也是天津会议的代表之一）前来赴会，给会议带来一些美国学界的新信息。前天，我已对他说了，他答应会考虑并力争赴会。

二、我给老兄寄来我的书面发言，由兄代劳；书面发言，我会在7月下旬寄出，或请简教授带来。

上述曲衷，冀获老兄与诸学长、教师涵谅再三！即祝大安。

景尧于

6.26

四、曹顺庆写给刘献彪的信

（一）

献彪先生：
大函及大著皆收悉，谢谢！
寄上征稿启事，请给本报写点小文。
并请宣传。
五月重庆会请光临！
即颂
大安。
曹顺庆敬上
89.1.10.

献彪先生：

大函及大著皆收悉，谢谢！

寄上征稿启事，请给本报写点小文。

并请宣传。

五月重庆会请光临！

即颂

大安。

曹顺庆敬上

89.1.10

（二）

献彪先生：

大函收悉，因事忙，迟复为歉！

盼多联系，赐稿！

下期报拟发一简说介绍您搞的教学调查。

即颂

春节好！

顺庆敬上

90.1.20

（三）

《中外文学与文论》稿纸

刘献彪教授：

你好！

特约你撰写一节，因为你最了解这方面情况，可以提供详情与准确的数字，“中国比较文学的复兴与多元文化的展开”一节，要求尽可能客观地介绍中国比较文学的发展现状、发展动向。请多支持！

即颂

秋安

曹顺庆

97.10.12

五、曹顺庆为刘献彪主编著作写的序

《中国比较文学艰辛之路》序

比较文学在19世纪诞生于欧洲，在20世纪初进入中国。直到中国改革开放以来，中国比较文学才有迅猛发展。20年来，它几乎从无到有，从小到大，发展的速度令人吃惊。目前，比较文学已经作为一门独立的学科走上了正轨。全国大多数大学已经开设比较文学课，有几十所大学已经获准设立了比较文学硕士点，招收比较文学硕士研究生。北京大学、四川大学等十几所大学已获准设立了比较文学博士点，并设立博士后流动站招收比较文学博士研究生和博士后人员。许多学校成立了比较文学研究所，四川大学、首都师范大学成立了比较文学系，北京大学、四川大学已拥有"比较文学与世界文学"国家级重点学科。还有众多比较文学的学术刊物，上海外国语大学出版的《中国比较文学》、四川大学出版的比较文学英文刊物*Comparative Literature*：*East and West* 等等，开拓了比较文学的学术研究阵地，而出版的专著、发表的论文更是不计其数。

这些课程开设、人才培养、研究机构设置、学术刊物创建、理论研究著述是几代比较文学学者辛勤耕耘的收获。从季羡林、杨周翰、乐黛云、钱锺书、饶芃子、陈惇、孙景尧、卢康华、刘献彪到刘象愚、谢天振、严绍璗、孟华、张铁夫、王宁、杨慧林、张隆溪、赵毅衡、杨武能、周发祥、刘介民、孟庆枢、叶舒宪、朱徽、王晓路、孟昭毅、高旭东、徐新建、彭兆荣、王晓平、卫茂平、杨乃乔、徐志啸、王向远等等老中青几代学者就是比较文学这片沃土上的辛勤耕耘者。

中国比较文学是中西文化激烈碰撞所催生的。其成长在学习、引进已有西方比较成果的同时，也一直面临着现实的中国比较文学问题。在中国比较文学发展过程中，危机论、消亡论不绝于耳。曾一时，"x＋y"式的浅层次文学比附文章风起云涌；又一时，比较文学跨进比较文化，成为大而无当、无所不包的泛文化比较。中国比较文学遭遇着西方比较文学带来的困境，同时中国比较文学的成长本身也带来了世界比较文学的新问题。中国比较文学自诞生之日起，就开始积聚一种冲击已有西方比较文学学科理论的力量。面对这些新问题，中国比较文学学者提出跨异质文明研究，使比较文学从危机走向转机，实现全球比较文学研究的又一次意义深远的战略性转变。中国比较文学学者已将世界比较文学推向了以亚洲为主导的东西方文学比较的第三阶段，开始发出自己的声音，正在形成自己的学科理论，推动了世界比较文学发展与成长。

献彪先生见证了中国比较文学学科建设与发展，更是亲身参与了中国比较文学学科建设与发展。他亲历学科发展的风雨历程，洞悉学者创建的冷暖甘苦，体味中国比较文学的生命脉动。以学者为纲展现中国比较文学的发展历程，这实为洞见。因为正是那一批批学者的汗水与智慧、远见与精神铺就了这一比较文学之路。

比较文学的这条路，献彪先生说是艰辛之路。在我看来，这种艰辛是成长的艰辛、辉煌的艰辛。它不仅是学者个人的艰辛成长，更是比较文学这门年轻学科的艰辛成长。越来越多的学者加入，代代薪火相传，必将带来中国比较文学也是世界比较文学的茁壮成长和更加辉煌！

2005 年 3 月 30 日于四川大学比较文学系

（此文原载于刘献彪、陆万胜、尹建民主编：《中国比较文学艰辛之路》，人民日报出版社 2005 年版）

第八章

对话文学家：刘献彪与夏衍、姚雪垠的交往

刘献彪师从中国现代文学研究名家田仲济，当年田先生总是带领研究生外出访问知名作家和学者，访问归来后，要求研究生班马上整理出访笔记。他曾带山东师范学院中国现代文学研究生和高师教师进修班的学生进京，访问了茅盾、夏衍、叶圣陶、郭小川、田汉、阳翰笙、孟超、郑振铎、何其芳、张天翼、陈白尘、臧克家、赵树理、吴伯箫、王任叔、楼适夷、曹靖华、朱光潜、吴组缃等30余位作家、学者、教授，访谈内容包括文坛现状、作家作品评价、文学界关注热点、现代文学的相关史实等。田仲济先生的这种治学理念深深影响了刘献彪。“文化大革命”后，刘献彪为了扩展自己的学术视野，提升自己的专业水平，也多次上京拜师访友，或当面拜访，或去信请教，与多位著名作家和学者进行了深入交流。本章谨选取夏衍和姚雪垠两位名家，从中管窥刘献彪当时的求学、求教历程。

第一节 心照情交：刘献彪与夏衍

夏衍（1900～1995），浙江杭州人，在电影、戏剧、小说、翻译、新闻、杂文以及外交、统战和文化领导工作等领域都做出了突出贡献，是我国著名的文学家、戏剧家和社会活动家，也是中国左翼电影运动的开拓者、组织者和领导者之一。

夏衍为中国现代话剧事业的发展做出了突出贡献，无论是戏剧的表现内容，还是戏剧的表现手法和艺术风格，他都在继承“五四”以来中国话剧优秀传统的基础上，进行了许多开艺术先河的创造性探索，营造了自己意味深长的艺术境界，形成了独特的创作个性和艺术风格。所著话剧主要有《赛金花》《上海屋檐下》《心防》《法西斯细菌》《复活》《戏剧春秋》《芳草天涯》等。从《上海屋檐下》开始，夏衍充分表现了自己的创作个性，形成和确立了深沉、凝重、清新、淡远的艺术风格。

夏衍还是中国左翼电影运动的奠基者和开拓者。《狂流》《春蚕》《渔光曲》等影片首次在银幕上展示了20世纪30年代中国农村和中国农民的悲苦人生。

“七七”事变以后，夏衍公开以“进步文化人”的身份在国民党统治区做统一战线和宣传工作。中华人民共和国成立后，历任上海市委常委、宣传部部长、文化部副部长、中国文联副主席、中日友协会长、中顾委委员、全国政协常委，当选全国人大代表。1955 年 7 月直至 1965 年，夏衍任文化部副部长，分管电影与外事工作。1994 年 10 月，被国务院授予“国家有杰出贡献的电影艺术家”荣誉称号。1995 年 2 月 6 日在北京逝世。

一、学术处女作:《夏衍和他的戏剧创作》

夏衍虽然不是刘献彪最早交往的作家，但却是第一位对刘献彪的未来产生影响的作家。在刘献彪为数不多的几篇现代文学作家研究文章中，有两篇是关于夏衍的。1959 年，刘献彪在《山东师范学院学报》(现代文学版)第 3 期发表长篇论文《夏衍和他的戏剧创作》，这是刘献彪的第一篇学术论文，也是刘献彪关于作家研究论文中最长的一篇。对夏衍作品的关注和研究，使刘献彪正式走上了学术研究之路。或者可以这样认定，夏衍是刘献彪学术研究的间接引路人。

刘献彪对夏衍的研究，集中表现在《夏衍和他的戏剧创作》一文中。在这篇文章中，刘献彪回顾了夏衍的创作道路，梳理了夏衍对戏剧和电影事业的贡献，并探讨了夏衍的创作风格和倾向。[①]

刘献彪认为，30 余年来，夏衍在创作、介绍、译述等方面的贡献很大，并为话剧运动培养了许多优秀的干部。他是“五四”以来优秀的剧作家、杰出的革命文化战士、话剧运动的先驱者。

当然，刘献彪也谈夏衍的不足。刘献彪认为，夏衍虽然很早就入党，走上了无产阶级革命派的道路，是党的文化战士中的一员，但由于他这辈人所走的道路是崎岖的，是戴着“手铐、脚镣”的，同时还经常受到反动威胁。因此，这在增加他自我革命的艰巨性和复杂性的同时，也使他许多年都跳不出小资产阶级思想感情的圈子。在他的早期作品中，有的就是从小资产阶级革命民主派的立场来观察、分析和描写。

刘献彪在分析原因时认为，由于当时进行的是民族解放战争和民主革命，主要的斗争对象是帝国主义和封建主义，加之他处在与工农群众隔离的国民党后方，因而忽略了思想战线、文艺战线上的阶级意识；同时，像夏衍这样年纪的人，还继承了一份很痛苦的遗产。

尽管如此，刘献彪仍然认为夏衍对戏剧和电影的贡献是多方面的。第一，他是一个优秀的剧作家，写了许多优秀的作品；第二，他是党的杰出的文化战士，为戏剧运动付出了不少的劳力；第三，他是第一批打进电影界做实际工作的共产党员，在党领导电影事业的历史中，他做了许多实际工作；第四，他是电影理论家和译述者，为当时的电影理论斗争付出了心血和力量。

---

① 参见刘献彪:《夏衍和他的戏剧创作》,《山东师范学院学报》(现代文学版)1959 年第 3 期。

刘献彪认为，戏剧从浪漫主义转到现实主义，夏衍功不可没。他不但是一个作家，而且还是一个艰苦卓绝的工作者。夏衍的创作注重主题思想，既有明确的目的，又能紧密地与当前的政治斗争相结合。夏衍的这种创作风格一方面使话剧运动能以新的姿态蓬勃开展，另一方面又打击了敌人，取得了革命斗争的重大胜利。

夏衍在作品中也有意识地反映了全国各阶层人民的思想觉悟以及反法西斯主义力量的不断壮大。正是因为作者真实反映了当时的社会现实，而且站的角度比现实更高，自然也就为人们指明了前进的方向，对教育、鼓舞人民参与政治斗争，以及打击法西斯主义起了极大的作用，所以它才有巨大的社会意义。

根据夏衍所创造的戏剧形象，刘献彪认为，在他的剧本中始终贯穿着一种思想，即号召每个人解除身上的镣铐，跳出个人的小圈子，投身革命斗争；另外，也希望人与人之间相爱相助，不要把个人的幸福建在别人的痛苦上，每个人都应该有牺牲自我的精神。前者可以说是他的政治观点，后者可以说是他的道德观点。

刘献彪还论述了夏衍的剧作风格。他认为，从夏衍的全部剧作看，从1934到1944年，他在作品中所表现的问题几乎都与抗日战事有关。这一点也突出表现了他这个时期的创作是从实际生活出发，切实描写现实生活问题的独特风格。

刘献彪的论文虽然带有浓厚的政治色彩，但是其中有很多观点仍对今天的研究有着很高的参考价值和借鉴意义。从夏衍研究入手，刘献彪开始了自己的学术研究之路，并把学术研究视为自己的生命，一直坚持到今天。

二、抱病回函：刘献彪与夏衍的书信往来

“文化大革命”结束后，刘献彪重新走上学术研究之路。刘献彪学术研究的最大特点是重视资料。当时，他发现很多学术性资料都存在不少错误和偏差，因此萌生了编写文学手册的念头，后来接连主编了《外国文学手册》《比较文学自学手册》《中国现代文学手册》三本著作。这三本手册既是供学术参考的工具书，又具有一定的学术价值。为了使资料准确可靠，刘献彪竭力获取第一手资料。在此期间，他通过上门拜访和寄信请教，与许多学者、作家都建立了良好的关系，与夏衍的直接交往也由此开始。

刘献彪曾将书稿和资料寄给夏衍，请他过目审阅，并请他提供相关书籍。夏衍回信说：“献彪同志，来信及大作早已收到，迟复为歉。过誉愧不敢当。有些地方已做了旁注，供参考。《边鼓集》我也没有，因此无法寄上。随函寄上书

二册，请查收。"[1]虽然信件字数不多，但内容丰富。首先为没有及时回信道歉，接着谦逊地表示自己对刘献彪的称赞愧不敢当，然后再仔细地为刘献彪寄来的材料做旁注，以供刘献彪写作参考；刘献彪向夏衍求借《边鼓集》，但他手边没有这本书，大概因为没有能帮到对方，便觉得有些不好意思，所以寄上自己的两册书作为弥补。寥寥数语，使宽厚热心的长者形象跃然纸上。虽然在学界和社会上有着崇高地位，但是夏衍并不凛然居上，对于好学者和求教者几乎都是有求必应，来者不拒。

夏衍同志的《包身工》，是我国现代文学史上最优秀的作品之一，也是我国报告文学发展史上一座光辉的里程碑。这篇杰作写作于1935年，最早发表在1936年《光明》杂志创刊号上，由于它真实而生动地揭露了20世纪在由日本帝国主义经营的中国纱厂里还公然保存着奴隶制这一罪恶事实，因而在社会上引起了巨大的反响，有力地推动了我国的抗日救亡斗争。对于这样一篇重要作品，1949年后仍为一些报刊、书籍所转载、选用。然而，这些转载和选用几乎都做了改动，但改动的情况又颇不相同。

1959年，《中国工人》杂志为了给广大工人在忆苦思甜的阶级教育中提供一份学习材料，当即在第5期上重新发表了这篇文章。当时，为方便工人同志阅读，在经征得作者同意后，编辑部在发表时做了一些删改，最终全文只有不到7000字，但基本上保留了原作的面貌。这篇文稿当时有不少报刊转载，比较流行。以后，十年制高中第一册的语文课本也选用了此文，但它在《中国工人》版本的基础上，再次做了改动，删去了近2000字，其中包括个别极其重要的内容。1979年，中南七院校编的《中国现代文学作品选》（下册）在选用该文时，依据的也是《中国工人》版本。同年，在吉林人民出版社出版的"写作知识丛书"《报告文学》中，也选了《包身工》作为范文，其面貌除结尾外，与原作已相差不大。1980年，上海文艺出版社出版的《中国现代散文》（下册）在选用该文时，则又前进了一步，虽然对结尾在文字上做了较大的改动，但仍能反映出原作的轮廓和基本精神。[2]

刘献彪因写作需要涉及《包身工》，但可惜的是，一般读者想要看到《包身工》初发表时的原貌已经很不容易了，因为一般的图书馆根本就找不到《光明》创刊号，甚至有的省图书馆也没有。刘献彪想彻底理清夏衍当时创作《包身工》的经过，因而他第一时间选择向夏衍求助。不巧的是，当时夏衍身体不好，正在住院治病。即使如此，夏衍还是在别人的帮助下给刘献彪回了一封信："四月五

① 信件内容见本章附件。

② 参见王火：《夏衍〈包身工〉的三种文本》，《中国现代文学研究丛刊》2015年第11期。

日来信和《语文教学》今年第一期均收到，迟复为歉。‘文化大革命’前，我曾写过一篇谈《包身工》写作经过的东西，记得似乎是收在工人出版社（或工人日报出版社）出的一个《包身工》单行本里，请找来看看。我因病住院已一月，什么也写不了，连这封信也是托人代笔的，望见谅。”①

夏衍对于求助者的热心与和善是公认的。王蒙在《夏衍的魅力》一文中写道：“许多年轻的与不年轻的文艺家都喜欢到夏公那边去，与他交往令人心旷神怡，温馨而又超拔，光明而又通达，锐利而又沉稳。特别是对于年轻人，他是那么充满爱心。……夏公的性格是一种美，夏公的人品与智慧实在是充满了魅力。”②通过刘献彪和夏衍的交往，我们也深切地感受到这一点。夏衍的文学和艺术作品在历史上留下了浓墨重彩的一笔，他的人格魅力也在朋友间广泛流传，为人津津乐道。

第二节　赠诗相勉：刘献彪与姚雪垠

姚雪垠（1910～1999），现代著名小说家，1910年10月10日出生于河南邓州。1929年夏，考入河南大学法学院预科。1931年暑假，被学校当局以“思想错误，言行荒谬”的罪名开除，从此结束学生生活，在北平等地以投稿、教书、编辑为生。抗战爆发前夕，先后在《文学季刊》《新小说》《光明》及北平《晨报》、天津《大公报》上发表了《野祭》《碉堡风波》《生死路》《选举志》等10多篇小说。抗战爆发后，从北平辗转来到开封，与别人合办《风雨》周刊，并任主编。在此前后，还发表论文、杂感数10篇。曾赴徐州前线采访，随后写成书简体报告文学《战地书简》。1938年春去武汉，不久加入第五战区文化工作委员会，从事抗日的进步文化活动。在《自由中国》《文艺阵地》上发表短篇小说《白龙港》《差半车麦秸》。抗战胜利前后，姚雪垠的创作开始转向故乡与童年的题材，完成了自传性长篇小说《长夜》，并写了《我的老祖母》《外祖母的命运》《大嫂》等散文。解放战争时期，姚雪垠在上海写了关于爱国科学家的传记《记卢镕轩》和短篇小说《人性的恢复》等。

---

① 信件内容见本章附件。

② 王蒙：《夏衍的魅力》，王景科主编：《新中国散文典藏》第6卷，山东友谊出版社2015年版，第69页。

1957年，姚雪垠被错划为“极右分子”，开始在逆境中创作长篇历史小说《李自成》。这部巨著于1957年动笔，历时30余年，全书约230万字，分为5卷。这一史诗性的作品，以宏大的规模、壮阔的气势反映了宽广的社会历史生活，再现了明末波澜壮阔的农民战争，人物性格鲜明，具有深远的悲剧内蕴。从20世纪60年代出版第1卷时，这部小说就引起了巨大反响，曾获日本文部省、外务省颁发的文化奖。1982年，第2卷荣获首届“茅盾文学奖”。

姚雪垠还是一位旧体诗大家。为了创作《李自成》，姚雪垠开始学写旧体诗，创作了律诗和绝句300余首，内容包括对现实的感怀、对往事的追忆、对友人的深情、与友人的唱和等，但更多的是反映他在创作《李自成》这段艰难岁月中的甘苦。

1978年后，姚雪垠当选为第五届、第六届全国政协委员，湖北省文联主席。1981年12月，在古稀之年加入中国共产党。1999年4月，姚雪垠因病去世。

一、临时起意：偶然降临的机会[①]

刘献彪虽然很早就知道姚雪垠，读过他的一些作品，也非常想见见这位写下长篇巨著《李自成》的“飞将军”作家，但是一开始并没有拜访的机会，一则没有时间和机会，二则也不知道姚雪垠的地址。从现在来看，刘献彪和姚雪垠的见面具有很大的戏剧性和偶然性。当然，人生就是由很多偶然事件组合在一起的，因缘际会之下也会造成人生的必然。两人的见面看似极为平常，但却很可能解决了姚雪垠研究中的一个难题。

1980年1月20日左右，刘献彪拜访了王瑶，王瑶告诉刘献彪，关于现代文学方面的问题可以去请教严家炎，并写了推荐信。刘献彪读过严家炎写的文章，对他的学问也很佩服。虽然拿到了推荐信，但刘献彪却因为忙于到文学研究所查阅资料，所以没有马上去找严家炎。大约过了一个星期之后，刘献彪觉得再不找就不行了，因为过几天就要离开北京了，所以他决定在离京前，一定要和严家炎谈谈。刘献彪从王瑶先生那里得知，严家炎是星期天回校休息，星期一到人民文学出版社撰写唐弢主编的《中国现代文学史》。于是，刘献彪决定星期一，也就是1月28日到人民文学出版社拜访严家炎。

刘献彪乘109路电车到了人民文学出版社门口，下车后到传达室登记。办理登记的工作人员是一位年近六十的老太太，她热心地告诉刘献彪，要找的人在4楼。刘献彪既激动又兴奋，毫不迟疑地跑上4楼，逢人就问：“严家炎在

① 本节内容依据刘献彪记录本记载。

吗？”顺着大家指的方向，到了严家炎所在的房间，推门进去，看到一位身体粗壮、头发浓黑、脸面四方端正的军人。军人非常热情，他站起来告诉刘献彪，严家炎回家了，上午一般不回来，下午才回来。军人让刘献彪坐下喝水，刘献彪问他是否也是参与编写中国现代文学史的。军人回答：“不是，我是黑龙江的，来这里印小说。”刘献彪一听对方是个作家，便高兴地说：“你是作家很好，我先拜访你，请你谈谈吧。”一谈起来，刘献彪才知道对方叫孙俊然，也就是《安图的后代》的作者。孙俊然是一个非常直爽、坦诚的人，有什么谈什么，心里怎么想，嘴里怎么说。虽然孙俊然谈的每个问题并不都与刘献彪的看法一致，但他那种明朗诚实的态度却给刘献彪留下了深刻的印象。快 11 点时，孙俊然留刘献彪吃饭，但刘献彪婉言拒绝了，他觉得到外面吃更方便。刘献彪跑到斜对面的一家饭店，简单吃了点东西后，觉得时间还早，就乘车到景山公园和故宫游览了一阵子。

下午 2 点半，刘献彪回到人民文学出版社。一进 208 号，就看见一个中年人，刘献彪试探着问道：“你就是严家炎同志吧？”对方说是，并请刘献彪坐下。刘献彪把王瑶先生的信给严家炎看后，两人就当前现代文学的有关问题开始讨论、沟通。当时，严家炎正与唐弢合作撰写《中国现代文学史》，其渊博的学识和清晰的思路让刘献彪非常钦佩，也让他觉得此行受益匪浅。在谈话过程中，一位女同志告诉严家炎有电话，趁严家炎接电话的时候，刘献彪注意到严家炎桌上有一份打印出来的材料，仔细一看，原来是姚雪垠写的自传。刘献彪心里一阵莫名的激动，电光火石间产生了非见一下姚雪垠不可的愿望，这个强烈的念头促使他记下了材料上的地址：复兴门外 22 号。这是一个突然而降的访问姚雪垠的偶然机会，而这个机会是从严家炎那里得到的。刘献彪能有这个机会，当然要感谢王瑶，感谢严家炎。在后来的日记中，刘献彪详细记录了这个过程，并向王瑶和严家炎表示了感谢。

二、好事多磨：寻找姚雪垠

1 月 30 日上午，一吃过早饭，刘献彪就兴致勃勃地跑到西单乘电车。然而好事多磨，拜访姚雪垠的过程并不顺利，甚至有些让人啼笑皆非，因为平常非常细心的刘献彪竟然把“复兴门外”记成“朝阳门外”了。

刘献彪坐上 109 路电车，问售票员到朝阳门外 22 号要在哪一站下车，但是售票员也不熟悉，旁边一位乘客说到朝阳门下车就可以了。刘献彪从朝阳门外下车后，找到了 22 号，看到有两位老太太在那里疏通下水道，便觉得有点诧异，觉得这不像是姚雪垠住的地方。于是，刘献彪上前请教老太太，问这里是否有姓姚的，对方回答说没有，刘献彪愕然，难道是自己找错地方了。他马上取出记录本一看，原来应该在复兴门外22号，而他正好走了一个相反的方向。

刘献彪一开始走得那样自信，一方面大概是想到马上要见到向往已久的姚雪垠先生，内心有些兴奋和激动，另一方面大约是和他经常走这条路有关系，因为他的师友大多住在这一片，也就走顺腿了。

无暇自责自己的粗心大意，刘献彪赶紧返回西单，乘1路汽车到了复兴门外。这一次刘献彪怕再错过，便走一段问一段，终于走到复兴门外，但还是没有问到22号在什么位置。刘献彪只好去问人民警察，警察向前一指，刘献彪便顺着他指的方向走去。见到一所高楼，但没有22号字样。刘献彪犹豫了一下，然后毅然走了进去，他看到一个青年同志在小汽车旁边转来转去，便上前询问这是否是22号。青年肯定地回答了他，并问他找谁。当听说找姚雪垠时，马上告诉他可以到传达室问问，他们都知道姚雪垠先生。

刘献彪走进传达室，见到一个50来岁的妇女，于是走上前客气地问姚雪垠同志住几号。对方回答是一号门20层，另外一个女同志则比较仔细，说她查一查。说完，便取出一个本子，在住户名单上查了一阵子，终于在2号门4层×号找到了姚雪垠的名字。

刘献彪谢过传达室同志，来到2号门电梯，乘电梯到了4层。服务员告诉他，外面玩的孩子就是姚雪垠的孙女，可以让她们领你进去。两个小孩大约六七岁，听说刘献彪是来找爷爷的，非常高兴地领着他进了屋，一进屋就喊："爷爷，有客人来了。"说话间已经领着刘献彪走到姚雪垠的写字间了。

姚雪垠正在伏案写作，一听孙女召唤，便立即站起身来。他笑容满面地请刘献彪坐下。刘献彪有点紧张地坐在长沙发上，姚雪垠坐在他旁边的单人沙发上。刘献彪一边说明来意，一边仔细观察姚雪垠，他注意到姚老白发苍苍，像一座雪峰，而双眼炯炯有神，"像两盏明灯"。

终于找到了！真是一波三折，其间的细节犹如一篇微型小说，跌宕起伏，充满曲折。后来在日记中刘献彪详尽地记录了当天的经历，可见他的感触之深。找寻过程如此辛苦，换作别人可能早就放弃了，因为拜访姚雪垠只是一个偶然产生的念头，并非亟须处理的要事；然而刘献彪却十分珍惜这来之不易的机会，愣是凭着韧劲，费尽周折找到了姚雪垠住所。笔者在这里不厌其烦地甚至是像记流水账一样叙述这些细节，无非是因为这只是刘献彪拜师访友经历的一个缩影。艰难困苦，玉汝于成，从中可以看出，刘献彪能在学术界闯出一片属于自己的天地，经历了怎样的艰辛和困苦。

三、奋力飞腾逐大波:姚雪垠赠诗及考证

见到姚雪垠,刘献彪虽然有点局促不安,但仍然大胆向他表达了自己的请教意愿。姚雪垠非常温和地听刘献彪诉述完,之后笑着说:“我的时间的确非常宝贵,对于外面的来信,我没有时间看,也没有时间回,别的书也没有时间看,说句你不相信的话,连巴金的《家》我都没读完过,光是研究有关李自成的资料以及完成《李自成》这部小说就需要很多时间。”

刘献彪抱歉地说:“我打扰您了,占用您非常宝贵的时间。”

姚雪垠看出刘献彪有些不安,便温和地说:“没关系,你既然来了,就谈谈吧。”他顿了一下,又追加了一句:“我只能谈我自己和我的创作,别人我不能谈。”

姚雪垠又让在里屋工作的儿媳妇给刘献彪泡茶,还问他:“你会抽烟吗?”刘献彪摇头说不会。可见姚雪垠先生待人是多么热情周到。

刘献彪接着向姚老提问题:“姚老,您抗战时期的作品《差半车麦秸》,我在上大学的时候就听现代文学史的老师讲过,您这部作品在当时很突出。”

姚雪垠听刘献彪这么一说,马上更正道:“现在,有些人以为我的第一部作品是《差半车麦秸》,其实在它之前,我已经写了长……”

很可惜,刘献彪的记录写到这里,不知什么原因戛然而止。不过可以肯定的是,交谈之余,姚雪垠欣然给刘献彪题诗赠字,这幅珍贵的姚雪垠书法作品一直被刘献彪保存到今天。从这可以看出,当时两人相谈甚欢,很可能就姚雪垠的文学创作进行了深入交流,也可能在谈及两人的生平遭遇时,遂生惺惺相惜之感,于是姚雪垠慨然赠诗(见图 8-1)。当然这些都是建立在对姚雪垠所赠诗的推测上:

前路纵横山影峨,笑将秃笔舞婆娑。
雄关屡过愁心少,苦战时经快意多。
偶减精神尝薄酒,忽来创见欲高歌。
长江万里游鳞小,奋力飞腾逐大波。
献彪同志纪念　姚雪垠

一九八〇年一月

这是姚雪垠在 1974 年 12 月 25 日写的一首诗,名为《次韵和克家〈书怀〉》。1973 年春天,武汉市委正式将姚雪垠从“五七干校”调回市文化局创评室,武汉市委宣传部还明确指示,要姚雪垠不搞杂事,专门创作《李自成》。但是,市文化局还是不断让他做些杂七杂八的事情,这些杂事占用了他好多时间。对此,姚

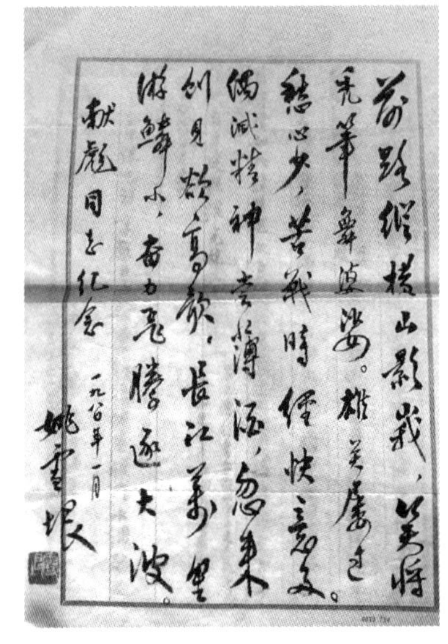

图 8-1　姚雪垠赠给刘献彪的墨宝

雪垠实在忍无可忍，不得已向武汉市委作了反映。市委负责人向市文化局有关领导重申：要让姚雪垠集中精力写《李自成》。但“县官不如现管”，下面的人只是表面应付，实际并不听从。就这样，寒来暑往，春风秋雨，物换星移，姚雪垠只好苦度岁月。到 1975 年的国庆前夕，姚雪垠在极其困难的条件下，才完成了《李自成》第 2 卷的初稿。[①]

在那个政治化的年代里，友人间相互赠诗酬唱是重要的精神慰藉方式。当时，《李自成》的写作进展非常缓慢，虽然姚雪垠内心异常苦闷，但他的精神状态却是昂扬向上的，在写作之余，常和老友们诗词唱和。姚雪垠在患难期间与茅盾、叶圣陶、臧克家、艾芜、碧野、常任侠、王亚平等人的诗歌往来，构成了他旧体诗创作中的一道靓丽风景，也是他当时心境的艺术化记录，特别是读当时他与臧克家之间互赠的诗词，让人感触颇深。

1974 年，臧克家赠姚雪垠诗《书怀》[②]：

天高地迥势巍峨，斗室谁甘坐婆娑。
胜景贪看随日好，余年不计已无多。
闻鸡壮志犹起舞，引吭兴豪欲放歌。
四海翻腾风雨骤，思投碧浪化微波。

而姚雪垠所写的和诗《次韵和克家〈书怀〉》，也就是上面赠送给刘献彪的那首。不过该诗流传到今天至少有四个版本。

2013 年，在西泠印社秋季拍卖会中外名人手迹专场拍卖现场，姚雪垠的一件书法作品以 74750 元成交。这幅书法作品是 1975 年姚雪垠赠给碧野夫妇的。1975 年 10 月上旬，碧野夫妇要去丹江，姚雪垠以旧作七律四首送行，第一首就是《次韵和克家〈书怀〉》，可以称为“75 碧野版”：

前路纵横山影峨，笑将秃笔舞婆娑。
雄关百过愁心少，苦战几经快意多。
偶为和诗思薄酒，忽来创见欲高歌。

① 参见杨建业：《姚雪垠传》，北岳文艺出版社 2000 年版，第 212～219 页。

② 臧克家：《书怀》，姚雪垠：《姚雪垠文集》，人民文学出版社 2010 年版，第 46 页。

长江万里游鳞小，尽力飞腾逐大波。

1998年版《庸屏诗词选》中的《附：姚雪垠先生述怀》又是另一个版本，可以称为“98刘永平版”[①]：

前路纵横山影峨，笑将秃笔舞婆娑。
雄关屡过愁心少，苦战经时快意多。
偶因和诗思薄酒，忽来创见欲高歌。
长江万里游鳞小，奋力飞腾逐大波。

这几个版本有几处不太相同。第三句在75碧野版是“雄关百过愁心少”，在“80刘献彪版”是“雄关屡过愁心少”，“98刘永平版”与“80刘献彪版”相同；第四句在“75碧野版”是“苦战几经快意多”，而“80刘献彪版”为“苦战时经快意多”，“98刘永平版”则为“苦战经时快意多”，三版都不同；第五句在“75碧野版”为“偶为和诗思薄酒”，而“80刘献彪版”为“偶减精神尝薄酒”，“98刘永平版”又与“75碧野版”相同；最后一句在“75碧野版”为“尽力飞腾逐大波”，“80刘献彪版”为“奋力飞腾逐大波”，“98刘永平版”与“80刘献彪版”相同。

另外，现在还能公开见到的一个版本，是1984年姚雪垠送给女书法家开映月的，笔者未知真伪，可称为“84开映月版”[②]：

前路纵横山影峨，笑将秃笔舞婆娑。
雄关屡过愁心少，苦战时经快意多。
偶减精神思薄酒，忽来创见欲高歌。
长江万里游鳞小，奋力飞腾逐大波。

此版本与“80刘献彪版”基本相同，只是第五句一为“尝薄酒”，一为“思薄酒”。

以后出版了不少涉及该诗的书籍，除了姚雪垠自己的著作，其他还如《中国当代旧体诗词论稿》(华中师范大学出版社2010年版)、《中华诗词第一辑》(中国民间文艺出版社1990年版)等，基本都与“80刘献彪版”相同。

这几个版本中，“75碧野版”“80刘献彪版”“84开映月版”由姚雪垠亲自手书，是第一手的直接资料，可信度最高，也最能反映姚雪垠创作时的心态。从目前笔者掌握的材料来看，最初版是“75碧野版”，写成后几年姚雪垠又对该诗进行了修改，最早的定稿应该是“80刘献彪版”，以后的出版物和学术研究都是以“80刘献彪版”为依据。

除了第五句在内涵上存在明显不同，其他几句主要是词语表达程度的不

① 刘永平：《庸屏诗词选》，北京卿云诗社，1998年，第67页。

② 此版见中国书法超市名家书法区，http://www.qyx888.com/thread－180460－1－1.html。

同。第五句表达喝酒的原因存在根本的区别，一是“偶因和诗”，一是“偶减精神”，一是“思薄酒”，一是“尝薄酒”，究其原因，应该是姚雪垠的处境和心境有了明显不同。初写该诗时，是为了和臧克家之诗，诗友唱和，兴致盎然，诗性勃发，虽然酒量有限，仍不免想畅饮一番，所以为“偶因和诗思薄酒”。而几年过后，大好年华已逝，手头要做的事情太多，但又觉得时不我待，有时文思阻塞，不觉焦虑烦躁，于是想借酒消愁，所以为“偶减精神尝薄酒”，或者也可能是因为临时起意，写来赠给新友刘献彪，这与旧友“和诗”不同，又想到两人过去同样坎坷的人生之路，所以将“偶为和诗思薄酒”改为“偶减精神尝薄酒”。此处经过改动后，姚雪垠发现诗歌与原来有了不同的味道，比原诗更应景，也更适合赠送友人，所以他赠送别人该诗时，基本以“80 刘献彪版”为主，久而久之，大家就以为该版是原版。

当然以上只是笔者的揣测。由于笔者并非姚雪垠研究专家，掌握的材料也有限，因而观点可能不太严谨。之所以不厌其烦地比较这几个版本，目的在于希望学界研究姚雪垠时，应该依据相对应的版本，否则得出的结论可能会有偏差。

赠诗的意义有多种，姚雪垠赠给刘献彪该诗有何含义？这要结合诗歌内涵和姚雪垠、刘献彪的经历来探析。《次韵和克家〈书怀〉》写尽了姚雪垠的性格和人生观念，其积极进取、不折不挠的人生观念非常明显。姚雪垠是一个宁折不弯、特立独行的人，茅盾赞他“文坛飞将”。姚雪垠曾骄傲地说：“幸而我是在风雨中，从原野上、荆棘与‘野兽’的包围中成长起来的，曾遇过无数打击，尝惯了迫害和暗算。过去，既然我不曾见利失节、畏威移志，今后当然也不会对任何强者低头。我是在窒息的环境中、刀剑的威胁下倔强地生活过来的，今后我还要倔强地生活下去。生活是战斗，我的武器就是笔。除非我真正死掉，相信没有人能使我缴械。”[①]孤傲的性格给他带来了成功，但也让他吃尽了苦头。而刘献彪何尝不是如此性格的人，在追求学术的道路上，他我行我素、永不言败，困难压不倒他，病痛压不垮他，正如他自己所言：“在执着追求的路途中，挑战自己，挑战生命，把困难、非议等放在嘴里细嚼慢咽，化为营养动力，继续前进。”[②]潍坊学院原副校长许临星教授曾为刘献彪教授作诗一首：“孜孜以求拓新荒，风姿潇洒走四方，飞短流长浑不顾，笑傲人生写华章。”[③]这首诗与姚雪垠赠给刘献彪的《次韵

① 姚雪垠：《〈差半车麦秸〉跋》，转引自金宏宇：《文本周边——中国现代文学副文本研究》，武汉大学出版社 2014 年版，第 64 页。

② 尹建民、王福和、吴家荣主编：《刘献彪与新时期比较文学》，安徽大学出版社 2012 年版，第 46 页。

③ 尹建民、王福和、吴家荣主编：《刘献彪与新时期比较文学》，安徽大学出版社 2012 年版，第 75 页。

和克家〈书怀〉》有异曲同工之妙，既写出了刘献彪在学术追求之路上的艰辛，也写出了他百折不挠、宁折不弯的自信与豁达。

姚雪垠和刘献彪虽然是初次见面，但是相似的性格和经历使他们彼此充满好感。《次韵和克家〈书怀〉》中那种以一己之“小游鳞”，在万里长江中“奋力飞腾逐大波”的气势，既是姚雪垠自己的写照，也是对刘献彪的赞赏和勉励。

附　件

一、夏衍写给刘献彪的信

（一）

中国人民对外友好协会

献彪同志：

~~来信及大作早已收到，迟复~~为歉。

过誉愧不敢当。有些地方已作了旁注，供参考。

此致

敬礼

夏衍 2/2

《边鼓集》我也没有，因此无法寄上。随函寄上 二册 请查收。

献彪同志：

来信及大作早已收到，迟复为歉。

过誉愧不敢当。有些地方已做了旁注，供参考。

此致

敬礼

夏衍

2/2

《边鼓集》我也没有，因此无法寄上。

随函寄上书二册，请查收。

（二）

献彪同志：

四月五日来信和《语文教学》今年第一期均收到，迟复为歉。

文化大革命前，我曾写过一篇谈《包身工》写作经过的东西，记得似乎是收在工人出版社（或工人日报出版社）出的一个《包身工》单行本里，请找来看看。我因病住医院已一月，什么也写不了，连这封信也是讬人代笔的，望见谅。匆此问好！

夏衍

四月二十六日

献彪同志：

四月五日来信和《语文教学》今年第一期均收到，迟复为歉。

“文化大革命”前，我曾写过一篇谈《包身工》写作经过的东西，记得似乎是收在工人出版社（或工人日报出版社）出的一个《包身工》单行本里，请找来看看。我因病住院已一月，什么也写不了，连这封信也是托人代笔的，望见谅。

匆此问好！

夏衍

四月二十六日

第九章

对话翻译家：刘献彪与朱雯、冯亦代、孙大雨、林秀清的交往

刘献彪的学术生涯起步于中国现当代文学，最终落脚于比较文学，在这两大研究领域的转换过程中，他对外国文学的短暂涉猎曾起过一种重要的催化作用。毕竟一方面“中国新文学的产生与发展是受过西方文学的严重影响的。整理编印翻译文学资料大有益于中国新文学的研究”[①]，另一方面“如果去掉翻译，每个民族的文化都大大贫乏，整个世界也将失去光泽，宛如脱了锦袍，只剩下单调的内衣”[②]，要客观审视和把握中国文学在世界文学中的独特价值和意义，翻译事业和外国文学是比较文学研究入门者不得不予以深入了解的一个重要环节。20 世纪 80 年代，刘献彪曾在自己主编的《外国文学手册》一书中辟专章对“中国的外国文学研究翻译者”予以集中介绍，同时他也与朋友合作主编了《中国翻译文学史稿》一书，较早地对中国近代以来的文学翻译事业进行过系统梳理。在这一过程中，刘献彪通过多种方式结识了卞之琳、罗念生、冯至、孙雯、冯亦代、孙大雨、林秀清等几十位当代翻译界名家，并深深地受益于他们的帮助和教诲。本章谨以朱雯、冯亦代、孙大雨和林秀清四位名家为代表，以管窥豹，简略地谈谈刘献彪与众多翻译家的交往经历。

第一节　言传示学：刘献彪与朱雯

朱雯(1911～1994)，上海松江人，原名朱世霖，后改名朱雯，曾用笔名王坟、蒙夫、司马圣等。1932 年，毕业于东吴大学文学系，大学期间即已开始文学创作并发表翻译习作。毕业后，曾任教于松江中学、桂林高级中学及上海法学院，执教之余仍兼顾文学创作与翻译。20 世纪二三十年代，朱雯的文学活动以小说创作为主，20 世纪 40 年代以后，他的主要精力转向了翻译，并在该领域取得了令人瞩目的成绩。1949 年后，朱雯先后在上海财经学院、上海师范学院、上海师范大学担任外国文学教授。1981 年开始招收世界文学专业研究生，是新时期国内该专业最早的硕士生导师之一。另外，他还曾担任过上海师范大学比较文学研究所所长、全国高等学校外国文学教学研究会副会长、上海市比较文学研究会副会长等职务。

---

① 田仲济：《田仲济文集》第 2 卷，江苏文艺出版社 2007 年版，第 509 页。

② 王佐良：《翻译：思考与试笔》，外语教学与研究出版社 1989 年版，第 213 页。

在当代中国翻译文学史上，作为一个翻译家，朱雯的名字极为响亮。他一生翻译作品500多万字，是将苏联著名作家阿·托尔斯泰作品翻译成中文的重要翻译者，也是系统译介德国著名作家雷马克的翻译者。他的译作主要包括：阿·托尔斯泰的长篇小说《苦难的历程》三部曲（包含《两姐妹》《一九一八年》《阴暗的早晨》）、《彼得大帝》，短篇小说集《妄自尊大的人》；雷马克的长篇小说《凯旋门》《流亡曲》《生死存亡的时代》《里斯本之夜》《西线无战事》；另外，还有赛珍珠的长篇小说《爱国者》、列普曼的《地下火》、伊·歇贝尔的《地下的巴黎》、保罗·休士林的中篇小说《战斗在顿河》，等等。朱雯的翻译忠于原作，修辞雅洁，行文流畅，具有很高的艺术价值，深受读者的欢迎。1957年11月，毛主席赴苏联参加十月革命40周年庆典时，曾把朱雯的译作作为礼物送给苏联领导人。

刘献彪与朱雯先生从相闻到相识，中间约有30年的跨度，两人的相识看似偶然，但也有其必然性。

20世纪50年代中期，由朱雯先生翻译的阿·托尔斯泰的《苦难的历程》三部曲风靡全国，在知识分子中流传甚广，影响很大。这部著作"生动地再现了俄罗斯人民在共产党领导下经受考验、取得胜利的光辉史迹……形象地展示了旧知识分子如何经过彷徨和迷误，经受考验和锻炼，经历一个曲折、复杂而痛苦的过程，终于找到了靠拢人民、走向革命、成为社会主义祖国的捍卫者和建设者的道路。作家把对几个主人公个人生活的描写和历史进程的展现紧密地糅合在一起，水乳交融，浑然一体"①，既具有深刻的思想价值，也具有非常高的艺术价值。

《苦难的历程》是苏联文学中最优秀的长篇巨著之一，也是对朱雯影响最大的一本书。朱雯认为，这部作品在一定程度上有效地释疑和解答了历史大转折时期"中国的知识分子应该往哪里去?"的问题，他自述"第一次接触阿·托尔斯泰的作品《苦难的历程》，就被它那革命的思想内容和卓越的艺术技巧所吸引。我对社会主义革命的最初理解，对旧知识分子思想改造的必要性的认识，就是从它那儿得到的。应该说这部名著是我的启蒙读物，阿·托尔斯泰是我的启蒙老师。正因为受了这样的启蒙教育，我才会怀着愉快而迫切的心情，迎接新中国的诞生；以认真而严肃的态度，接受自身世界观的改造"②。正是由于被书中的内容所激励、所鞭策，朱雯在翻译这本著作的时候才投入了巨大的情感和精

① 本社编：《常人修养，开卷有益——给我影响最大的一本书》，上海教育出版社2004年版，第7页。

② 本社编：《常人修养，开卷有益——给我影响最大的一本书》，上海教育出版社2004年版，第9页。

力，也唯其如此，该书的中译本才会像其原著一样极为成功，甚至被毛主席作为“国礼”赠送给苏联领导人。

刘献彪初次接触该书时，正值读研究生期间，他和周围的同学都被这部著作深深吸引了，尤其是书中对新旧转换时代不同类型知识分子思想改造之路的形象阐述，在刘献彪和他的同时代人身上唤起了极大的共鸣感。出于对这部名著的喜爱，刘献彪也对该书的中文译者产生了深深的敬仰之情。但当时刘献彪主攻的专业方向是中国现当代文学，囿于学科的分类和研究方向的差异，他对朱雯先生的那份崇敬之情便更多地保留在心底。

时光荏苒，20 世纪 80 年代初，刘献彪由昔日风华正茂的青年步入了华发丛生的知天命之年，尤其是历经岁月蹉跎，并亲身经历过多次“运动”的折腾后，刘献彪对《苦难的历程》更是别有一番感觉。他一方面感叹历史的多舛波折，另一方面则更加珍惜眼前来之不易的宽松的学术研究氛围，立志要报效国家与社会。他的学术热情好像久旱逢雨的庄稼一般，不弃功于寸阴，一时纷纷从地面上冒出芽来。他的学术视野也由此更加开阔，先是从中国现当代文学拓展到外国文学，继而又升华到比较文学，他在学术旅途上的收获越来越大，他遇到的学术名家也越来越多，他与朱雯先生也就这样不期而遇了。

1979 年，刘献彪想为中学函授教师编写一本《中学外国文学知识》，编书过程中他有幸结识了在杭州大学专攻外国文学的研究者丁子春、华宇清。因为和他们的书信往来，刘献彪得知了 1980 年将在杭州举行托尔斯泰与巴尔扎克科学讨论会的消息。同年 5 月 26 日，刘献彪参加了这次会议，并有缘在这次大会上第一次见到他崇拜了 20 多年的朱雯先生。

这次大会是杭州大学中文系和浙江省外国文学研究会为纪念巴尔扎克逝世 130 周年、托尔斯泰逝世 70 周年而举行的科学讨论会，是一次外国文学工作者的盛会。应邀参加这次会议的有来自全国 24 个省、市、自治区的 100 余所高等院校、科研机构和出版单位的代表，共 180 余人，其中有不少是著名的学者、教授。对于这次会议，刘献彪感念至深，后来他热切地表述，这次会议让自己“意外地参加了自己从来也没有体验过的充满学术气氛、学者云集的盛会；意外地在会场上发现了小时候读鲁迅就知道的翻译家黄源先生，和后来当研究生才知道的赵瑞蕻、朱雯先生；当年自己那颗小时候在半封建半殖民地的落后的农村被污染、被损害，‘文化大革命’中又被冲击，‘文化大革命’后又被当作包袱弄得七零八碎的心，一下子走进在‘人间天堂’搭起的托尔斯泰、巴尔扎克的学术殿堂里，真有海阔天高、豁然开朗、心旷神怡的感觉。原来人世间还有这样美妙奇丽的学术交流的场所，还能呼吸到如此清新的空气”[①]。

会议间隙的交流虽然有限，但由朱雯等著名学者为刘献彪所开启的那扇外国文学研究窗口，及他们自身所拥有的那种艰苦卓绝、穷而益奋的大家风范，却为刘献彪此后的学术之途铺垫了一个良好的开端。后来，刘献彪在给朱雯先生的信中特意提到，正是这次会议，让他较早地拨除云霾，确立了对自我的要求：“从一九八零年杭州巴托会议以后，我的确是想收心学习，搞点研究。”

1981 年 6 月，刘献彪到桂林为一个会议做准备工作，事情告一段落之后，途经上海时，他特地下车住了几天，目的有二：一是继续为会议做准备工作，二是想拜访几位他尊敬的前辈学者和翻译家，其中就有朱雯先生。

从 1980 年的杭州巴托研讨会到此次上海再见面，时隔仅一年。从刘献彪这次拜访之行的规划亦可看出，他对朱雯先生怀有深深的敬慕之情。在这次见面中，刘献彪把自己正在主编《外国文学手册》的工作向朱雯先生做了汇报，朱雯先生再次对刘献彪予以热情的勖勉和鼓励。

1981 年下半年至 1984 年，随着《外国文学手册》编写任务的进一步推进，刘献彪和朱雯之间有了更多的工作交往，后者除了为该书撰写了个人小传外，还积极地为该书的规划、编辑献言献策。正是出于对朱雯大力支持的感谢，1982 年 9 月，刘献彪特意代表《外国文学手册》编委会向朱雯提出了担任该书学术顾问的请求。朱雯先生在收到刘献彪的来信时，虽然自己病后未愈，但他仍不顾病体，在收到来信之后的第四天就立刻给刘献彪回了一封千言长信。

信中，朱雯首先表达了自己对刘献彪正在主编的《外国文学手册》审稿收讫工作的祝贺，其次介绍了自己目前正在承担的研究生招生、多部书稿的翻译出版工作，再次表达了他同意承担该书学术顾问的意愿以及为自己未能亲自参加北京审稿工作的遗憾，最后他又向刘献彪赠送了一本自己重印的译作。整封信叙事周详，绵软细密，从中可以感悟到朱雯先生谦虚和煦、细致周密的做人、做事风格。另外，从朱雯先生对自己所在学校——上海师范大学获批国家硕士学位授权点的自豪之情和未来自己在承担这项工作时应有的恭敬之情的描述中，亦能感受到一个德高望重的老教育家对国家高等教育事业的深深敬畏。从朱雯对自己当时承担的不下三部著作的翻译任务以及其他书籍的整理出版事项的介绍中，亦可感受到这位古稀老人不待扬鞭自奋蹄的忙碌和勤勉。这封信虽然没有具体提到对刘献彪工作态度和工作精神的要求，但朱雯先生对自身工作境况的细致描绘，不正是一篇对后来者的生动“示学”篇吗？

无疑，刘献彪深知朱雯先生的这份苦心，他不但以对《外国文学手册》出色

① 刘献彪、陆万胜、尹建民主编：《中国比较文学艰辛之路》，人民日报出版社 2005 年版，第 42 页。

的编著回报了朱雯先生对该书的牵挂，而且他也用自己后半生不以艰难而自懈，且更奋发于自淑、诲人之道，生动谱写了一曲“生命不止，奋斗不息”的事业之歌，这种精神与朱雯先生孜孜矻矻、勤勉耕耘的敬业信念应该是一脉相承的。

第二节　宾无贵贱：刘献彪与冯亦代

冯亦代（1913～2005），浙江杭州人。原名贻德，曾用笔名楼风、冯之安、冽澟、马谷、公孙仲子等。早年在杭州安定中学、蕙兰中学读书，自幼深受文学熏陶。1932年，考入上海沪江大学工商管理系，辅修英国文学，开始大量涉猎英美文学名著。1936年大学毕业后，就业于中国保险公司，同时从事抗日宣传活动。1938年上海沦陷后，去香港《星报》做电讯翻译工作，这段经历为其日后从事翻译工作打下了良好的基础。

从20世纪30年代起，冯亦代就已经活跃在出版界、文化界，他深受戴望舒、叶君健、徐迟、郁风、丁聪等作家、翻译家、画家的影响，既对文学活动具有浓厚的兴趣，同时也热衷于通过创办、编辑报纸、杂志等积极宣传、介绍先进文化。20世纪30年代到90年代，他先后任《电影与戏剧》主编、重庆中外文化联络社经理、《世界晨报》经理、《联合晚报》副刊主编兼美国文学丛书编译委员会委员、《大报》社社长、国际新闻局秘书长兼出版发行处处长、《中国文学》（英文版）编辑部副主任、《读书》副主编、国际笔会中国中心理事、中国译协常务理事兼副秘书长等职。

冯亦代的文学翻译工作起步于20世纪40年代，在几十年的积累中，他为发展中国文学翻译事业做出了重要贡献。他是我国最早将海明威作品翻译成中文的翻译家，也是最早翻译毛姆、辛格作品的翻译家之一，他的主要译作有：海明威的《第五纵队》《蜘蛛与坦克》《第五纵队及其他》，斯坦贝克的《人鼠之间》，克利福德·奥达茨的《千金之子》，丽琳·海尔曼的《守望莱茵河》《小狐狸》《阁楼上的玩具》，霍华德·法斯特的《萨科与樊塞蒂的受难》《当代美国短篇小说选》（合译），《辛格短篇小说集》（合译），海依·尤里乌斯的《生活的桥梁》，《毛姆短篇小说集》(合译)等[①]。冯亦代不仅译作等身，而且还以本名和笔名写了数百篇文章，介绍了海明威、奥登、罗思、厄普代克、贝娄、冯·尼克、纳博科夫、格雷厄姆·格林、菲兹杰拉德、亨利·米勒、伍尔夫、劳伦斯、马尔克斯，及至谭恩美等一大批西方作家，为20世纪中国文学对外交流做出了重要贡献。

冯亦代人生阅历丰富，事业成绩骄人，但其为人却极为恬淡朴素、真诚善良，他曾在一篇文章中把自己称为一个乐于为朋友“跑龙套”的人，“只要交代我做什么我决不打折扣，因此赢得了‘跑龙套’的美名”[②]。这一称呼形象地折射出冯亦代先生的为人处世风格，同时这一风格也形象地体现在他与刘献彪的交往过程中。

刘献彪与冯亦代的交往主要是通过书信往来得以实现的。他们原本并不相识，1981年10月，冯亦代在接到《外国文学手册》编委会希望他能提供一些个人小传补充材料的请求后，立即完善了相关工作，并及时把补充材料寄给了编委会提供的联系人——刘献彪，由此他们也有了第一次接触。

在冯亦代写给刘献彪的第一封信中，虽然他与刘献彪素昧平生，而且就其社会地位、学术声誉和年龄而言，他应自知自己是远远高于后者的，但他信中的措辞和用语却极为谦和，不但亲切地称刘献彪为“献彪同志”，而且对于内容修改原则、请求邮寄清样、问询出版社等事情的阐述都是以平辈朋友般的商量口吻进行，绝无半点命令之气，尤其是书信结尾“祈赐回信”“冯亦代上”等用语，更是把自己的身份放得很低很低，仿佛自己才是那个来信“有所求者”。这份谦和绝非是一份没有原则的自轻自贱，相反这是一位胸怀博大的人生智者所坚持的“海纳百川，有容乃大”原则。

这封信对刘献彪的触动无疑是极大的，他不但在回信中恭敬地称冯亦代先生为“冯老”，同时也热切表达了想收藏冯亦代寄给他的手稿和书信的愿望。刘献彪的谦恭态度也让厚道、朴实的冯亦代先生深受感动，他从这些细节之处，认定这位未曾谋面的远方学者既是同道之人，也是可以引为知己的朋友。在他的第二封回信中，冯亦代便直白地说既然两人“由通信而相知”，后者以后可以直呼其名。同时，他也真的像老朋友一样坦诚地向刘献彪介绍了自己的学业背景：最初并非由文学专业起步，是“凭了爱好，进入了文学的领域”。同时，他也真诚地叮嘱刘献彪：“如看见我的发表之作中有什么不当之处，恳时赐指教，以匡不逮。这不是客气话，我是衷心盼望的。”[③]

① 参见林煌天主编：《中国翻译词典》，湖北教育出版社1997年版，第207～208页。

② 冯亦代：《咖啡馆的余音——洗净铅华》，中国工人出版社2007年版，第78页。

③ 信件内容见本章附件。

熟悉冯亦代的人都知道，冯亦代在晚年不但对自己的翻译工作要求日臻完美，而且对中国翻译界许多不良文风也进行了大力指正，他曾经直言不讳地指出："现在有些译者，别人指出错误还不买账，认为自己有再创作的权利，结果译出来的东西被人多处引用，以讹传讹，误人子弟。"[①]冯亦代在信中对刘献彪的谆谆嘱托，既是出于他一贯对中国翻译事业的忧心操劳，同时也更是出于他对一个知己式朋友的信任。寥寥数语，尽显一个德高望重的前辈学人的自律、谦虚和友好。

《晋书·良吏·邓攸传》曰："性谦和，善与人交，宾无贵贱，待之若一。"谦和，是一种素质，更是一种高瞻远瞩、宽宏大度的修为和心态。刘献彪曾多次感慨，在自己的人生旅途中，众多名家不经意间的言传身教，不仅让自己的学术之途愈加明朗，而且也让自己在做人、做事上受益终生。在刘献彪的学术交友过程中，他一直贯穿的也正是这种"开放与交流、理解与沟通、尊重与宽容、超越与前卫"精神。他的朋友上至学界鸿儒，下至平民百姓，"无论什么阶层的人，他都不排拒；无论什么身份的人，他都不低看；无论什么年龄的人，他都有求必应。比他身份高的人，他敬仰；比他身份低的人，他呵护；比他年长的人，他尊敬；比他年轻的人，他提携"[②]。也正因如此，有学者恭敬地称赞刘献彪是"新时期中国比较文学领域的'无党派人士'，是团结、和谐、合作、乐于助人的楷模"[③]。相信在刘献彪"兼容并包，合作共享"的交友风格的塑形过程中，冯亦代先生宽容而又和煦的处事风范起过重要的引导作用。

第三节　耿介相惜：刘献彪与孙大雨

孙大雨(1905～1997)，浙江诸暨人。原名孙铭传，字守拙，笔名子潜。早年受家塾式启蒙，14岁时入基督教会所办的上海青年会中学求学，1922年考入清华大学，1926年赴美留学，先后在美国达德穆文学院和耶鲁大学研究院主攻英国文学，兼攻西欧哲学史及美术史。1930年回国后，历任武汉大学、北京师范大学、北平大学女子文理学院、北京大学、山东大学、浙江大学、暨南大学、中央政

① 罗杰鹦：《世界文学与浙江文学翻译》，浙江大学出版社2012年版，第195页。

② 尹建民、王福和、吴家荣主编：《刘献彪与新时期比较文学》，安徽大学出版社2012年版，第128页。

③ 尹建民、王福和、吴家荣主编：《刘献彪与新时期比较文学》，安徽大学出版社2012年版，第128页。

治学校、复旦大学、华东师范大学等高校外文系的英国文学教授。

孙大雨早年的文学活动主要以诗歌创作为主，中学时已发表了《海船》《水》《滴滴的流泉》等新诗，在探讨"五四"以来新诗创作的成就和不足过程中，他开始注意到创建新诗格律的必要性。1925年夏，他创造出新格律诗的"音组"理论，即以二或三个汉字为常数构成节奏单元，并由此来实现诗歌音律的结构变化。1926年4月，他在《晨报副刊·诗镌》发表了将"音组"理论付诸实践的第一首格律体新诗《爱》，取得了尝试"音组"理论的初步成果。另外，他在参与徐志摩主导的"新月"诗派活动中，发表了如《海上歌》《自己的写照》《决绝》《回答》等新诗，也在文坛上引起了较大的影响。

自20世纪30年代起，尤其是1949年后，孙大雨的文学活动主要致力于文学翻译。他是莎士比亚翻译专家，一生共译了八部莎士比亚的戏剧，其中包括《罕秣莱德》(《哈姆雷特》)、《奥赛罗》《黎琊王》(《李尔王》)、《麦克白》《冬日故事》和《威尼斯商人》等。另外，他还翻译过英国知名作家乔叟、弥尔顿、雪莱、华兹华斯、拜伦、济慈等人的诗歌。除了将英文诗歌翻译成中文外，孙大雨还致力于将中国古代最优秀的文化遗产——楚辞、唐诗等介绍给其他国家的人民，他把屈原的大部分诗歌，如《离骚》《九歌》《九章》《远游》等都翻译成英文格律诗，同时也将李白、杜甫、王维、孟浩然、王之焕、崔颢、岑参、常建、贺知章、卢纶、韦应物、张继、白居易、柳宗元、刘禹锡、贾岛、杜牧、李商隐、温庭筠、崔护等人的100多首诗歌翻译成英文格律诗。

孙大雨的英文翻译在中国翻译界独树一帜，自成一格，最突出的特点是，擅长用"音组"格律理论实现英文诗歌的中译，并以此力求保持英文诗歌的文体原貌及神韵。如莎士比亚的戏剧实属诗剧，剧词90%以上是用"素体诗"写成，但目前国内现有的莎剧译本，如梁实秋、朱生豪等的译本大都是用散文体写就。朱大雨认为，这种翻译方法不仅容易让读者误解莎剧是散文体的话剧，而且也不能原汁原味地传达莎剧应有的风貌和神韵，所以他希望能借用一种新的诗歌格律来实现对莎士比亚戏剧的翻译，他的八部莎剧译作正是用他自己创建的"音组"理论，对应莎剧原文中的音步进行诗体翻译。他的译作既是以诗人的身份操译笔，不自觉间就将一种诗人的才气流注其中，同时通过"音组"节奏与莎剧音步节奏的对应，较好地保留了莎剧原作所特有的气势和韵律。

孙大雨发明的“音组”格律理论及翻译实践，在中国当代文学界、翻译界都具有明显的开创意义，其首创之功和工作成果曾经得到朱自清、徐志摩、梁宗岱等人的赞赏，甚至徐志摩“在把他的诗集《猛虎集》送给孙大雨时，亲笔题上‘赠大雨元帅’，后署‘小先锋志摩’”①。但孙大雨的发明、创新也遭到了很多人的非议，更为不幸的是，孙大雨自身所固有的那种孤傲暴烈、倔强执拗性格更进一步恶化了他的学术境遇和生存处境。他一生与人骂战不断，且常与当权者发生抵牾，这也使他后半生的生活格外坎坷。

刘献彪与孙大雨的交往同样是通过书信来实现的。他们之间的第一次通信发生于1981年，当时孙大雨仍是“右派”身份，“大帽”压身，虽然此时他整日蜷缩于上海南市区昼锦路的一间小房里，夜以继日地忙于诗文翻译，但其内心无疑仍是极为悲愤和怨怼的。刘献彪编辑的《外国文学手册》希望收录孙大雨的个人小传，并对其翻译成绩进行介绍。刘献彪的来信让孙大雨百感交集，他既感慨于开明学者的惦记，也悲叹于世事的不公，前尘往事汇集心头，在给刘献彪首次寄去的小传中，也相应地加了许多有关个人恩怨的牢骚之语，即其所谓的“揭发辩解之语”。对于一本公开发行的教学工具书而言，孙大雨信中所谈的许多内容无疑是不适合收录的，因此，在刘献彪给孙大雨的另一封信中，他转告了编委会拟重新编撰孙大雨个人传记的意见。对此，在给刘献彪的回信(1981年10月24日信)中，孙大雨坦然阐明其对编委会的请求是能予以理解的，但同时他也严正地指出：“关于雨创建新诗或语体韵文之格律，即音组一事之事实，则不宜删削，默不一提。否则恐将助长文坛恶风，不可为训也。揭发辩解之语可略去，但掩盖雨之贡献则不可。”②

孙大雨在这封信中的态度、用词和语气，初初读来，很容易让人误解为其是一个锱铢必较、苛重虚名之人，但究其实质，这一处事风格既与沈从文、温源宁等学者曾经指出的孙大雨素来耿介清正的性格有关，也与学界长期以来对其文学成绩、学术工作的忽略甚至恶意贬低有关。早在20世纪70年代，台湾著名诗人痖弦就曾在海外无比感慨地发声，孙大雨的《自己的写照》“确是中国早期新诗坛一座未完工的巨大纪念碑，作者气魄的雄浑，与笔力的深厚，……在那个时代里，不仅是新月派，就连文学研究会诸子及创造社的诗人群，也很少有如此阔大雄奇的手笔。仅以这首诗的艺术手法来论，个人甚至认为即使徐志摩、王

① 吴谷平主编：《听听那风声》，文汇出版社2004年版，第35页。

② 信件内容见本章附件。

独清等人也无法与之抗衡。……更使人不解的是：近三十年来，新月诸人的作品坊间到处可见，而这首力作竟未见流传！"，并呼吁应"给予其应得的艺术评价和地位"[①]。另外，当时中国大陆的学术界也的确发生过有人（甚至是孙大雨曾经的朋友、弟子）故意张冠李戴，把孙大雨对"音组"格律的首创之功错记到闻一多头上之事（1981 年 11 月 1 日孙大雨给刘献彪的信中曾提及此事）。对于上述种种学术"鬼魅"之事，性格倔强的孙大雨无疑极为气愤，他既痛恨自己所遭遇的不公，更痛恨学术界睁眼说瞎话、以讹传讹的不良恶风。

刘献彪对孙大雨先生的遭遇极为同情，同时也对他的学术成就极为钦佩。在给孙大雨的回信中，他不但以"学生"自称，同时也在新编写的小传中对孙大雨的学术贡献给予了尽可能详细的阐述。对于刘献彪的这些善意，孙大雨极为感动，他在（1981 年 11 月 1 日）信中说，"先生正义而热情，深深感动，以'学生'自称则不敢当，因为你丝毫未曾从我这里受到过任何裨益"。这些坦诚而又真切的话语，形象地记载了孙大雨与刘献彪之间的惺惺相惜。

《离骚》曾云："亦余心之所善兮，虽九死其犹未悔。"真正的君子对于自己内心所认可的理想常常极为珍视，即使以生命相搏，也往往在所不惜。孙大雨和刘献彪先生的相知、相惜，突出之处就在于两人身上都具有一种明显的君子为理想而九死不悔的执着和共鸣。刘献彪年近 50 岁时，仍突破旧我，另辟新途，开始研究、传播比较文学，并持续了 30 多年，真可谓生命不止，奋斗不息。比较文学学科从无到有这一过程，本身就承受了很多怀疑眼光，况且当时身处闭塞的小城，刘献彪的所行所做更是时常遭到他人的流言蜚语、诽谤责难，甚至一度被人扣上"不务正业"的帽子，但他始终执着于自己的信念，屡屡被打倒，但又屡屡站起来，此种精神、此种意志无疑与孙大雨前辈追求的翻译梦想是异曲同工的。孙大雨在 80 岁高龄时才摘下"右派"的"帽子"，其人生的最后十几年每一天都不曾浪费，仍执着于用得来不易的和平岁月倾心传播中西文化，其如椽巨笔一直挥舞到 92 岁，他的许多精华译作都出自于耄耋之年，这种作为、这种付出，如果没有屈原式的不惧路之修远而上下求索的意志力和自信力，又怎能实现呢？刘献彪与孙大雨初次交往时，他们在信中表现的对彼此不幸的同情、对彼此事业的肯定以及对彼此信念的敬重都互有极大的启发。尤其是刘献彪曾把孙大雨给自己的信复印多份，其中一份有多处用重笔反复勾勒的痕迹。粗重的笔迹，可以窥见他曾将孙大雨先生的信件再三阅读，估计每次阅读，他的理想之火也会燃烧得更为炽热吧。

---

① 孙近仁、孙佳始：《耿介清正：孙大雨纪传》，山西人民出版社 1999 年版，第 193 页。

第四节　情深义重：刘献彪与林秀清

林秀清(1919～2001)，广东顺德人，教授，著名翻译家。1943 年毕业于西南联大外文系，1947 年赴英国、法国深造，获巴黎大学文学博士学位。回国后，曾在北京外交学院、上海科技大学等高校任教，后任复旦大学教授并担任法国语言文学专业教研室主任。林秀清精通法语，在法国当代文学研究方面具有很高的造诣，著有学术论著《新小说派》《论法国的短篇小说》等，是国内“新小说”研究领域的专家。林秀清的翻译工作以法国文学为主，代表译作有《弗兰德公路》《橡皮》《脏手》《怀疑时代》《小王子》等。

林秀清的文学翻译，文字清新秀丽，词义确切传神，她的多篇译作被同行视为国内法国文学翻译界不可多得的优秀范本。林秀清翻译法国作品时不拘泥于传统旧作，而甘于主动去啃“硬骨头”，紧跟法国文学的最新发展动向，披沙砾金，为中国读者翻译、介绍当代法国文学中最有创新活力的文学作品，如《弗兰德公路》《橡皮》等都具有这类特质。“林老师的这些译著带领了我国法国文学译界、研究界及时地跟上了现当代法国文学的发展步伐，并且也打开了我国思想界和文学创作界的眼界，解放思想，更新观念，开拓了创作思路。”[①]1995 年，鉴于林秀清在法国文学翻译方面做出的突出贡献，林秀清被法国文化部授予“文学翻译奖”。

刘献彪初识林秀清是在 1983 年 6 月。当时，南开大学、天津师范大学、天津外国语学院共同发起了中华人民共和国成立以来第一次全国性的比较文学学术研讨会，刘献彪自费参加了这次会议。会议期间，刘献彪恰巧与林秀清先生坐在一起，他对林秀清慕名已久，此次见面更让刘献彪欣喜无比。毕竟当时国内有过留法经历且早在海外时便把比较文学确定为专业研究方向的学者极为罕见，林秀清更可能是其中唯一的健在者，因此她在比较文学界也常被视作

① 朱静:《乐育英才的法语名师——忆林秀清教授》，复旦大学党委宣传部编:《复旦名师剪影》(文理卷)，复旦大学出版社 2013 年版，第 335 页。

一个传奇式人物，具有很高的知名度。

高兴之余，刘献彪更想抓住这个机会向林秀清当面请教、了解像她那样有比较文学留学背景的人在中华人民共和国成立之初回国后的境遇，以及他们在国内开设比较文学课程，进行比较文学教学的情况。因为此前刘献彪刚刚编撰了《比较文学及其在中国的兴起》一书，正待出版，林秀清等前辈学者的真实教学经历一直萦绕在他心头，所以值此机会，刘献彪急切地想从这位当事者身上找到答案。在两个人的亲切交谈中，林秀清既向刘献彪委婉地陈述了自己当初响应周总理的号召毅然归国的过往，也详细地描述了她昔日执教比较文学课程的艰难境况。20 世纪 50 年代初，林秀清曾在复旦大学开设比较文学课，但不久这门课程就被戴上了“资产阶级伪学科”的帽子，她不仅被迫停课，而且也被迫改换专业以求安身，在经过了二三十年的停顿之后，直至今日方才有机会重拾比较文学旧业。对于昔日的坎坷，林秀清极少谈起个人的不幸，她心心念念的是这个学科所走过的弯路，言语之间充满了惋惜和哀叹，但在谈到当下这个学科面临的前所未有的发展机遇时，林秀清先生则一扫愁云，对未来充满了极大的信心和向往。她对刘献彪说，现在正值比较文学在中国的复兴之际，她愿意和许多前辈学者一同为复兴中国比较文学而奔走呼号，做出自己独特的贡献。林秀清先生的经历和情怀让刘献彪感念至深，也激发了他对这位老前辈人格与境界的尊敬和仰慕，这次相识的过程也被刘献彪深深地珍藏在记忆深处。

1993 年，在湖南张家界召开的中国比较文学学会第四届年会上，刘献彪再次与林秀清先生相遇。那次，刘献彪很荣幸地承担了主持比较文学教学建设专题研讨的任务。他清楚地记得，当时他和林秀清、陈惇、方位津、阿布都热苏力等 10 余位专家、教授围坐一堂，林先生坐在他右边，陈惇教授坐在他左边，大家围绕比较文学教学、教材和教师队伍建设等问题讨论得颇为激烈。会上，林秀清先生极为尖锐地批评了当时比较文学队伍中存在的重研究、轻教学现象，并反复强调，比较文学教学对于学科建设、永葆学科青春以及培养人才具有无可取代的重要性。她的发言给刘献彪留下了难忘的印象，并予他以深刻的启迪。不久，刘献彪向比较文学学会总会提出成立中国比较文学教学研究会的倡议，并获得了很多人的支持。

1995 年，在乐黛云会长等的关怀、帮助下，中国比较文学教学研究会终于在烟台大学举行了隆重的成立大会。会前，刘献彪特意向林秀清先生发去邀请函，但可惜此时林先生已疾病缠身，无法赴会，即使如此，她仍抱病给刘献彪写了回函（见图 9-1）。

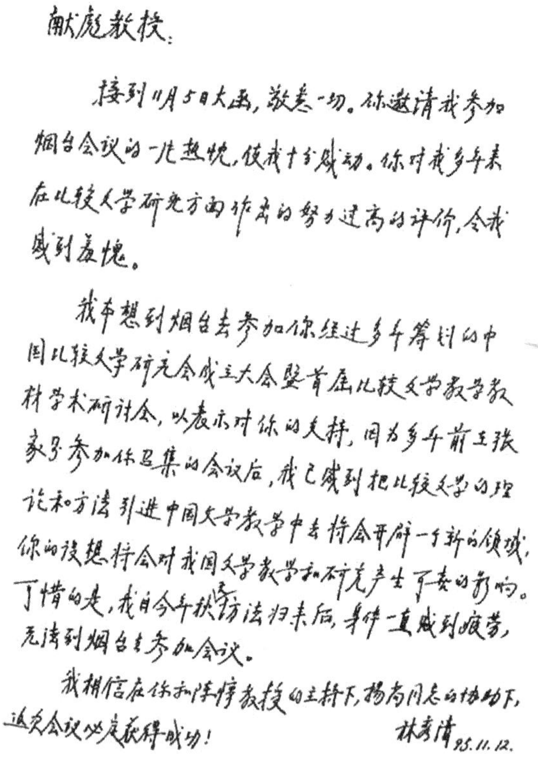

献彪教授：

接到 11 月 5 日大函，敬悉一切。你邀请我参加烟台会议的一片热忱，使我十分感动。你对我多年来在比较文学研究方面做出的努力过高的评价，令我感到羞愧。

我本想到烟台去参加你经过多年筹划的中国比较文学研究会成立大会暨首届比较文学教学教材学术研讨会，以表示对你的支持，因为多年前在张家界参加你召集的会议后，我已感到把比较文学的理论和方法引进中国文学教学中去将会开辟一个新的领域，你的设想将会对我国文学教学和研究产生可喜的影响。可惜的是，我自今年秋天访法归来后，身体一直感到疲劳，无法到烟台去参加会议。

我相信在你和陈惇教授的主持下，扬尚同志的协助下，这次会议必定获得成功！

林秀清

95.11.12

献彪教授：

接到11月5日大函，敬悉一切。你邀请我参加烟台会议的一片热忱，使我十分感动。你对我多年来在比较文学研究方面作出的努力过高的评价，令我感到羞愧。

我本想到烟台去参加你经过多年筹划的中国比较文学研究会成立大会暨首届比较文学教学教材学术研讨会，以表示对你的支持，因为多年前在张家界参加你召集的会议后，我已感到把比较文学的理论和方法引进中国文学教学中去将会开辟一个新的领域，你的设想将会对我国文学教学和研究产生可喜的影响。可惜的是，我自今年秋访法归来后，身体一直感到疲劳，无法到烟台去参加会议。

我相信在你和陈惇教授的主持下，扬尚同志的协助下，这次会议必定获得成功！

林秀清 95.11.12.

图 9-1　1995 年 11 月 22 日林秀清写给刘献彪的信

刘献彪最后一次较长时间地和林秀清先生共处是在 1997 年 5 月下旬，也就是在山东省潍坊市东郊宾馆举行的《比较文学教程》审稿会上。这次审稿会由刘献彪发起，目的是想邀请学界知名专家帮他和刘介民教授正在主编的《比较文学教程》把脉、诊断，以有效提高整本书的质量。此次应邀前来审稿的专家除了林秀清先生外，还有陈惇教授、卢康华教授、孙景尧教授、周发祥教授等，当时林秀清已经年近八旬，在整个审稿小组中，她的年龄最大。鉴于各位专家来自不同的地方，而且都是百事缠身之人，因而此次审稿会的时间安排得极为紧凑，大家都是夜以继日地看稿子、改稿子，反复讨论，再看、再改。几轮下来，每个审稿人都极为疲惫，但林秀清依然坚持到了最后，认认真真地审阅着自己手中的每一份稿件。她那份执着和坚韧深深打动和激励着每一个与会者，每每刘献彪回忆起当时的情景，总是不禁潸然泪下。

潍坊之行，除了帮助刘献彪审稿外，林秀清先生还为刘献彪做了另一件让他感动不已的事情。为了有效地帮助刘献彪所在的比较文学研究所培养年轻队伍，林秀清先生在忙碌的审稿工作之余，又费心挤占本已少得可怜的休息时间，帮助潍坊学院年轻的骨干教师徐扬尚同志就研究方向、研究思路等问题进行悉心指导。林先生这种助人为乐、有求必应的忘我精神让刘献彪极为感动，他曾深情地感叹："在中国当代比较文学研究、教学队伍中，我以为林先生是名副其实的元老级专家、教授。在学问上，她有坚实的根基，也可以说是学贯中西；在工作上，她认真负责，也可以说是兢兢业业；在待人上，她善良正派，与人为善，也可以说是正人君子的学者风范。不管气候、环境如何变化，她身上总是散发着一种浓郁醉人的学者气息，这就是我和林先生多次接触的感受。"①

2001 年，林秀清先生不幸逝世。刘献彪最初是从乐黛云先生那里得知这个不幸消息的。当时，为筹备比较文学学科建设学术研讨会，刘献彪于当年 2 月 27 日晚到京，翌日上午即赶到乐黛云家中，向她汇报拟在潍坊召开新世纪比较文学学科建设学术研讨会暨《比较文学教程》首发式的相关事项。谈话之间乐黛云告诉了他林秀清先生悄然而去的消息，这个消息让刘献彪极为哀恸，为此他还专门写过一篇纪念林秀清先生的文章。在该文章的最后，刘献彪深情地感叹："百余年来，比较文学走过了一条艰难曲折的道路。新世纪终于迎来了比较文学的春天。这是令人欣慰和鼓舞的。如果说 20 世纪是比较文学终于成为显学的世纪，那么 21 世纪则将是比较文学沟通大众、走向大众、走向全球、如花似锦、大有可为的世纪。新世纪的第一春，中国学者欢聚潍坊，群贤毕至，少长咸集，共同研讨新世纪比较文学的建设，畅谈百年比较文学的定位、使命与走向等话题。这种学科的世纪思考和讨论，必将推动比较文学学科建设的新发展。长期以来，作为毕生致力于比较文学学科建设，生前身为中国比较文学学会理事、

① 刘献彪：《我所认识的林先生——悼念林秀清》，《中国比较文学》2001 年第 3 期。

中国比较文学教学研究会顾问、《中国比较文学》编辑委员会顾问、《比较文学教程》顾问的林先生如在九泉之下有知，定当为此而万分欣慰。愿林先生安息！”[①]

或许在人生短暂的百年旅途中，人与人之间的相逢是偶然中的必然，也是必然中的偶然，但相信每个人的出现也往往有其独特的存在意义。刘献彪一生交游广泛，但林秀清先生独有的清雅、娴静的仁者风范给刘献彪留下的印象和影响却非他人所能轻易取代。尤其她是对世俗、名利的从容淡泊，对同辈、后进的智者仁心，这些品格都深深地镌刻在了刘献彪的信念中，并以此激发和引导他以同样的仁心去对待生活、对待身边的朋友。默默前行中，他们都悄然用自己的言行铸就了一个真正学者的不朽身影。

① 刘献彪：《我所认识的林先生——悼念林秀清》，《中国比较文学》2001年第3期。

附　件

一、朱雯写给刘献彪的信

献彪同志：

久未通信，昨接九月八日手教，知道《外国文学手册》的修订审阅工作，业已告一段落，十分高兴。你们在编审过程中，虽然得到钱锺书等同志的指导和支持，但主要还是你们自己的努力，在这儿，我向你们致以敬意和祝贺。

近来我工作比较忙，所幸病情尚属稳定，心情也很舒畅。最近经国务院审定，我上海师范学院中文系外国文学研究生可授予硕士学位，也就是说，今后我们这个专业可以招收硕士研究生。中文系外国文学专业（不是外文系的外国文学），有权授予硕士学位、可以招收硕士研究生的，就全国各大专院校来说，只有四家，即北京中国人民大学、南京南京大学、广州暨南大学和我们上海师范学院。这对我们来说，是一个极大的鼓励，但也赋予我们以更大的责任。因为全国中文系外国文学专业研究生能授予硕士学位的只有四所大学，所以凡是无权授予硕士学位的单位，可以向我院申请，经同意后可以进行考试、论文答辩等，经专家审定是否合格，合格后由我院发给硕士证书。湖南湘潭大学有两名研究生已由该校提出申请，我们已经表示同意，目前正在审查他们的成绩，以便作出如何测试的决定。为了学位的授予问题，我们学院成立了学位评定委员会，设主席一人，副主席两人，学校领导又任命我担任副主席，估计这方面的工作量可能不会太少。但能够参与专业人才的选拔工作，我个人也觉得任务光荣，而责任重大。

外国文学专业方面，我在学校里负责外国文学研究室的工作，正在完成中国社会科学院外国文学研究所交给我们的研究项目，以及北京商务印书馆交给我们的编著任务。我个人因为患病多时，而杂务又较繁重，所以只翻译了雷马克的《西线无战事》一书，

20×15=300　　第　页

列入"二十世纪外国文学丛书"，即将由人民文学出版社出版；关于《西线无战事》的论文一篇，将于《读书》九月号刊出。阿·托尔斯泰的长篇历史小说《彼得大帝》虽已全部译出，但校订工作，我还没法完成，看来明年能否出版尚无把握。不过有一部分译稿（大约有十万字，全书共七十万字）已在《长江》文学丛刊1981年第三期发表。本来我可以抓紧时间把《彼得大帝》尽快改好，无奈"上海抗日战争时期文学作品丛书"要我参加编委工作，并要我整理一本散文集列入这套丛书，因此我又只好把《彼得大帝》译稿的校改工作暂时搁一下。事实上，这套丛书是由上海文学研究所几位同志发起编印的，也就不是我们学校里的工作了。象这类校外的任务也很多，例如最近上海外国语学院决定编译一套"英语国家文学名著文库"，约请我与方重教授（英国文学研究专家，乔叟和莎士比亚许多作品的翻译家）担任顾问，他们也决定要把顾问的名字印在文库的每一册书上。

来信转达出版社的意见，并把我《外国文学手册》顾问的事再落实一下，我郑重表示愿意担任顾问的名义；如果当时能够约请外地的同志参加审稿，我本来也曾打算参加的。现在您在信上提到的几位先生，都是我的朋友。象钱锺书、戈宝权同志还是我三十多年的老朋友，解放以前早就认识的。只是因为出版社当时在北京审稿，我没有能象其他几位先生那样出力，觉得有点惭愧罢了。

附奉重版的拙译一种，请指正。收到后请赐复。

余不一，即颂

教安！

朱雯

九月十二日

20×15=300　　　　页

献彪同志：

久未通信，顷接九月八日手教，知道《外国文学手册》的修订审阅工作业已告一段落，十分高兴。你们在编审过程中，虽然得到钱锺书等同志的指导和支持，但主要还是你们自己的努力，在这里，我向你们致以敬意和祝贺。

近来我工作比较忙，所幸病情当属稳定，心情也很舒畅。前经国务院审定，我上海师范学院中文系外国文学研究生可授予硕士学位，也就是说，今后我们这个专业可以招收硕士研究生。中文系外国文学专业（不是外文系的外国文学）有权授予硕士学位，可以招收硕士研究生的，就全国各大专院校来说，只有四家，即北京中国人民大学、南京南京大学、广州暨南大学和我们上海师范学院。这对我们来说，是一个极大的鼓励，但也赋予我们以更大的责任。因为全国中文系外国文学专业研究生能授予硕士学位的只有四所大学，所以凡是无权授予硕士学位的单位可以向我院申请，经同意后可以进行考试、论文答辩等程序来审定是否合格，合格后由我院发给硕士证书。湖南湘潭大学有两名研究生，已由该校提出申请，我们已经表示同意，目前正在审查他们的成绩，以便做出如何测试的决定。为了学位的授予问题，我们学院成立了学位评定委员会，设主席一人，副主席两人，学校领导又任命我担任副主席，估计这方面的工作量不会太小。但能够参与各专业人才的选拔工作，我个人也觉得任务光荣，而责任重大。

外国文学专业方面，我在学校里主要负责外国文学研究室的工作，正在完成中国社会科学院外国文学研究所交给我们的研究项目，以及北京商务印书馆交给我们的编著任务。我个人因为患病多时，而杂务又较繁重，所以只翻译了雷马克的《西线无战事》一书，列入“二十世纪外国文学丛书”，即将由人民出版社出版；关于《西线无战事》的论文一篇，将于《读书》九月号刊出。阿·托尔斯泰的长篇历史小说《彼得大帝》虽已全部译出，但校订工作，我还没法完成，看来明年能否出版尚无把握。不过有一部分译稿（大约有十万字，全书共七十万字）已在《长江》文学丛刊 1981 年第 3 期发表。本来我可以抓紧时间把《彼得大帝》尽快改好，无奈“上海抗日战争时期文学作品丛书”要我参加编委工作，并要我整理一本散文集列入这套丛书，因此我只好把《彼得大帝》译稿的校改工作暂时搁一下。事实上，这套丛书是由上海文学研究所几位同志发起编辑的，已经不是我们学校里的工作了。像这类校外的任务也很多，例如最近上海外国语学院决定编译一套“英语国家文学名著文库”，约请我与方重同志（英国文学研究专家，乔叟和莎士比亚许多作品的翻译家)担任顾问,他们也规定要把顾问的名字印在文库的每一册书上。

来信转告出版社的意见,希望就《外国文学手册》顾问的事再落实一下,我郑重表示愿意担任顾问的名义,如果当时能够约请外地的同志参加审稿,我本来也曾打算参加的。现在您在信上提到的几位先生都是我的朋友,像钱锺书、戈宝权同志还是我三十多年的老朋友,解放以前早就认识的。只是因为出版社当时在北京审稿,我没有能像其他几位先生那样出力,觉得有点惭愧罢了。

附奉重版的拙译一种,请指正。收到后请赐复。

余不一,即颂

教安

朱雯

九月十二日

二、冯亦代写给刘献彪的信

（一）

读书 编辑部

北京朝内大街166号邮政编码100700

献彪兄：

我不知道你是不是《外国文学手册》编委会的负责人，但收到编委会的来信，要我把个人的材料寄给你，我想可能是你负责的。

材料上我的生平的文稿，不知你们给每人名下有字数的限制，如果字数超过，我想可以把我幼时一笔带过，而从1938年开始。这是原稿会简单一些好。关于我的译作，也忘了好几本，出版于抗战时期的还有几本。但书都未去找，都寄不够成问题，不太好意思再写回信吧。

如有修改，希能打我打一个稿子给我看看，如无修改，则请寄清样给我。我不知道你们这本《手册》将在何处出版，请先告诉我。收到贤这封信，乞即写回信。即致

编祺

冯亦代上

10/21晚

献彪同志：

我不知道你是不是《外国文学手册》编委会的负责人，但收到编委会的来信，要我把补充的材料寄给你，我想可能是你负责的。

现寄上我的生平的定稿，不知你们是否每人名下有字数的限制，如果字数超过，我想可以把我的幼时一笔带过，而从1938年开始。还是厚今薄古一些好。关于我的论作，也作了补充，其实手头在进行的还有几本，但书都未出来，都写下，亦成自吹，不太好。等将来再说吧。

如有修改，希望打或抄一个稿子给我看看。如无修改，则请寄清样给我。我不知你的这本《手册》将在何处出版？请告诉我。

收到此信及稿后，乞赐回信。

即致

编祺

冯亦代上

10/21晚

（二）

献彪同志：

函悉，承蒙过誉，愧不敢当。我在翻译及英美文学的研究中，实在只是个学徒，说不上是什么专家或有成就，不过是个名不符实的工作者而已。你们都是学有专长的，而我是个半途出家的人，凭了爱好，进入了文学的领域，仅此而已。至于要保存我的信和修改稿，深为汗颜。我想我们既然由通信而相知，请你千万不要客气。如看见我的发表之作中有什么不当之处，恳请时赐指教，以匡不逮。这不是客气话，我是衷心盼望的。

现将补充稿寄上，盼能在清样时改正。我今年除了写了一些访美纪事(将陆续在《东方》《花城》及《外国文学》季刊中发表)外，只重译了《第五纵队及其他》(这是《第五纵队》与《蝴蝶与坦克》的合集，除原有的译文经过重译及修改外，还另外增加了一篇小说及后记)，此外并无新译，明年或有新译，但选题未定，所以未能补充进去，乞谅。至于你要的论文题目，因为我在美国文学研究会成立会上及年会的讲稿，以及在国外的讲稿，都是应急之作，未及写成文章，所以只能付之阙如了。

即致

撰祺

冯亦代上

11/2 夜

(称我为老，实在不敢当，以后请写我的名字即可。有人以为我要充“少”，但“老”是尊称，惭愧惭愧)

三、孙大雨写给刘献彪的信

献彪先生：

接来函，勿谢。函之所传《外国文学翻译手册》编委会拟重写，由任冯君权衡中。关于函创建新诗或语体韵文之格律，即音组一节之事，则不宜删削，默不一提。否则恐将助长文坛恶风，不可为训也。揭发辨解之语可略去，但掩盖函之贡献则不可。总之，编委会於写定函之传略前，务将尊稿寄下拜读，总之双方皆同意，方行付印为妥。其中似应提及函为新诗（及译英文诗为莎剧诗行）格律（音组）及商籁诗体形式之创建人与最早引入（介绍）者。

初次来函内寄下打字所印函之莎译三种，想系由《中国文学家辞典》（现代第二分册）上抄得，为《黎琊王》《哈姆莱特》《奥赛罗》而未印《麦克白》，按此四剧为莎氏杰作四大悲剧，缺一不可；又，《风暴》与《冬日故事》为莎翁最成熟之晚年喜剧，新《辞海》之编者因係外行，不提此二剧而独提《仲夏夜之梦》，不知此为氏早期不成熟之作，又提名《雅典泰门》（错译，函之作《雅典人泰门》），人民文学出版社之莎氏《全集》亦犯此错误，该译本错误百出，二次来书要求将主要译著及论著开一清单，开明出版年及出版社；按此仏上次所提供之材料内[illegible]明，其未开明者，以《罕秣莱忒》《奥赛罗》《麦克白》《风暴》《冬日故事》[illegible]故勤酌考虑。絮絮道来，有烦清听，乞谅。顺颂

大安

孙大雨

一九八一年七月廿四日

献彪先生：

接来函，多谢。雨之小传《外国文学翻译手册》编委会拟重写，自在谢君权衡中。关于雨创建新诗或语体韵文之格律，即音组一事之事实，则不宜删削，默不一提，否则恐将助长文坛恶风，不可为训也。揭发辩解之语可略去，但掩盖雨之贡献则不可。总之，编委会于写定雨之传略前，希将尊稿寄下拜读，总社双方皆同意，方行出书为妥。其中似应提及雨为新诗（及译英文诗与莎剧诗行）格律（音组）及商乃诗体形式之创建人与最早引入（介绍）者。

初次来函内寄下打字所印雨之莎译三种想系自《中国文学家辞典》（第二分册）上抄事，为《黎琊王》《哈姆莱特》《奥赛罗》，而未印《麦克白》按此四剧为莎氏杰作四大悲剧，缺一不可；又《风暴》与《冬日故事》为莎翁最成熟之晚年喜剧，新《辞海》之编者因系外行，不提此二剧而独提《仲夏夜之梦》，不知此为莎氏早期不甚成熟之作，又提名《雅典的泰门》（错译，应作《雅典人泰门》，人民文学出版社之莎氏《全集》犯此错误，该译本错误百出）。二次来书要求雨将主要译著及论著开一清单，开明出版年及出版社；按此在上次所提供之材料内已尽可能开明，其未开明者，如《罕秣莱忒》《奥赛罗》《麦克白》《风暴》《冬日故事》。……絮絮道来，有烦请听，乞谅。

顺颂

大安！

孙大雨

一九八一年十月廿四日

四、刘献彪写的悼念林秀清的文章

我所认识的林先生

——悼念林秀清

因为筹备比较文学学科建设学术研讨会，我于今年2月27日晚到京。翌日上午即赶到老友黛云家中，向她通报中国比较文学教学研究会、中国少数民族比较文学研究会联合潍坊学院、中国青年出版社拟于今年5月在潍坊召开“新世纪比较文学学科建设学术研讨会暨比较文学教材首发式”，同时向她报告承办单位潍坊学院的书记、院长极为重视，正在积极筹备召开这次会议，并派我专程来京向总会和教育部汇报……会长黛云闻之甚喜，祝贺潍坊学院比较文学研究所的即将成立，并表示5月中旬一定到潍坊来。谈话之间黛云同时告诉我林先生悄然离我们而去的消息，令我不禁黯然伤怀！

我认识林先生是在1983年6月。那时南开大学、天津师范大学、天津外国语学院共同发起自1949年以来第一次全国性的比较文学学术研讨会，我有幸自费参加。记得有一次开会时，我和林先生坐在一起，因为自己早就听说在中国比较文学复兴的队伍中，从法国专攻比较文学，于中华人民共和国成立初期而归仍健在者，唯林先生矣。林先生可谓名副其实的元老级的比较文学专家、教授。因此，在自己心中早已埋下了仰慕之情。如今和她坐在一起开会，一种荣幸之感油然而生。那时，自己已完成了《比较文学及其在中国的兴起》那本小册子，且已送交广西人民出版社出版。因此，很想抓住机会向林先生请教和了解她从国外归来时中国大学比较文学教学的情况。她告诉我说，她是响应周总理的号召回到祖国的。50年代初，她在复旦大学曾开设比较文学课，但好景不长，不久就被指令停开，并给比较文学戴上了“资产阶级伪学科”的帽子。她说因为那时，我们的政策是“一边倒”，即倒向苏联，学习苏联。苏联向东我们向东，苏联向西我们也向西，办大学也是如此。如今想来，不免可笑和遗憾。然而林先生就是在那种境况下不得已而由比较文学改教外国文学的。一教就是二三十年，直到70年代末80年代初中国比较文学复兴的号角吹响以后，林先生这位比较文学界的元老才回到了自己专业的轨道上来，和许多前辈学者一同为复兴中国比较文学而奔走呼号，做出了自己独特的贡献。

我第三次接触林先生是10年之后，即1993年在湖南张家界召开的中国比较文学学会第四届年会上。那时，我很荣幸地承担比较文学教学建设专题研讨主持人的任务。教学、教材建设是比较文学学科建设的不可分割的重要组成部分，也是这门学科兴旺发达的基本保证。但当时与会者重视教学专题并积极参加研究、讨论者实属寥寥。我清楚记得，我和林秀清、陈惇、方位津、阿布都热苏力等10余位专家、教授、老师围坐一堂，林先生坐在我右边，陈教授坐在我左边，大家围绕比较文学教学、教材和教师队伍建设等问题讨论得颇为激烈，发表了许多有价值的意见。尤其是林先生，我记得，她的发言给我以深刻的启迪和难忘的印象。她尖锐地批评了在比较文学队伍中存在轻视教学的现象。她反复强调比较文学教学对于学科建设、永葆学科青春以及培养人才的重要性。正是在她和学会诸贤的启迪下，我更加坚定了向总会倡议成立中国比较文学教学研究会的信心。1995年，在总会乐黛云会长等的关怀、支持下，中国比较文学教学研究会在烟台大学隆重举行成立大会，会议开得非常成功。会前我曾向林先生发出邀请函，她带病给我复函说，因为身染疾病，行走维艰，不能赴会，深以为憾。她热烈祝贺大会召开并祝比较文学教学事业繁荣昌盛。

我最后一次较长时间地和林先生共处，是1997年5月下旬在山东省潍坊市东郊宾馆举行的《比较文学教程》审稿会上。那时林秀清教授、陈惇教授、卢康华教授、孙景尧教授、周发祥教授等应我的邀请来到潍坊，审阅我和刘介民教授主编的《比较文学教程》。审稿会时间安排得非常紧张，不难想象，审稿是很累人的。林先生当时已年近八旬，和大家一起夜以继日审稿和讨论，给与会者留下了难忘的印象。不仅如此，为了关心、培养青年学者，她还挤出时间和利用休息时间帮助徐扬尚同志。林先生这种助人为乐、有求必应的忘我精神实在令人感动，值得敬佩。

在中国当代比较文学研究、教学队伍中，我以为林先生是名副其实的元老级专家、教授。在学问上，她有坚实的根基，也可以说是学贯中西；在工作上，她认真负责，也可以说是兢兢业业；在待人上，她善良正派，与人为善，也可以说是正人君子的学者风范。不管气候、环境如何变化，她身上总是散发着一种浓郁醉人的学者气息，这就是我和林先生多次接触的感受。

百余年来，比较文学走过了一条艰难曲折的道路。新世纪终于迎来了比较文学的春天。这是令人欣慰和鼓舞的。如果说20世纪是比较文学终于成为显学的世纪，那么21世纪则将是比较文学沟通大众、走向大众、走向全球、如花似锦、大有可为的世纪。新世纪的第一春，中国学者欢聚潍坊，群贤毕至，少长咸集，共同研讨新世纪比较文学的建设，畅谈百年比较文学的定位、使命与走向等话题。这种学科的世纪思考和讨论，必将推动比较文学学科建设的新发展。长期以来，作为毕生致力于比较文学学科建设，生前身为中国比较文学学会理事、中国比较文学教学研究会顾问、《中国比较文学》编辑委员会顾问、《比较文学教程》顾问的林先生如在九泉之下有知，定当为此而万分欣慰。愿林先生安息！

（此文原载于《中国比较文学》2001 年第 3 期。略有改动）

后　记

在当代中国比较文学界，刘献彪先生是一个独特的标志，也是一个独特的“现象”。

他早年学术涉猎较广，年近50岁方关注比较文学领域，当时恰值新时期中国比较文学起步，冥冥之中，他和季羡林、杨周翰等学界大师共同承担起比较文学学科在当代中国的复兴大业。他就职于地方院校，位卑人微，但仍冲破重重困阻，勇挑重担，不仅在比较文学教学方面独当一面，而且在比较文学的传播和普及方面自成一格，得到过季羡林、乐黛云等学界大师的大力肯定和称赞。而且其所开创的比较文学学科也为其所立足的学校、城市乃至整个山东学界带来了极大的美誉，至今学界仍在流传着“中国比较文学而没有山东，也不算是完整的，在这一方面，刘献彪教授之功不可泯”“潍坊学院的比较文学教学研究是一个名扬天下的风筝”等类似的美谈。

刘献彪作为一个平民学者，“草根”出身，立足地方，心忧国运，兢兢业业地致力于高端学科的建设和发展，其自身也被学界称为一种独特的“刘献彪现象”，并深得学者们的赞誉。但是对于自己的成绩，刘献彪始终自认不是一种偶然现象，而是他所致力的比较文学素有的薪火相传、甘为人梯的人文精神外化的结果。他信奉“各美其美，美美与共”是比较文学学科发展壮大的重要精神动力。在刘献彪30多年的比较文学生涯中，他始终对昔日给过自己诸多帮助的学者、朋友心怀感激，尤其是近几年，随着年岁增长，他对昔日老师、老友的思怀、感念之情尤甚。虽然近几年他饱受帕金森病痛的折磨，但其执念所在仍是想借自己一生与众多名家的交往过程，详细讲述众多学界大师的为人风范以及对后辈学者的提携帮助，并由此总结和阐述本学科发展壮大的原因及经验。本著作正是在刘献彪先生谆谆叮嘱和殷殷期盼下而启动的。

本书以刘献彪先生与众多大师的交往为研究对象，彰显学界大师的人文精神，探索比较文学学科发展、兴盛的内在原因，思考和展望比较文学学科等文学研究学科的发展前景。本书的编者多数是年轻的博士，其中，第一章、第六章、第八章由任洪国负责，第二章、第七章由王翀负责，第三章由李雪梅负责，第四章、第九章由李红梅负责，第五章由李铁负责。虽然他们中有多位未曾与刘献彪先生有过直接的合作与共事关系，但刘献彪的精神及其事迹却深深地激励和打动着每一位参与编写的人，同时这一经历也可作为一种宝贵的精神养料，滋养和哺育刘献彪先生工作过的潍坊学院的后起之秀们，使他们对自己的专业心怀热爱之情和敬畏之心。

鉴于刘献彪先生对潍坊学院比较文学学科所做的重要贡献，本书由潍坊学院冯滨鲁校长亲自主持组织编纂。在编写过程中，本书得到了潍坊学院文学与新闻传播学院、传媒学院、科研处等有关部门的高度重视和大力支持。

另外，刘献彪先生的家人王黎女士、盛夏先生也都对本书的编写给予了大力支持，他们不但从生活上给予了刘献彪先生精心的呵护，而且对刘献彪先生的事业信念、工作热情也同样给予了高度的尊重和理解。在本书的写作过程中，他们配合刘献彪先生为编写组提供的各类资料，为本书的完善提供了极大的便利。书中所征引的各家材料，如季羡林、戈宝权、杨周翰、乐黛云等先生的信件和文章，均由刘献彪先生及其家人提供，在此声明，并对上述学者深表感谢。

在本书付梓之时，谨向支持本书工作的各级领导、有关部门和全体编写人员致以诚挚的谢意！最后，特别要感谢朱德发先生，承蒙他以书信形式为本书写序，为本书锦上添花。该信件完成于 2017 年 3 月，但本书书稿完成时他已经驾鹤西去一月有余，实令人扼腕叹息。愿朱先生千古！

由于本书涉及人员较多，且因刘献彪先生近两年为帕金森综合征所扰，行动不便，交流困难，虽然编写组做了很多准备工作，但在资料收集方面仍难以避免许多疏漏不妥之处，另外限于编者的写作水平，缺点、错误在所难免，敬请专家和读者批评指正。

李红梅

2018 年 8 月 21 日